# Die Societas Unius Personae (SUP)

# Schriften zum Gesellschafts-, Bilanz- und Unternehmensteuerrecht

Herausgegeben von Barbara Grunewald und Joachim Hennrichs

Band 21

*Zur Qualitätssicherung und Peer Review der vorliegenden Publikation*

Die Qualität der in dieser Reihe erscheinenden Arbeiten wird vor der Publikation durch den Herausgeber der Reihe geprüft.

*Notes on the quality assurance and peer review of this publication*

Prior to publication, the quality of the work published in this series is reviewed by the editor of the series.

Nikolaus Moench

# Die Societas Unius Personae (SUP)

PL ACADEMIC RESEARCH

**Bibliografische Information der Deutschen Nationalbibliothek**
Die Deutsche Nationalbibliothek verzeichnet diese Publikation in der Deutschen Nationalbibliografie; detaillierte bibliografische Daten sind im Internet über http://dnb.d-nb.de abrufbar.

Zugl.: Köln, Univ., Diss., 2016

D 38
ISSN 1867-500X
ISBN 978-3-631-67919-7 (Print)
E-ISBN 978-3-653-07115-3 (E-Book)
DOI 10.3726/978-3-653-07115-3


PL Academic Research ist ein Imprint der Peter Lang GmbH.

Peter Lang – Frankfurt am Main · Bern · Bruxelles · New York · Oxford · Warszawa · Wien



Diese Publikation wurde begutachtet.

www.peterlang.com

# Vorwort

Die vorliegende Arbeit untersucht den Richtlinienentwurf der Europäischen Kommission zur Societas Unius Personae (SUP). Insbesondere aufgrund der aktuellen wirtschaftlichen und politischen Entwicklungen in der Europäischen Union, welche in eine wachsende Abneigung gegenüber dem gemeinsamen Binnenmarkt münden, ist die Förderung grenzüberschreitender Aktivitäten europäischer Unternehmen immens wichtig. Vor diesem Hintergrund war es sehr spannend, den einschlägigen Richtlinienentwurf und dessen Auswirkungen auf das deutsche Gesellschaftsrecht zu untersuchen.

Die Arbeit wurde im Wintersemester 2015/2016 von der Rechtswissenschaftlichen Fakultät der Universität zu Köln als Dissertation angenommen. Europäische Entwicklungen und Literatur wurden bis einschließlich Februar 2016 berücksichtigt.

Mein Dank gilt in erster Linie meiner Doktormutter Frau Prof. Dr. Barbara Grunewald, welche das Thema der Arbeit angeregt und mich über den gesamten Zeitraum mit herausragendem Engagement unterstützt hat. Ihr und Herrn Prof. Dr. Joachim Hennrichs möchte ich zudem für die freundliche Aufnahme der Arbeit in die Reihe „Schriften zum Gesellschafts-, Bilanz- und Unternehmensteuerrecht" danken. Ganz herzlich bedanken möchte ich mich auch bei Frau Prof. Dr. Barbara Dauner-Lieb für die sehr zügige Erstellung des Zweitgutachtens.

Mein Dank gilt weiterhin Herrn Dr. Asher David Brungs und Herrn Philip Ridder, die mir stets mit wertvollen Ratschlägen und Diskussionen zur Seite standen. Auch möchte ich mich bei Herrn Dr. Johannes Schmiegel für die freundliche Heranführung an das Gesellschaftsrecht bedanken.

Schließlich möchte ich mich bei meiner Verlobten Eva-Maria Quade, meinen Geschwistern Oliver, Katharina und Maximilian sowie bei meinen Eltern für die entgegengebrachte Geduld und die wertvolle Unterstützung in den beiden Jahren der Arbeit bedanken. Ohne diese Stütze wäre die Arbeit so nicht entstanden.

Bonn, im Mai 2016 *Nikolaus Moench*

# Inhaltsverzeichnis

# A. Einleitung

Kleine und mittlere Unternehmen (KMU) besitzen eine überragende Bedeutung für den europäischen Wirtschaftsraum. So existieren rund 21 Millionen KMU in der Europäischen Union.[1] Konträr zu dieser enormen Anzahl stehen jedoch deren Aktivitäten im gemeinsamen Binnenmarkt. Demnach investieren gerade einmal 2 % der KMU im europäischen Ausland durch die Gründung einer Tochtergesellschaft, einer Zweigniederlassung oder eines Joint Ventures.[2] Von den potenziellen 21 Millionen KMU sind das folglich nur 500.000.[3] Von diesen 500.000 Unternehmen limitiert wiederum ein Großteil seine grenzüberschreitenden Investitionen auf nur einen Mitgliedsstaat.[4]

Ursächlich für die mangelnde Bereitschaft, im Ausland zu investieren, sollen dabei insbesondere die unterschiedlichen nationalen Rechtsvorschriften sowie das mangelnde Vertrauen der Kunden in ausländische Unternehmen sein.[5] Soweit die KMU im Ausland investieren, gründen sie daher hierfür zumeist eine Tochtergesellschaft in dem entsprechenden Land.[6] Denn dadurch treten sie sowohl Geschäftspartnern wie auch Kunden mit einer bekannten Rechtsform entgegen und überwinden so deren Misstrauen.[7] Die Gründung einer ausländischen Tochtergesellschaft ist jedoch häufig deutlich aufwändiger und teurer als die Gründung einer Tochtergesellschaft im Heimatland.[8] Erschwerend kommt hinzu, dass aufgrund der Differenz der nationalen Rechtsformen, ein solcher Aufwand in jedem Mitgliedsstaat aufs Neue betrieben werden muss.[9]

1 COM(2014) 212 final, S. 5.

2 Europäische Kommission, Executive Summary of the Impact Assessment - SWD (2014) 123 final, S. 2; *Conac*, ECFR 2015, 139, 140; Internationalisation of European SMEs, Final Report, S. 21, abrufbar unter http://ec.europa.eu/DocsRoom/documents/10008/attachments/1/translations/en/renditions/native (zuletzt abgerufen am 16.02.2016).

3 *Conac*, ECFR 2015, 139, 140.

4 *Conac*, ECFR 2015, 139, 141; Internationalisation of European SMEs, Final Report, S. 21.

5 Europäische Kommission, Executive Summary of the Impact Assessment - SWD (2014) 123 final, S. 2; COM(2014) 212 final, S. 2; zu der Problematik des Fehlenden Vertrauens in Auslandsgesellschaften vgl. auch *Makowicz/Romanowski*, RiW 2012, 497.

6 COM (2014) 212 final, S. 2.

7 COM (2014) 212 final, S. 2.

8 Europäische Kommission, Executive Summary of the Impact Assessment - SWD (2014) 123 final, S. 2; *Teichmann*, ZRP 2013, 169 f.

9 COM (2014) 212 final, S. 2.

Hinzugewonnene Gründungserfahrung in einem Mitgliedsstaat ist demzufolge in jedem anderen Mitgliedssaat nutzlos.[10]

Vor dem Hintergrund der nunmehr bereits mehrere Jahre andauernden wirtschaftlichen Krise in der Europäischen Union ist es beinahe zwingend, die KMU bei der Überwindung dieser Hürden zu unterstützen.[11] Einerseits ließe sich hierdurch die wirtschaftliche Stagnation, einhergehend mit einer hohen Arbeitslosenquote, vieler Mitgliedsstaaten bekämpfen.[12] Andererseits wäre es eine effektive Möglichkeit, die typischerweise besonders innovativen und dynamischen KMU im internationalen Wettbewerb zu unterstützen.[13] Denn nicht nur etablierte Technologieriesen wie Apple, Google, Microsoft oder Facebook kommen allesamt aus den USA. Auch in der Start-up Szene hinkt Europa bereits deutlich hinterher.[14] So findet sich beispielsweise kein europäisches Unternehmen unter den zehn wertvollsten Start-ups der Welt wieder.[15] Eine Trendwende ist nicht erkennbar. Stattdessen haben die KMU in Deutschland erst jüngst Anlass zur Sorge gegeben, da sie ihre Investitionen in den letzten Jahren deutlich zurückgefahren haben.[16]

Deshalb verfolgt auch die EU Kommission bereits seit mehreren Jahren das Ziel, die KMU bei der Überwindung dieser Hürden zu unterstützen.[17]

Den prominenten Aktiengesellschaften steht hierzu bereits seit dem 08.10.2004 die „Societas Europaea" (SE) als europäische Aktiengesellschaft zu Verfügung.[18] Die Einführung der SE hat sich mittlerweile bewährt und kann als Erfolg verbucht werden.[19] So gab es im Juli 2015 europaweit bereits 2.399 SE.[20]

---

10 Vgl. *Teichmann*, ECFR 2015, 202, 206.

11 *Conac*, ECFR 2015, 139, 175 f.

12 *Conac*, ECFR 2015, 139, 175 f.

13 *Harbarth*, ECFR 2015, 230, 231.

14 Vgl. http://gruender.wiwo.de/start-ups-mit-milliardenwert-der-club-der-100-einhoerner/ (zuletzt abgerufen am 06.01.2016); http://wirtschaftsblatt.at/home/life/dossiers/start_up/4896267/Silicon-Valley-bleibt-die-StartupBastion (zuletzt abgerufen am 06.01.2016).

15 http://de.statista.com/infografik/2041/die-wertvollsten-startups-der-welt/ (zuletzt abgerufen am 06.01.2016).

16 Vgl. Frankfurter Allgemeine Zeitung vom 11.01.2016, S. 17.

17 Vgl. etwa Com(2008) 394 final; COM(2010) 2020 final.

18 Verordnung (EG) Nr. 2157/2001.

19 *Taschner/Bodenschatz*, in Jannott/Frodermann, Handbuch der Europäischen Aktiengesellschaft - Societas Europaea, 2. Auflage 2014, 1. Kapitel Rn. 61.

20 http://www.boeckler.de/pdf/pb_mitbestimmung_se_2015_07.pdf (zuletzt abgerufen am 04.01.2016).

Teilweise wird diese Rechtsform sogar für mittelständische Unternehmen als geeignet empfohlen.[21] Für die überwiegende Mehrheit der KMU dürfte das gesetzlich vorgeschriebene Mindestkapital der SE in Höhe von 120.000 EUR, Art. 4 Abs. 2 SE-VO, dagegen zu hoch sein.[22] Aufgrund der erfolgreichen Einführung und steigender Akzeptanz dient die SE jedoch als Vorbild für die Einführung einer europäischen Rechtsform für die KMU.[23]

Zunächst wollte die Kommission daher eine europäische Privatgesellschaft, die „Societas Privata Europaea" (SPE) für die KMU einführen. Es sollte sich dabei um eine supranationale Gesellschaft, eine Europa-GmbH handeln.[24] Der Entwurf hierfür wurde 2008 veröffentlicht.[25] Allerdings war wegen Art. 352 AEUV als Rechtsgrundlage Einstimmigkeit im Rat zur Verabschiedung nötig. Trotz zahlreicher Änderungen des Entwurfes auf Wunsch der Mitgliedsstaaten war es nicht möglich, die erforderliche Einstimmigkeit der Mitgliedsstaaten zu erzielen.[26] Bei der Abstimmung über den Entwurf legten Deutschland und Schweden ihr Veto wegen mitbestimmungsrechtlicher Bedenken ein.[27] Daraufhin zog die Kommission ihren Vorschlag der Europäischen Privatgesellschaft im Rahmen des sog. REFIT Programms Ende 2013 zurück.[28]

Bereits bei der Rücknahme des Vorschlags der Europäischen Privatgesellschaft kündigte die Kommission allerdings einen neuen, alternativen Vorschlag an.

Am 09.04.2014 legte die Europäische Kommission daraufhin den Vorschlag für die „Societas Unius Personae"[29] (SUP) vor. Hierbei handelt es sich um eine europaweit harmonisierte Einpersonengesellschaft mit beschränkter Haftung.

---

21 *Haider-Giangreco/Polte*, BB 2014, 2947.

22 *Omlor*, NZG 2014, 1137, 1138; *Ders.* GPR, 2015, 158.

23 *Taschner/Bodenschatz*, in Jannott/Frodermann, Handbuch der Europäischen Aktiengesellschaft - Societas Europaea, 2. Auflage 2014, 1. Kapitel Rn. 62.

24 *Wedemann*, EuZW 2010, 534; *Teichmann*, ZRP 2013, 169; *S. Jung*, Die Kapitalverfassung der Societas Privata Europaea (SPE), 2014, S. 1 ff.

25 KOM (2008) 396 endg.

26 Vgl. zu den verschiedenen Entwürfen *S. Jung*, Die Kapitalverfassung der Societas Privata Europaea (SPE), 2014, S. 23 ff.

27 *Tiedje*, in von der Groeben/Schwarze/Hatje, Europäisches Unionsrecht, 7. Auflage 2015, Artikel 50 AEUV Rn. 77; *Lutter/Bayer/J. Schmidt*, EuropUR, 5. Auflage 2012, § 43 Rn. 4.

28 Das REFIT Programm soll zum Bürokratieabbau führen und stellt die europäische Gesetzgebung auf den Prüfstand. Dies soll von nun an jedes Jahr erfolgen. COM (2013) 685 final, S. 10.

29 Europäische Kommission, Vorschlag für eine Richtlinie des Europäischen Parlaments und des Rates über Gesellschaften mit beschränkter Haftung mit einem einzigen Gesellschafter, COM(2014) 212 final.

Im Gegensatz zum ursprünglichen Verordnungsentwurf zur SPE hat die Europäische Kommission diesmal eine Richtlinie vorgelegt, über welche sie das nationale Recht harmonisieren möchte. Die Beschränkung auf Gesellschaften mit nur einem Gesellschafter lässt zunächst an der praktischen Bedeutung des Vorschlages zweifeln. Dies ändert sich jedoch schlagartig, wenn der Fokus auf die hypothetisch Begünstigten gerichtet wird. So agieren von den 21 Millionen KMU in der Europäischen Union 12 Millionen als beschränkt haftende Gesellschaften, von denen wiederum 5,2 Millionen Gesellschaften mit beschränkter Haftung mit lediglich einem Gesellschafter sind.[30] Damit ist beinahe jedes vierte KMU in der Europäischen Union von dem Richtlinienvorschlag betroffen und folglich hypothetischer Nutzer.

Gelingt der Kommission daher eine attraktive Ausgestaltung der harmonisierten Einpersonengesellschaft, könnten die grenzüberschreitenden Investitionen einer Vielzahl von Unternehmen erheblich vereinfacht werden.

30 COM (2014) 212 final, S. 5.

# B. Gang der Untersuchung

Im Folgenden sollen der Richtlinienentwurf zur SUP dargestellt und die damit verknüpften Rechtsfragen erörtert werden. Dabei gliedert sich die Arbeit insgesamt in vier Bereiche.

Zunächst soll die gegenwärtige Rechtslage bei grenzüberschreitenden Gesellschaftsgründungen im europäischen Binnenmarkt geschildert werden (Kapitel C.). Dieses Vorgehen ist erforderlich, um den Kontext des Richtlinienvorschlags zu verdeutlichen.

Im darauffolgenden Teil der Arbeit wird sodann auf die Rechtsgrundlage des Richtlinienentwurfes eingegangen (Kapitel D.). Bedeutung erlangt diese insbesondere hinsichtlich der Voraussetzungen des Gesetzgebungsverfahrens.

Im dritten Abschnitt erfolgt die Untersuchung des Richtlinienvorschlags der europäischen Kommission zur SUP (Kapitel E.). Untersuchungsgegenstand sollen sämtliche Vorschriften des Vorschlags sein. Denn, auch wenn die Bestimmungen über das Eintragungsverfahren den Hauptteil der Richtlinie bilden,[31] ist für eine Bewertung des Vorschlages eine Gesamtschau der Vorgaben erforderlich. Schwerpunktmäßig soll die Untersuchung dabei unter gesellschaftsrechtlichen Gesichtspunkten erfolgen.

Schließlich liegt dieser Arbeit der Richtlinienentwurf der Europäische Kommission zu Grunde. Auf wesentliche Änderungen der allgemeinen Ausrichtung des Rats soll dennoch an gegebener Stelle eingegangen werden.

Im abschließenden Abschnitt erfolgt eine Zusammenfassung der wichtigsten Thesen der Arbeit (Kapitel F.).

---

31 Vgl. COM(2014) 212 final, S. 8.

# C. Die gegenwärtige Rechtslage

Zum Teil wird bezweifelt, dass die gegenwärtige Rechtslage die Gründung von grenzüberschreitenden Tochtergesellschaften erschwert,[32] oder ein Bedarf für ein europäisches Tätigwerden vorhanden ist.[33] Diesen Ansichten ist jedoch entschieden entgegenzutreten.

## I. Hindernisse der grenzüberschreitenden Tochtergesellschaftsgründung

So ist die Gründung von grenzüberschreitenden Tochtergesellschaften teilweise rechtlich überhaupt nicht zulässig oder aber tatsächlich unattraktiv. Als Beispiel können Polen und Rumänien dienen, in denen es nicht gestattet ist, als Einpersonengesellschaft eine 100% Tochtergesellschaft mit nur einem Gesellschafter zu gründen.[34] Dagegen ist es in Belgien zwar möglich, als Einpersonengesellschaft eine Tochtergesellschaft zu gründen, die Muttergesellschaft haftet jedoch trotz Haftungsbeschränkung gesamtschuldnerisch für Verbindlichkeiten der Tochtergesellschaft.[35] Unter anderem solche Schwierigkeiten sollen nach dem Willen der Kommission durch den Richtlinienvorschlag der Vergangenheit angehören.[36]

Häufig erliegen die Gesellschaften auch schlicht tatsächlichen Schwierigkeiten, hervorgerufen durch die Vielfältigkeit der nationalen Rechtsnormen oder die unterschiedlichen Sprachen.[37] Zur Verdeutlichung kann eine Studie zur Eintragung einer Zweigniederlassung herangezogen werden. Denn auch wenn eine Zweigniederlassung etwas anderes als eine Tochtergesellschaft ist, sind die bürokratischen Hürden doch überwiegend identisch.[38] Bei dem europaweit durchgeführten Versuch scheiterte jede zweite Gesellschaft mit der Gründung einer

---

32 *Drygala*, EuZW 2014, 491, 493.

33 *Bormann*, in Lutter/Koch, Societas Unius Personae (SUP), 2015, S. 25.

34 *Piuk/Buzdugan*, in Süß/Wachter, HdB des Internationalen GmbH-Rechts, 2. Aufl. 2011, Rumänien, Rn. 18; *Teichmann*, in NJW 2014, 3561, 3562.

35 *Teichmann*, in NJW 2014, 3561, 3562.

36 COM (2014) 212 final, S. 3.

37 *Conac*, ECFR 2015, 139, 145.

38 *Conac*, ECFR 2015, 139, 147; *Teichmann*, in NJW 2014, 3561, 3562; *Ders.*, in Lutter/Koch, Societas Unius Personae (SUP), 2015, S. 60; zu den ungeklärten Rechtsfragen bei der Eintragung einer Zweigniederlassung in das deutsche Handelsregister vgl. *Hoger*, NZG 2015, 1219 ff.

Zweigniederlassung innerhalb der EU an bürokratischen Hindernissen der einzelnen Mitgliedsstaaten.[39] In weiteren Fällen verschlang die Einrichtung mehrere tausend Euro und dauerte mehrere Monate.[40] Dies ist umso erstaunlicher, da für Zweigniederlassung bereits eine Richtlinie[41] existiert. Es verdeutlicht jedoch, mit welch hohen Hürden die grenzüberschreitende Errichtung einer Zweiggesellschaft oder auch Tochtergesellschaft verbunden ist.

Schließlich haben die Entscheidungen des EuGH zur Niederlassungsfreiheit der Kapitalgesellschaften einen regelrechten Wettbewerb der nationalen Gesetzgeber um die lukrativste Gesellschaftsform hervorgerufen.[42] Dies führt einerseits zu einem kreativen und förderlichen Wettbewerb, welcher zu der besten Gesellschaftsform führen kann.[43] Andererseits wird es durch die Fülle an Reformen der klassischen Kapitalgesellschaften und neu entstehender Untergesellschaften zunehmend schwieriger, den Überblick sowohl über Anforderungen als auch Besonderheiten zu behalten.[44] In der Folge schlagen gerade den Gesellschaftsformen der neuen Mitgliedsstaaten der Union Akzeptanzprobleme entgegen.[45] Von einem Unternehmer kann jedoch nicht erwartet werden, dass er sich vor Vertragsschluss Rechtsrat darüber einholt, welche Risiken er bei der Gesellschaftsform seines Vertragspartners eingeht. Anders wird es ihm allerdings bei den inzwischen 28 verschiedenen Rechtsformen[46] für kleine Kapitalgesellschaften innerhalb der europäischen Union nicht möglich sein, den eventuellen Vertragspartner einzuschätzen. Erschwert wird dies zudem durch die Vielzahl von unterschiedlichen Sprachen in Europa. Es liegt auf der Hand, dass nur wenige ausländische Unternehmer beispielsweise mit der Abkürzung UG (haftungsbeschränkt) etwas anfangen können, ohne vorher Rechtsrat einzuholen. Mit der europäischen Idee eines einheitlichen Binnenmarktes hat diese

---

39 *Becht/Enriques/Korom*, in Tison/Wulf/van der Elst/Steenot, Perspectives in Company Law and Financial Regulation, 2009, 91 ff.; *Teichmann*, in NJW 2014, 3561, 3562; *Conac*, ECFR 2015, 139, 147.

40 *Teichmann*, in Lutter/Koch, Societas Unius Personae (SUP), 2015, S. 60.

41 RL 89/666/EWG, Abl. EG, 21.12.1989, Nr. L 395/36.

42 *Fleischer*, in MüKoGmbHG, 2. Auflage 2015, Einleitung Rn. 227.

43 *Fleischer*, in NZG 2014, 1081, 1083 ff.; *Fleischer*, in MüKoGmbHG, 2. Auflage 2015, Einleitung Rn. 225 ff.; *Eidenmüller*, ZGR 2007, 168, 178.

44 *Teichmann*, NJW 2014, 3561, 3563; *Hommelhoff/Teichmann*, GmbHR 2014, 177, 182; *Teichmann*, ZRP 2013, 169 f.

45 *Hügel*, ZHR 173 (2009), 309, 319; *Teichmann*, in Lutter/Koch, Societas Unius Personae (SUP), 2015, S. 60; *Oplustil*, in Teichmann, Europa und der Mittelstand, 2010, S. 117 f.

46 Oftmals gibt es sogar pro Mitgliedsland zwei Gesellschaftsformen mit beschränkter Haftung, vgl. z.B. die GmbH und die UG (haftungsbeschränkt) in Deutschland.

Rechtszersplitterung wenig zu tun. Anstatt kleiner wurden die Unterschiede in den Mitgliedsstaaten bzgl. der Gründung von Kapitalgesellschaften mit beschränkter Haftung in den letzten Jahren noch größer.[47] Aussichten, dass sich dies ändert, bestehen laut Kommission nicht.[48]

Aufgrund dieser zahlreichen Hindernisse bei der grenzüberschreitenden Gründung von Tochtergesellschaften ist ein Tätigwerden der Kommission daher sogar dringend geboten.

## II. Limited oder UG (haftungsbeschränkt) als Alternative?

Dennoch wird teilweise die Notwendigkeit des Richtlinienvorschlages in Frage gestellt. So wird vertreten, dass eine günstige Tochtergesellschaftsgründung für Kleinunternehmen bereits über die UG (haftungsbeschränkt) oder die britische Private Company Limited by Shares (im Folgenden Limited genannt) möglich sei.[49] Dabei wird jedoch zweierlei verkannt. Zunächst besteht die Hürde für KMU bei der Gründung von Auslandsgesellschaften nicht alleine in den Kosten der unmittelbaren Gesellschaftsgründung, sondern vielmehr in der Vielfältigkeit der nationalen Rechtsvorschriften.[50] Denn gerade dadurch werden zusätzlich zur Gründung beachtliche rechtliche und administrative Kosten verursacht.[51] Darüber hinaus handelt es sich bei beiden Gesellschaftsformen um die nationale Rechtsform eines Mitgliedsstaates. Zwar kann seit dem Entfallen der Zuzugsbeschränkungen für ausländische Kapitalgesellschaften durch die EuGH Rechtsprechung in Sachen Centros[52], Überseering[53] und Inspire Art[54] eine Limited

---

47 *Teichmann*, in NJW 2014, 3561, 3563; *Ders.* in Lutter/Koch, Societas Unius Personae (SUP), 2015, S. 62.

48 Europäische Kommission, Executive Summary of the Impact Assessment - SWD (2014) 123 final, S. 3.

49 *Beurskens*, in GmbHR 2014, 738; *Bormann*, in Lutter/Koch, Societas Unius Personae (SUP), 2015, S. 25.

50 Ebenso *Teichmann*, in Lutter/Koch, Societas Unius Personae (SUP), 2015, S. 57 f.; *Oplustil*, in Teichmann, Europa und der Mittelstand, 2010, S. 119.

51 COM (2014) 212 final, S. 2; Vgl. auch *Teichmann*, in Lutter/Koch, Societas Unius Personae (SUP), 2015, S. 62, nach welchem die Kosten hierfür schnell mehrere tausend Euro betragen; *Oplustil*, in Teichmann, Europa und der Mittelstand, 2010, S. 119.

52 EuGH Urteil vom 09.03.1999 – Rs. C-212/97 = NJW 1999, 2027.

53 EuGH Urteil vom 05.11.2002 – Rs. C-208/00 = ZIP 2002, 2037.

54 EuGH Urteil vom 30.09.2003 – Rs. C-167/01 = NJW 2003, 3331.

auch in Deutschland ihren Verwaltungssitz haben.[55] Dann treten jedoch genau die Schwierigkeiten auf, welche die Kommission mit ihrem Vorschlag vermeiden möchte. Denn soweit in einem Mitgliedsstaat eine ausländische Gesellschaftsform auftritt, hat diese sowohl mit Misstrauen der Kunden als auch der Geschäftspartner zu kämpfen.[56] Demnach besitzt beispielsweise die englische Limited einen sehr mäßigen Ruf in Deutschland, und das sowohl in der Geschäftswelt als auch in Fachkreisen.[57] Welcher Gesellschafter möchte aber seinen Geschäftspartner zunächst von seiner Kreditwürdigkeit und Glaubhaftigkeit überzeugen müssen, um erst anschließend ernsthafte Vertragsverhandlungen führen zu können? Dementsprechend ist die Limited in Deutschland inzwischen beinahe bedeutungslos geworden.[58]

Die UG (haftungsbeschränkt) hat sich dagegen zwischenzeitlich mit über 105.000 eingetragenen Gesellschaften gut in Deutschland etabliert.[59] Auch sie muss lediglich den Satzungssitz in Deutschland haben, kann also den Verwaltungssitz in der Union frei wählen, vgl. § 4a GmbHG.[60] Bei der UG (haftungsbeschränkt) bestimmt jedoch § 5a Abs. 3 GmbHG eine Zwangsthesaurierung von Teilen des Gewinns. Dies gilt bis zum Erreichen des Stammkapitals einer GmbH mit 25.000 € gem. §§ 5a Abs. 5, 5 Abs. 1 GmbHG. Gerade für kleine Unternehmensgruppen dürfte dieses kostspielige Erfordernis eine Hürde darstellen, wenn jede Tochtergesellschaft 25.000 € bindet.[61] Daneben herrscht in der UG (haftungsbeschränkt) ein Sacheinlageverbot, vgl. § 5a Abs. 2 GmbHG. Die 25.000 € müssen vollständig in bar aufgebracht werden.[62] Auch dies macht die UG (haftungsbeschränkt) als Tochtergesellschaft nicht attraktiv.

---

55 *Peschke*, in Saenger/Aderhold/Lenkaitis/Speckmann, Handels- und Gesellschaftsrecht, 2. Aufl. 2011, § 8 Rn. 479.

56 COM (2014) 212 final, S. 2; ebenso mit Bezug auf Zweigniederlassungen *Teichmann*, in Lutter/Koch, Societas Unius Personae (SUP), 2015, S. 60.

57 *Fleischer*, in MüKoGmbHG, 2. Aufl. 2015, Einleitung Rn. 313a; *Peschke*, in Saenger/Aderhold/Lenkaitis/Speckmann, Handels- und Gesellschaftsrecht, 2. Aufl. 2011, § 8 Rn. 479.

58 *Wachter*, in Römermann, Münchener Anwaltshandbuch GmbH-Recht, 3. Aufl. 2014, A. § 4 Rn. 2.

59 Vgl. *Kornblum*, GmbHR 2015, 687, 688; *Wachter*, in Römermann Münchener Anwaltshandbuch GmbH-Recht, 3. Aufl. 2014, A. § 4 Rn. 225.

60 Vgl. *J. Mayer*, in MüKoGmbHG, 2. Aufl. 2015, § 4a Rn. 2.

61 Europäische Kommission, Executive Summary of the Impact Assessment – SWD (2014) 123 final, S. 2.

62 *Wachter*, in Römermann, Münchener Anwaltshandbuch GmbH-Recht, 3. Auflage 2014, A. § 4 Rn. 99.

Weiterhin braucht der Gründungsvorgang einer UG (haftungsbeschränkt) im europäischen Vergleich unverhältnismäßig lange.[63] So muss nach dem Notartermin im bundesweiten Durschnitt weitere 7,52 Arbeitstage bis zur Eintragung der Gesellschaft gewartet werden.[64] Daher wird häufig auf sofort verfügbare Vorratsgesellschaften zurückgegriffen,[65] was wiederum entgeltpflichtig ist.

Schließlich trifft die Pflicht zur notariellen Beurkundung des Gesellschaftsvertrages gem. § 2 Abs. 1 S. 1 GmbHG einen ausländischen Gesellschafter ungleich schwerer als einen Deutschen.[66] Denn der Kosten- sowie Zeitaufwand für die Anreise zu einem Notar ist für ausländische Gesellschafter bedeutend höher. Hinzu kommen sprachliche Differenzen, da wohl nur wenige Notare neben Englisch weitere europäische Amtssprachen beherrschen. Zwar mögen die verfügbaren Musterprotokolle[67] diesbezüglich unterstützend wirken, überflüssig wird eine Verständigung dadurch jedoch nicht. So existiert einerseits nur eine deutsche Fassung der Musterprotokolle, andererseits bezweckt § 2 Abs. 1 S. 1 GmbHG neben der Gewährleistung von Rechtssicherheit auch eine Beratungs- und Belehrungsfunktion zugunsten des Gesellschaftsgründers.[68] Diese Funktionen können aber ohne eine Verständigung nicht wahrgenommen werden. Somit ist auch die UG (haftungsbeschränkt) mitnichten eine attraktive Möglichkeit für europäische KMU, um mit ihr als Tochtergesellschaft tätig zu werden.

Grundsätzlich kommt erschwerend hinzu, dass das Misstrauen, aufgrund des mangelnden Bekanntheitsgrades und der unbekannten Sprache, gegenüber Gesellschaftsformen aus den östlichen Mitgliedsländern voraussichtlich noch höher wäre als gegenüber ihren westlichen Pendants.[69] Demgemäß müssten die

---

63 *Fleischer*, NZG 2014, 1081, 1086; *Drygala*, EuZW 2014, 491, 496.

64 *Makowicz/Romanowski*, in RiW 2012, 497, 498; *Drygala*, EuZW 2014, 491, 496. In den einzelnen Bundesländern ergeben sich jedoch große Unterschiede, so ist die Verfahrensdauer in Sachsen-Anhalt bspw. 18,52 Tage, in Bremen dagegen nur 4,25. Die Zielvorgaben des europäischen Rates sind maximal 3 Arbeitstage, vgl. *Makowicz/Romanowski*, in RiW 2012, 497, 498.

65 *Fleischer*, NZG 2014, 1081, 1086.

66 *DAV*, NZG 2014, 1372.

67 Vgl. die Anlage zu § 2 Abs. 1a GmbHG.

68 Zum Zweck des § 2 Abs. 1 S. 1 GmbHG *Emmerich*, in Scholz, GmbHG, 11. Aufl. 2012, § 2 Rn. 13; *Schäfer*, in Henssler/Strohn, Gesellschaftsrecht, 2. Aufl. 2014, GmbHG, § 2 Rn. 12; *Roth*, in Roth/Altmeppen, GmbHG, 8. Aufl. 2015, § 2 Rn. 24; *J. Mayer*, in MüKoGmbHG, 2. Aufl. 2015, § 2 Rn. 21.

69 Mit Bezug auf Zweigniederlassungen *Oplustil*, in Teichmann, Europa und der Mittelstand, 2010, S. 109, 117 f.; *Teichmann*, in Lutter/Koch, Societas Unius Personae (SUP), 2015, S. 60; *Ders.*, ECFR 2015, 202, 220.

Gesellschaften dieser Länder auf bekannte, westeuropäische Rechtsformen wie die Limited oder die UG (haftungsbeschränkt) zurückgreifen, um im europäischen Wettbewerb bestehen zu können. In einer solchen Variante kann jedoch keine wünschenswerte europäische Lösung liegen. So würde die Diskriminierung zulasten der Rechtsformen östlicher Mitgliedsstaaten geradezu perpetuiert.

Zuletzt brächte eine Lösung mit ausschließlich nationalen Rechtsformen auch erheblich Risiken mit sich. Denn eine nationale Rechtsform kann jederzeit einer Gesetzesänderung durch den jeweiligen Gesetzgeber unterliegen. Entscheidend ist hierfür alleine das Ursprungsland der Rechtsform, ohne dass es auf das Land der tatsächlichen Tätigkeit ankäme. Auch der europäische Gesetzgeber hätte, mit Ausnahme von Richtlinien, keinen Einfluss auf solche nationalen Rechtsformen.

Insgesamt sind nationale Rechtsformen daher keine geeignete Form für KMU, um grenzüberschreitend tätig zu werden.

## III. Zweigniederlassungen als Alternative

Als Alternative zur Gründung einer Tochtergesellschaft wird auch die Errichtung einer Zweigniederlassung im europäischen Ausland genannt.[70] Gerade die KMU würden sich bei grenzüberschreitenden Aktivitäten ohnehin oft auf eine solche beschränken.[71]

Bei einer Zweigniederlassung handelt es sich jedoch nicht um etwas Vergleichbares, sondern um ein Aliud zu einer Tochtergesellschaft.[72] Denn eine Zweigniederlassung ist rechtlich unselbstständig, so dass sich eine Haftung nicht auslagern lässt.[73] Darüber hinaus tritt sie in jedem Mitgliedsstaat unter der Rechtsform ihres Heimatsstaates auf, was wiederum zu Akzeptanzproblemen, insbesondere gegenüber den östlichen Mitgliedsstaaten der Union führt.[74] Schließlich ist auch die Errichtung von Zweigniederlassungen mit erheblichen Schwierigkeiten verbunden, wie sich aus der bereits erwähnten Studie ergibt.[75]

---

70 Vgl. etwa *Bormann*, in Lutter/Koch, Societas Unius Personae (SUP), 2015, S. 25.

71 *Bormann*, in Lutter/Koch, Societas Unius Personae (SUP), 2015, S. 25.

72 *Teichmann*, ECFR 2015, 202, 215; *Ders*,, in Lutter/Koch, Societas Unius Personae (SUP), 2015, S. 59.

73 *Teichmann*, in Lutter/Koch, Societas Unius Personae (SUP), 2015, S. 60; *Oplustil*, in Teichmann, Europa und der Mittelstand, 2010, S. 118.

74 Vgl. soeben unter C. I. und *Teichmann*, in Lutter/Koch, Societas Unius Personae (SUP), 2015, S. 60; *Oplustil*, in Teichmann, Europa und der Mittelstand, 2010, S. 117 f.

75 Vgl. zu der Studie C. I.

Daher handelt es sich auch bei einer Zweigniederlassung um keine Alternative zur grenzüberschreitenden Tochtergesellschaft für KMU.[76]

Aus diesem Grund möchte die Europäische Kommission die Hindernisse für die KMU bei der Gründung einer Tochtergesellschaft im Ausland mit der SUP-RL beseitigen.

---

76 Ebenso *Teichmann*, in Lutter/Koch, Societas Unius Personae (SUP), 2015, S. 60 f.; *Ders.*, ECFR 2015, 202, 219.

# D. Die Rechtsgrundlage für den Richtlinienentwurf

Als Rechtsgrundlage für die Richtlinie zieht die Europäische Kommission Art. 50 Abs. 2 lit. [f] AEUV heran.[77] Nebeneffekt dieser Rechtsgrundlage ist, dass die Richtlinie im ordentlichen Gesetzgebungsverfahren erlassen wird. Dabei reicht im ordentlichen Gesetzgebungsverfahren nach Art. 294 AEUV eine qualifizierte Mehrheit für die Verabschiedung aus.[78]

Damit reicht ein Veto von Deutschland und Schweden, wie es bei der SPE der Fall war,[79] gegen den SUP-Entwurf nicht aus.[80] Dies ist grundsätzlich zu begrüßen, da die Mitgliedsstaaten, vor allem Deutschland, auf diese Weise konstruktiv zum Vorschlag beitragen müssen und es nicht bei pauschaler Ablehnung bewenden lassen können.[81]

Ganz allgemein hat eine Richtlinie als Rechtsgrundlage den Vorteil, dass Streitpunkte ausgeklammert und dem nationalen Gesetzgeber überlassen werden können.[82] Dies kann einerseits zu Brüchen in der gewollten europaweit einheitlichen Ausgestaltung führen.[83] Andererseits kann es hierdurch zu einem Wettbewerb der national umgesetzten Normen kommen, welcher mittelfristig zu einer bestmöglichen Umsetzung der Richtlinie führt.

## I. Art. 50 Abs. 2 lit. [f] AEUV als Rechtsgrundlage

Allerdings ist Art. 50 Abs. 2 lit. [f] AEUV als Rechtsgrundlage für den Entwurf nicht unproblematisch. Art. 50 Abs. 2 lit. [f] AEUV ist für die Aufhebung von

---

77 COM (2014) 212 final, S. 5.

78 *Krajewski/Rösslein*, in Grabitz/Hilf/Nettesheim, Das Recht der Europäischen Union, 57. EL August 2015, Art. 294 Rn. 36; anders dagegen *Drygala*, NZG 2014, 491, 493, der je nach Stimmverhalten des Europäischen Parlaments eine einfache Mehrheit als ausreichend ansieht.

79 Vgl. hierzu bereits unter A.

80 *Drygala*, in EuZW 2014, 491, 493; *Hommelhoff*, in ZIP 2013, 2177, 2182.

81 Vergleiche zum Vorschlag der SPE: *Hommelhoff/Teichmann*, in Hirte/Teichmann, The European Private Company – Societas Privata Europea (SPE), 2013, S. 27 f.; *S. Jung*, Die Kapitalverfassung der Societas Privata Europea (SPE), 2014, S. 14 f.; *Teichmann*, ZRP 2013, 169, 173; *Hommelhoff*, in ZIP 2013, 2177, 2181.

82 *Schoenemann*, EWS 2014, 241.

83 *Schoenemann*, EWS 2014, 241.

Beschränkungen der Niederlassungsfreiheit in Bezug auf Agenturen, Zweigniederlassungen und Tochtergesellschaften einschlägig. Für die Einführung einer eigenen europäischen Rechtsform wäre jedoch eine Verordnung gem. Art. 352 AEUV erforderlich.[84]

Folglich ist fraglich, ob der Richtlinienentwurf lediglich nationale Vorschriften harmonisiert, oder ob er eine neue europäische Rechtsform erschaffen soll. Teilweise wird die SUP als eigene europäische Rechtsform angesehen[85] oder zumindest kritisch angemerkt, sie komme einer europäischen Rechtsform bedenklich nahe.[86]

Dem ist zuzugeben, dass die harmonisierte Gesellschaftsform nach Art. 7 Abs. 3 SUP-RL den Namen SUP tragen soll, so dass sie eine einheitliche Bezeichnung hat. Auch enthält der Richtlinienentwurf mit einem Weisungsrecht des Alleingesellschafters[87] und Vorschriften zum Einsetzen bzw. Abberufen des Geschäftsführers[88] einzelne Bestimmungen für die Leitung einer SUP.

Tatsächlich werden jedoch weit überwiegend nur die Gründungsvorschriften der Gesellschaft harmonisiert.[89] Daneben bleibt zumeist das Recht des Staates anwendbar, in dem sich der Satzungssitz befindet.[90] Wenn sich aber, sobald eine SUP gegründet wurde, die Rechtslage zumeist aus dem nationalen Recht eines Mitgliedsstaates ergibt, kann nicht von einer eigenen europäischen Rechtsform ausgegangen werden. Vielmehr handelt es sich dann um eine Vielzahl von mitgliedsstaatlichen Kapitalgesellschaften, deren Gründung nach europäisch

---

84 *Jung*, in Schwarze EU-Kommentar, 3. Aufl. 2012, Art. 50 AEUV Rn. 14; *Forsthoff*, in Grabitz/Hilf/Nettesheim, Das Recht der Europäischen Union, 57. EL August 2015, Art. 50 AEUV Rn. 11.

85 *DAV*, NZG 2014, 1372, 1373 Rz. 8; Stellungnahme der Bundessteuerberaterkammer, abrufbar unter http://www.bstbk.de/de/presse/stellungnahmen/archiv/20140723_stellung-nahme_bstbk/index.html (zuletzt abgerufen am 25.12.2015), S. 2; Stellungnahme des Europäischen Wirtschafts- und Sozialausschusses, ABl. C 458 vom 19.12.2014, S. 19–24, Rz. 4.1.1.

86 *Wicke*, ZIP 2014, 1414, 1417; *Bayer/J. Schmidt*, BB 2014, 1219, 1223.

87 Vgl. Art. 23 SUP-RL.

88 Vgl. Art. 22 SUP-RL.

89 *Conac*, ECFR 2015, 139, 158; *Hommelhoff*, GmbHR 2014, 1065, 1067; *Teichmann*, NJW 2014, 3561, 3563; *S. Jung*, GmbHR 2014, 579, 584.

90 Vgl. Art. 7 Abs. IV SUP-RL.

zertifizierten Regeln erfolgte.[91] Dieser Zertifizierung dient auch der einheitliche Name SUP, da dadurch die entsprechenden Gesellschaften erkennbar werden.[92]

Die Mitgliedsstaaten werden außerdem durch die SUP-RL verpflichtet, entweder eine neue Rechtsform im nationalen Recht vorzusehen, oder das gesamte Recht der zweiten Kapitalgesellschaft an die Vorschriften der Richtlinie anzupassen.[93] Folglich wird das nationale Recht nicht unverändert gelassen, sondern muss in jedem Fall angepasst werden.[94] Gerade ein solcher Anpassungszwang ist jedoch nach dem EuGH das entscheidende Kriterium, bei dessen Vorliegen es sich charakteristisch um eine Richtlinie handeln soll.[95]

Insgesamt handelt es sich daher bei der SUP-RL um eine harmonisierende Rechtsangleichung, nicht um die Schaffung einer neuen, supranationalen Gesellschaftsform. Art. 50 AEUV ist als Rechtsgrundlage daher zutreffend gewählt.[96]

Zudem wird vorgebracht, die bisherige Rechtslage würde die Gründung von Tochtergesellschaften nicht ernsthaft behindern, so dass nicht auf das konkrete Regelbeispiel des Art. 50 Abs. 2 lit. [f] AEUV zurückgegriffen werden kann.[97] Denn Art. 50 Abs. 2 lit. [f] AEUV soll die Niederlassungsfreiheit speziell in Hinsicht auf die Errichtung von Agenturen, Zweigniederlassungen und Tochtergesellschaften gewährleisten.[98] Dass jedoch durchaus Hindernisse bei der Gründung einer grenzüberschreitenden Tochtergesellschaft bestehen oder jene gar unmöglich ist, wurde bereits dargestellt.[99] Darüber hinaus ist Art. 50 Abs. 2 lit. [f] AEUV lediglich ein Regelbeispiel des Art. 50 Abs. 2 AEUV, wohingegen

---

91 *Omlor*, NZG 2014, 1137, 1138; *Weller/Bauer*, ZEuP 2015, 6, 27.

92 COM (2014) 212 final, Erwägungsgrund 9; *Teichmann*, in Lutter/Koch, Societas Unius Personae (SUP), 2015, S. 56.

93 Vgl. Erwägungsgrund 10 SUP-RL; näher dazu unter E. II. a.

94 *Kalss/Klampfl*, in Dauses EU-Wirtschaftsrecht, 38. EL September 2015, E. III. 7. a) cc) bbb) Rn. 480; *S. Jung*, GesRZ 2014, 363 ff.

95 EuGH Urteil vom 02.05.2006 – Rs. C-436/03 = EuZW 2006, 380 (Rz. 44); *Teichmann*, in Lutter/Koch, Societas Unius Personae (SUP), 2015, S. 56.

96 *Conac*, ECFR 2015, 139, 159; *Hansen*, ECFR 2015, 177; *Teichmann*, in Lutter/Koch, Societas Unius Personae (SUP), 2015, S. 56; *Kalss/Klampfl*, in Dauses EU-Wirtschaftsrecht, 38. EL September 2015, E. III. 7. a) cc) bbb) Rn. 480; *Weller/Bauer*, ZEuP 2015, 6, 27; *Omlor*, NZG 2014, 1137, 1138; *Tiedje*, in von der Groeben/Schwarze/Hatje, Europäisches Unionsrecht, 7. Aufl. 2015, Artikel 50 AEUV Rn. 77.

97 *Drygala*, EuZW 2014, 491, 493.

98 *Forsthoff*, in Grabitz/Hilf/Nettesheim, Das Recht der Europäischen Union, 57. EL August 2015, Art. 50 AEUV Rn. 10.

99 Vgl. C. I. Für weitere Beispiele siehe: *Teichmann*, ZRP 2013, 169, 170.

die Rechtsgrundlage für ein Tätigwerden Art. 50 Abs. 1 AEUV ist.[100] Daher zieht auch die Kommission für ihren Vorschlag einer SUP-RL lediglich „insbesondere [...] Art. 50 Abs. 2 lit. [f] AEUV" heran, stützt den Vorschlag insgesamt aber auf Art. 50 AEUV.[101] Für diesen genügt bereits das Ziel der Richtlinie, die Unternehmensgründung im Ausland durch mehr Rechtssicherheit zu fördern.[102]

Aufgrund der bestehenden Behinderungen bei der grenzüberschreitenden Gründung von Tochtergesellschaften ist das Regelbeispiel Art. 50 Abs. 2 lit. [f] AEUV jedoch korrekterweise herangezogen worden.[103]

### a. Kein Auslandsbezug erforderlich

Problematisch erscheint hingegen, dass die Kapitalgesellschaftsform nach dem Richtlinienentwurf auch rein innerstaatlich gegründet werden kann. Denn ein grenzüberschreitender Gründungssachverhalt wird nicht vorausgesetzt.[104] Allerdings benötigt eine Richtlinie, welche aufgrund des Art. 50 Abs. 2 lit. [f] AEUV ergehen soll, einen Bezug zur europäischen Niederlassungsfreiheit.[105] Vielfach wird ein solcher Bezug aufgrund der Möglichkeit, eine SUP ohne Auslandsbezug gründen zu können, verneint und in der Folge die herangezogene Rechtsgrundlage für unzulässig erklärt.[106] Fraglich ist aber, ob nicht auch ohne

---

100 *Müller-Graff*, in Streinz, EUV/AEUV, 2. Aufl. 2012, Art. 50 AEUV Rn. 1; *Jung*, in Schwarze EU-Kommentar, 3. Aufl. 2012, Art. 50 AEUV Rn. 4; *Forsthoff*, in Grabitz/Hilf/Nettesheim, Das Recht der Europäischen Union, 57. EL August 2015, Art. 50 AEUV Rn. 2; *Wulf-Henning Roth*, FS Carl Heymanns Verlag, 2015, 229, 236.

101 COM (2014) 212 final, S. 5; *Beurskens*, GmbHR 2014, 738, 739.

102 *Bröhmer*, in Calliess/Ruffert EUV/AEUV, 4. Aufl. 2011, Art. 50 AEUV Rn. 3; *Drygala*, EuZW 2014, 491, 493.

103 *Weller/Bauer*, ZEuP 2015, 6, 27; *Omlor*, NZG 2014, 1137, 1138; *Tiedje*, in von der Groeben/Schwarze/Hatje, Europäisches Unionsrecht, 7. Auflage 2015, Artikel 50 AEUV Rn. 77.

104 Bundesrechtsanwaltskammer, Stellungnahme Nr. 31/2014, S. 3, abrufbar unter http://www.brak.de/zur-rechtspolitik/stellungnahmen-pdf/stellungnahmen-deutschland/2014/juli/stellungnahme-der-brak-2014-31.pdf (zuletzt abgerufen am 16.02.2016).

105 *Omlor*, NZG 2014, 1137, 1138; ebenso zu lit. [g]: *Jung*, in Schwarze EU-Kommentar, 3. Aufl. 2012, Art. 50 AEUV Rn. 15; *Forsthoff*, in Grabitz/Hilf/Nettesheim, Das Recht der Europäischen Union, 57. EL August 2015, Art. 50 AEUV Rn. 16.

106 *Omlor*, NZG 2014, 1137, 1138; Bundesrechtsanwaltskammer, Stellungnahme Nr. 31/2014, S. 3; Bundesrat, Beschluss v. 11.07.2014, BR-Drucks. 165/14, Zweiter Beschluss, S. 1 Ziff. 2; Europäischer Wirtschafts- und Sozialausschuss, Stellungnahme ABl. C 458 vom 19.12.2014, S. 7; zweifelnd auch *Wicke*, ZIP, 2014, 1414, 1417.

grenzüberschreitenden Gründungssachverhalt ein Bezug zur europäischen Niederlassungsfreiheit gegeben ist.

Zunächst ist festzuhalten, dass für einen solchen Bezug keine bereits bestehende grenzüberschreitende Tätigkeit der Gründerperson, wie beispielsweise bei der europäischen SE vorgeschrieben, vgl. Art. 2 SE-VO, erforderlich ist.[107] Denn andernfalls stände die Rechtsform den KMU bei ihrer ersten Auslandsgründung nicht mehr offen.[108] Die Zugangshürde zum Binnenmarkt der Union bliebe für diese folglich weiterhin hoch. Gerade die Herabsetzung dieser Hemmschwelle zugunsten der KMU dient jedoch der europäischen Niederlassungsfreiheit.

Daneben müsste aber auch die rein innerstaatliche Gründung einer SUP einen Bezug zur Niederlassungsfreiheit aufweisen. Ist dieser nicht gegeben, wäre die Richtlinie dahingehend zu ändern, dass spätestens mit der Gründung der SUP eine grenzüberschreitende Unternehmensgruppe entstehen muss.[109]

Indes bringt ein Verzicht auf die Voraussetzung der Transnationalität binnenmarktrelevante Vorteile mit sich. So weist *J. Prütting* zu Recht darauf hin, dass sich Unternehmen dadurch nicht erstmals bei Gründung einer Tochtergesellschaft mit einer anderen Gesellschaftsvariante beschäftigen müssen.[110] Denn gerade durch solche, im Gründungszeitpunkt neuartige, bürokratischen Hürden lassen sich speziell kleine Unternehmen beim „ersten Schritt" über die nationalen Grenzen hinweg schnell entmutigen.[111] Ist die Rechtsform hingegen bereits bekannt, so ist die Hemmschwelle weiterer Gesellschaftsgründungen geringer. Die KMU würden folglich zügiger binnenmarktübergreifend investieren und durch Tochtergesellschaftsgründungen expandieren.

Darüber hinaus entstünde in einer Rechtslage, in welcher die jeweilige harmonisierte Rechtsform nur von mitgliedsstaatsfremden und großen, bereits grenzüberschreitend operierenden Unternehmen genutzt werden könnte, automatisch eine ungleiche Wettbewerbslage mit den einheimischen, kleineren Unternehmen. Denn den heimischen Unternehmen stände nur die nationale, nicht harmonisierte Gesellschaftsform offen. Diese unterliegt aber häufig strengeren Anforderungen und erweist sich zudem als weniger flexibel. Als Beispiel sei hier auf das Wahlrecht bezüglich der Organisationsverfassung der europäischen SE verwiesen. So kann in dieser anstatt der dualistischen Leitungsstruktur auch ein

---

107 Vgl. hierzu *Jannott*, in Handbuch der Europäischen Aktiengesellschaft, 2. Aufl. 2014, Kapitel 3, Rn. 1 ff.

108 *S. Jung*, GmbHR 2014, 579, 584.

109 So zum Beispiel *Omlor*, NZG 2014, 1137, 1138.

110 *J. Prütting*, JZ 2014, 381, 387.

111 *Teichmann*, NJW 2014, 3561, 3565.

monistisches System gewählt werden, wodurch diese deutlich flexibler gestaltbar ist als die deutsche AG.[112] Ebenso attraktiv zeigt sich die Verhandlungslösung bezüglich der Arbeitnehmermitbestimmung in der SE.[113] Dabei ist auch eine SUP hinsichtlich der Vorschriften über das Mindeststammkapital weniger restriktiv als die deutsche GmbH oder die UG (haftungsbeschränkt).[114]

Dass die daraus resultierenden Wettbewerbsbedingungen ungleich sind, bedarf keiner näheren Erörterung.[115] Allein auf Grund dieser faktisch bestehenden Wettbewerbslage zwischen den Unternehmen, welche eine SUP gründen können, und ihren nationalen Wettbewerbern ohne diese Möglichkeit, ist der notwendige Binnenmarktbezug der Richtlinie gegeben.[116]

Da die Richtlinie somit einerseits kleinen Gesellschaften ein Tätigwerden auf dem europäischen Binnenmarkt spürbar erleichtert[117] und andererseits einen Wettbewerbsnachteil auf dem heimischen Markt zulasten der KMU verhindert, liegt eine Förderung der europäischen Niederlassungsfreiheit vor. Eine solche Förderung der Niederlassungsfreiheit ist dabei für Art. 50 Abs. 2 lit. [f] AEUV ausreichend.[118] Eines Transnationalitätserfordernisses des Gründers bedarf es hierfür daher nicht.

Diese Ansicht vertritt offenbar auch der Europäische Rat, da er in seiner allgemeinen Ausrichtung ebenfalls keinen Auslandsbezug des Gründers verlangt.[119]

---

112 Vgl. hierzu *Grunewald*, Gesellschaftsrecht, 9. Aufl. 2013, § 12 Rn. 3; *Jannott/Frodermann*, in Handbuch der Europäischen Aktiengesellschaft, 2. Aufl. 2014, Einleitung Rn. 4.

113 *Grunewald*, Gesellschaftsrecht, 9. Aufl. 2013, § 12 Rn. 4; *Jannott/Frodermann*, in Handbuch der Europäischen Aktiengesellschaft, 2. Aufl. 2014, Einleitung Rn. 5; *Rieble*, BB 2014, 2997, 2998.

114 Vgl. dazu unter E. XI. b. 1.)

115 Zu entsprechenden Wettbewerbsvorteilen der SE vgl. *Rieble*, BB 2014, 2997, 2998.

116 *J. Prütting*, JZ 2014, 381, 387.

117 Vgl. zum Vorschlag der SPE: *Hommelhoff/Teichmann*, DStR, 2008, 925, 928 f.

118 *Jung*, in Schwarze EU-Kommentar, 3. Aufl. 2012, Art. 50 AEUV Rn. 4; *Müller-Graff*, in Streinz EUV/AEUV, 2 Aufl. 2012, Art. 50 AEUV Rn. 9; Europäische Kommission C(2014) 6855 final, S. 1, welche einen grenzüberschreitenden Bezug generell für nicht erforderlich hält; zu lit. [g]: *Tiedje*, in von der Groeben/Schwarze/Hatje, Europäisches Unionsrecht, 7. Auflage 2015, Artikel 50 AEUV Rn. 18; *Wulf-Henning Roth*, FS Carl Heymanns Verlag, 2015, 229, 237.

119 Vgl. SUP-RLE-Rat, Dok. 8811/15, abrufbar unter http://www.consilium.europa.eu/de/press/press-releases/2015/05/28-29-compet-single-member-private-companies/ (zuletzt abgerufen am 25.12.2015).

Folglich kann die Richtlinie auch ohne einen grenzüberschreitenden Gründungssachverhalt auf Art. 50 Abs. 2 lit. [f] AEUV gestützt werden.

## b. Nachteile eines hypothetisch vorausgesetzten Auslandsbezuges

Unabhängig von der Rechtsgrundlage ist es erfreulich, dass die Kommission auf die Voraussetzung eines Auslandsbezuges verzichtet.

Zwar wird kritisiert, es ergebe sich durch den Verzicht eine Konkurrenzlage zu den nationalen Einpersonengesellschaften, wodurch die Wertungen der nationalen Gesetzgeber unterlaufen werden.[120] Hierbei handelt es sich jedoch um ein pauschales Argument, welches einer näheren Betrachtung nicht standhält.

Denn bereits jetzt kann eine Einpersonengesellschaft durch Wahl einer englischen Limited die Anforderungen der deutschen UG (haftungsbeschränkt) umgehen. Gerade dadurch herrscht schon seit längerem ein Wettbewerb der nationalen Gesellschaftsrechte in der Union.[121] Ein Eingreifen der Union in diesen herrschenden Wettbewerb verhindern zu wollen, mit einer Warnung vor ebenjenem, ist schlichtweg widersinnig.

Auch lässt sich die Voraussetzung eines bestehenden Auslandsbezuges in der Praxis nur schwer durchsetzen. Bei einer SE lässt sich beispielsweise das erforderliche Mehrstaatlichkeitserfordernis[122] durch Erwerb einer Vorrats-SE umgehen.[123] Dabei übernimmt der Käufer alle Anteile einer gegründeten Vorrats-SE und verschmilzt die Ursprungsgesellschaft anschließend auf die erworbene SE.[124] Einwände gegen diese Vorgehensweise bestehen nicht.[125] In der Praxis ist unter anderem daher die Hälfte aller in Deutschland aktiven SE aus einer Vorratsgründung hervorgegangen.[126]

---

120 Bundesrat, Beschluss v. 11.07.2014, BR-Drucks. 165/14, Zweiter Beschluss, S. 2 Ziff. 3; vgl. auch *Hommelhoff*, GmbHR 2014, 1065, Fußnote 16.

121 *Fleischer*, in MüKoGmbHG, 2. Aufl. 2015, Einleitung Rn. 227 f.

122 Vgl. zu den verschiedenen Gründungsmöglichkeiten, welche jedoch jeweils ein Mehrstaatlichkeitserfordernis aufstellen, Art. 2 SE-VO.

123 *Haider-Giangreco/Polte*, in BB 2014, 2947, 2953; *Habersack*, in Habersack/Drinhausen, SE-Recht, 2013, Art. 2 SE-VO Rn. 28; *Jannott*, in Handbuch der Europäischen Aktiengesellschaft, 2. Aufl. 2014, 3. Kapital Rn. 304.

124 *Haider-Giangreco/Polte*, BB 2014, 2947, 2953.

125 Vgl. *Habersack*, in Habersack/Drinhausen, SE-Recht, 2013, Art. 2 SE-VO Rn. 27 m.w.N.

126 *Jannott/Frodermann*, in Handbuch der Europäischen Aktiengesellschaft, 2. Aufl. 2014, Einleitung Rn. 26.

Nicht nur deshalb sprechen die besseren Argumente für einen Verzicht auf ein transnationales Erfordernis. Zunächst bestünde andernfalls die bereits geschilderte Ungleichbehandlung zwischen Einpersonengesellschaften mit und denen ohne Auslandsbezug.[127] Daneben wäre der Sinn der Richtlinie, welche insbesondere die KMU in der Union fördern möchte,[128] fraglich. Den KMU ohne Auslandsbezug bliebe die SUP verwehrt. Für die größeren Unternehmen, welche bereits über Auslandserfahrung verfügen und diesbezüglich bereits auf ein ihnen vertrautes Beratungsteam zurückgreifen können, wird die Hürde mit jeder folgenden Auslandsgründung niedriger sein. Der Bedarf nach harmonisierten Gründungsvorschriften ist bei diesen Unternehmen dementsprechend geringer. Denn auch wenn die länderspezifischen Vorschriften sich unterscheiden, so werden der grobe zeitliche Ablauf und der Beratungsaufwand doch ähnlich sein. Zudem haben die größeren KMU schon heute mit der europäischen SE eine interessante europäische Option.[129]

Gegen das Erfordernis der Transnationalität der Unternehmen spricht schließlich die Akzeptanz und Zielsetzung der SUP. So soll die Errichtung einer nationalen Gesellschaft zum Zwecke der Vertrauensgewinnung beim Gläubiger erleichtert werden.[130] Die Gläubiger sollen jedoch weiterhin das Vertrauen haben, mit einer nationalen Gesellschaft als Vertragspartner zu verhandeln. Problematisch ist aber, dass kaum eine deutsche Gesellschaft sich, nachdem sie bereits über eine GmbH im Inland sowie eine Tochtergesellschaft im Ausland verfügt, nachträglich in eine SUP umwandeln würde. Dies vor allem, weil die SUP überwiegend die Gründungvorschriften betrifft,[131] welche ein existierendes Unternehmen offenkundig bereits hinter sich gebracht hat. Faktisch wären daher nur ausländische Unternehmen mit einer SUP-Tochtergesellschaft in dem jeweiligen Mitgliedsstaat aktiv.[132] Ob eine solche, praktisch nur von ausländischen Muttergesellschaften genutzte Gesellschaftsform aber als eine einheimische wahrgenommen wird, ist äußerst zweifelhaft. Viel näher liegt eine Stigmatisierung als „Ausländergesellschaft", welche dazu führt, dass gebietsfremde Gründer häufig die herkömmliche Rechtsform des Ziellandes wählen werden.[133] Dann wäre der Richtlinienvorschlag der SUP aber überflüssig.

---

127 Vgl. dazu unter D. I. a.

128 COM (2014) 212 final, S. 2.

129 Vgl. oben unter A.

130 COM (2014) 212 final, S. 3.

131 Vgl. hierzu bereits unter D. I.

132 So zur SPE: *Hügel*, ZHR 173, 309, 315.

133 *Hügel*, ZHR 173, 309, 315.

Eine Überlegung wert könnte dagegen der Vorschlag des Europäischen Wirtschafts- und Sozialausschusses sein, dass ein Gründer glaubhaft machen muss, spätestens binnen eines Zeitraumes von etwa zwei Jahren in mindestens zwei Mitgliedsstaaten tätig zu sein.[134] Allerdings muss ein solcher Zeitraum großzügig bemessen werden, um potenzielle Gründer nicht unter Druck zu setzen und die SUP damit unattraktiv für kleine Unternehmen zu machen. Denn denkt man an die weltweite Finanzkrise ab 2007 zurück oder an die noch andauernde Euro-Krise, so wird man von einem kleinen, neuen Unternehmen eine wirtschaftliche Voraussicht über zwei Jahre nicht erwarten können. Zumal sich auch die wirtschaftliche Lage und damit die Rahmenbedingungen im hypothetischen Zielland ständig ändern werden. Demnach erscheint ein Verzicht auf eine solch zeitliche Lösung die konstruktivere Variante, will man mit der SUP Gründer und neue Auslandsaktivitäten fördern.[135]

Insgesamt ist es daher zur Erreichung der Ziele der Kommission folgerichtig, auf einen Binnenmarktbezug der Unternehmen zu verzichten.

### c. Einsetzbarkeit außerhalb der Europäischen Union

Problematisch könnte auch sein, dass die SUP ihre Hauptverwaltung oder Hauptniederlassung außerhalb der Europäischen Union haben kann, vgl. Art. 10 SUP RL. Dies ist laut Bundesrechtsanwaltskammer nicht mehr von der Rechtsgrundlage in Art. 50 Abs. 2 lit. [f] AEUV abgedeckt, da die Niederlassungsfreiheit innerhalb der Union nicht betroffen sei.[136]

Bei dieser Kritik wird jedoch vergessen, dass auch ein Unternehmen, welches seine Hauptniederlassung oder seine Hauptverwaltung außerhalb der Union hat, von der Niederlassungsfreiheit in Art. 54 AEUV erfasst ist.[137] Nach dem EuGH ist der Satzungssitz insofern das ausschlaggebende Kriterium für die Unionsangehörigkeit.[138] Wenn diese Gesellschaften von der Niederlassungsfreiheit aus Art. 54 AEUV erfasst werden, ist die Niederlassungsfreiheit offensichtlich betroffen.

134 Stellungnahme des Europäischen Wirtschafts- und Sozialausschusses, ABl. C 458 vom 19.12.2014, S. 19–24, Rz. 1.9.

135 Vgl. zu dieser Zielsetzung COM (2014) 212 final, S. 3.

136 Bundesrechtsanwaltskammer, Stellungnahme Nr. 31/2014, S. 6.

137 *Forsthoff*, in Grabitz/Hilf/Nettesheim, Das Recht der Europäischen Union, 57. EL August 2015, Art. 54 AEUV Rn. 15.

138 *Forsthoff*, in Grabitz/Hilf/Nettesheim, Das Recht der Europäischen Union, 57. EL August 2015, Art. 54 AEUV Rn. 15.

Zudem geht es nicht um die Einsetzbarkeit der SUP außerhalb der Union. Vielmehr sind die SUP jeweils nationale Gesellschaften der Mitgliedsstaaten der Union. Es wird ihnen lediglich gestattet, ihren Verwaltungssitz oder ihre Hauptniederlassung außerhalb der Union zu haben. Dies stellt die konsequente Anwendung der Gründungstheorie dar.[139] Nach der Gründungstheorie richtet sich das Gesellschaftsstatut, also das anzuwendende Recht, nach dem Recht desjenigen Staates, nach dessen Bestimmungen die Gesellschaft gegründet wurde.[140] Allein der Satzungssitz ist maßgeblich, wohingegen die Gesellschaft ihren Verwaltungssitz beliebig grenzüberschreitend verlegen kann.[141] Der EuGH folgt der Gründungstheorie für EU Auslandsgesellschaften seit den Entscheidungen Centros, Überseering und Inspire Art.[142] Es ist daher nur folgerichtig, wenn auch die Europäische Kommission der Gründungstheorie in ihrer Rechtssetzung folgt.

Damit ist das Erfordernis, dass SUP nur entweder die Hauptverwaltung oder die Hauptniederlassung in der Union haben müssen, mit der Rechtsgrundlage in Art. 50 Abs. 2 lit. [f] AEUV vereinbar.

## II. Subsidiaritätsprinzip und Verhältnismäßigkeit

### a. Subsidiaritätsprinzip

Die Richtlinie müsste schließlich das Subsidiaritätsprinzip aus Art. 5 Abs. 3 EUV beachten. Danach darf die Union nur tätig werden, wenn das Regelungsziel von den Mitgliedsstaaten nicht ausreichend verwirklicht und zugleich auf Unionsebene besser erreicht werden kann.[143]

Teilweise wird die Richtlinie für nicht vereinbar mit dem Subsidiaritätsprinzip gehalten. Der Eingriff in das nationale GmbH-Recht soll zu tief und verändernd sein.[144] Soweit der Eingriff jedoch als zu tief und verändernd gesehen wird, wird das Subsidiaritätsprinzip mit dem Verhältnismäßigkeitsprinzip aus Art. 5 Abs. 4 EUV vermischt. Um dem Subsidiaritätsprinzip zu genügen, muss das Ziel auf Unionsebene nur besser als durch die einzelnen Mitgliedsstaaten erreicht

---

139 *DAV*, NZG 2014, 1372, 1375 Rz. 38; *Drygala*, EuZW 2014, 491, 492.

140 *Drygala/Staake/Szalai*, Kapitalgesellschaftsrecht, 2012, § 2 Rn. 29; *Kindler*, in MüKoBGB, 6. Aufl. 2015, Internationales Handels- und Gesellschaftsrecht Rn. 359.

141 *Drygala/Staake/Szalai*, Kapitalgesellschaftsrecht, 2012, § 2 Rn. 29.

142 *Weller*, in MüKoGmbHG, 2. Aufl. 2015, Einleitung Rn. 350 ff.

143 *Bast*, Grabitz/Hilf/Nettesheim, Das Recht der Europäischen Union, 57. EL August 2015, Art. 5 EUV Rn. 54 ff.; *Kadelbach*, in von der Groeben/Schwarze/Hatje, Europäisches Unionsrecht, 7. Aufl. 2015, Art. 5 EUV Rn. 39.

144 *Wicke*, ZIP 2014, 1414, 1417.

werden können. Wie verändernd sich die Richtlinie daraufhin auf das nationale Recht auswirkt, hat mit dem Subsidiaritätsprinzip nichts zu tun.

Um die Einrichtungskosten für ausländische Gesellschaften zu senken, müssten sich die Mitgliedsstaaten untereinander koordinieren. Es müssten vergleichbare Regelungen geschaffen und bestehende Hindernisse für ausländische Gesellschaften beseitigt werden.

Das Gegenteil ist jedoch eingetreten. Der zunehmend stärker werdende Wettbewerb der letzten Jahre um die attraktivste Rechtsform hat die Rechtszersplitterung noch vergrößert.[145] Niemand kennt mehr die jeweiligen Besonderheiten der verschiedenen Gründungsvorschriften ohne vorherige Recherche.[146] Dies gilt erst recht, wenn im Rechtsverkehr der Rechtsformzusatz bzw. dessen Herkunft gänzlich unbekannt ist.[147] Schließlich bestehen auch noch tatsächliche Hindernisse in der Form, dass eine Einpersonengesellschaft keine Tochtergesellschaft gründen darf oder dies unnötig erschwert wird.[148]

Anzeichen, dass die 28 Mitgliedsstaaten sich koordinieren, um die Gründungsvorschriften zu harmonisieren, sind nicht erkennbar.[149] Viel eher ist zu erwarten, dass jeder Mitgliedsstaat seine Standards durchsetzen möchte. Nicht zuletzt deshalb wurde auch bei der SPE solange verhandelt, bevor der Entwurf endgültig zurückgezogen wurde.[150] Demzufolge ist auch die Einführung eines einheitlichen europäischen Rechtsformzusatzes für Gesellschaften, die nach einheitlichen Regelungen gegründet worden sind, durch die nationalen Gesetzgeber nicht zu erwarten.

Insgesamt kann daher weder eine Harmonisierung der Gründungsvorschriften, noch die Einführung eines einheitlichen Rechtsformzusatzes auf mitgliedsstaatlicher Ebene verwirklicht werden.[151] Vielmehr sind beide Ziele grundsätzlich deutlich besser durch die Union erreichbar.

145 *Fleischer*, NZG 2014, 1081, 1083 ff.; COM(2014) 212 final, S. 6.

146 *Conac*, ECFR 2015, 139, 145; *Teichmann*, NJW 2014, 3561, 3563.

147 *Hommelhoff/Teichmann*, GmbHR 2014, 177, 182; *Teichmann*, in Lutter/Koch, Societas Unius Personae (SUP), 2015, S. 60.

148 Vgl. dazu unter C. I.

149 *Teichmann*, NJW 2014, 3561, 3562; *Conac*, ECFR 2015, 139, 154.

150 Vgl. hierzu bereits unter A.

151 *Conac*, ECFR 2015, 139, 154.

Um dem Subsidiaritätsprinzip zu genügen, müssen die beabsichtigen Maßnahmen der Kommission aber zusätzlich eine Verbesserung gegenüber dem mitgliedsstaatlichen Handeln erwarten lassen.[152]

Gegen eine zu erwartende Verbesserung könnte sprechen, dass durch die SUP-RL nur Teilbereiche der Rechtsform harmonisiert werden.[153] In den nicht harmonisierten Bereichen findet dagegen jeweils das nationale Recht des Registerstaates Anwendung, vgl. Art. 7 Abs. 4 SUP-RL. Im Ergebnis führt dies zu 28 unterschiedlichen Varianten der SUP, abhängig vom Sitz der Gesellschaft.[154] Fraglich ist daher, ob die Richtlinie wirklich zu einer Vereinfachung der Gründungsvorschriften und damit der Tochtergesellschaftsgründung, führt.

Die Richtlinie regelt jedoch die Gründung inklusive einer Mustersatzung sowie die Kapitalaufbringung und Herabsetzung weitgehend umfassend, so dass kaum Raum für mitgliedsstaatliche Regelungen verbleibt.[155] Auch die Organisation einer SUP wird in grundsätzlichen Fragen einheitlich ausgestaltet.[156] Es kann daher allenfalls von leicht abweichenden nationalen Gesellschaftsvarianten ausgegangen werden. Die Rechtsunterschiede dieser Gesellschaftsformen sind dennoch deutlich geringer als bei den herkömmlichen nationalen Varianten.[157] Insbesondere durch die identisch ausgestaltete Gründungsmöglichkeit[158] wird die Errichtung von Tochtergesellschaften im Ausland entschieden erleichtert.[159]

Die durch die Richtlinie harmonisierte Rechtslage lässt demzufolge deutliche Verbesserungen hinsichtlich einheitlicher Vorschriften zur Gesellschaftsgründung erwarten.

Damit ist die Richtlinie mit dem Subsidiaritätsprinzip aus Art. 5 Abs. 3 EUV vereinbar.[160]

---

152 *Kadelbach*, in von der Groeben/Schwarze/Hatje Europäisches Unionsrecht, 7. Aufl. 2015, Art. 5 EUV Rn. 40.

153 *Drygala*, EuZW 2014, 491; *Beurskens*, GmbHR 2014, 738, 747.

154 *Wedemann*, EuZW 2010, 534, 535 f.; *Drygala*, EuZW 2014, 491; *Conac*, ECFR 2015, 139, 154.

155 Ebenso *Drygala*, EuZW 2014, 491; *Beurskens*, GmbHR 2014, 738, 747; nähere Ausführungen unter E. VII. ff.

156 Vgl. E. XII.

157 *Drygala*, EuZW 2014, 491; *Beurskens*, GmbHR 2014, 738, 747.

158 Zu dieser vgl. E. X. a.

159 *Teichmann*, in Lutter/Koch, Societas Unius Personae (SUP), 2015, S. 60; *Beurskens*, GmbHR 2014, 738, 747.

160 *Teichmann*, NJW 2014, 3561, 3563; *Ders.*, in Lutter/Koch, Societas Unius Personae (SUP), 2015, S. 60; *Conac*, ECFR 2015, 139, 154.

## b. Verhältnismäßigkeit

Weiterhin müsste der Richtlinienvorschlag mit dem Verhältnismäßigkeitsprinzip aus Art. 5 Abs. 4 EUV vereinbar sein. Hierfür muss die Richtlinie geeignet, erforderlich und angemessen sein, um das erstrebte Ziel zu erreichen.[161]

An der Geeignetheit der Richtlinie, den KMU die Gründung von Gesellschaften im Ausland zu erleichtern, bestehen keine Bedenken.

Eine Maßnahme, welche den Handlungsspielraum der Mitgliedsstaaten weniger einschränkt, jedoch gleich geeignet ist,[162] ist nicht denkbar. Insbesondere würde eine Richtlinie mit einer geringeren Regelungsdichte nicht zu dem Ziel führen, identische Gründungsvorschriften in allen Mitgliedsländern zu erreichen.

Schließlich müsste die Richtlinie in einem angemessenen Verhältnis zum angestrebten Ziel stehen.[163]

Wie bereits dargestellt,[164] sind die Hürden für KMU bei der Gründung einer Tochtergesellschaft im Ausland hoch. Dies führt dazu, dass nur verhältnismäßig wenige dieser Unternehmen grenzüberschreitend tätig werden.[165] Bedauerlicherweise sind die rechtlichen Differenzen in den letzten Jahren sogar noch größer geworden.[166] Wenn die Kommission in diesem Zusammenhang lediglich die Gründungsvorschriften der SUP harmonisieren möchte, ist dies ein sehr überschaubarer Bereich des nationalen Rechts.[167] Zu berücksichtigen ist auch, dass den Mitgliedsstaaten bei der Umsetzung die Wahl gelassen wird, ob sie die SUP parallel zu den bestehenden Rechtsformen einführen oder ob sie die Richtlinienanforderungen auf alle nationalen Gesellschaften mit beschränkter Haftung anwenden möchten.[168] Der Eingriff der SUP-RL in die nationalen Rechte erfolgt folglich thematisch eng begrenzt und inhaltlich, durch das Gestaltungsermessen der Mitgliedsstaaten, sehr moderat. Wegen der bestehenden Schwierigkeiten für

161 *Kadelbach*, in von der Groeben/Schwarze/Hatje Europäisches Unionsrecht, 7. Aufl. 2015, Art. 5 EUV Rn. 51 ff.; *Bast*, in Grabitz/Hilf/Nettesheim, Das Recht der Europäischen Union, 57. EL August 2015, Art. 5 EUV Rn. 70 ff.

162 *Kadelbach*, in von der Groeben/Schwarze/Hatje Europäisches Unionsrecht, 7. Aufl. 2015, Art. 5 EUV Rn. 52.

163 *Kadelbach*, in von der Groeben/Schwarze/Hatje Europäisches Unionsrecht, 7. Aufl. 2015, Art. 5 EUV Rn. 53.

164 Vgl. unter C. I.

165 *Teichmann*, in Lutter/Koch, Societas Unius Personae (SUP), 2015, S. 57.

166 Vgl. unter D. II. a.

167 *Teichmann*, NJW 2014, 3561, 3562.

168 Vgl. bereits D. I.

die KMU, Tochterunternehmen im europäischen Ausland zu gründen, steht der Richtlinienvorschlag daher nicht außer Verhältnis zu seinem Ziel.[169]

Folglich steht der Richtlinienentwurf mit dem Verhältnismäßigkeitsprinzip aus Art. 5 Abs. 4 EUV in Einklang.

Art. 50 Abs. 2 lit. [f] AEUV ist somit eine taugliche Rechtsgrundlage für den Richtlinienvorschlag der europäischen Kommission.[170]

---

169 *Teichmann*, NJW 2014, 3561, 3562; *Ders.*, in Lutter/Koch, Societas Unius Personae (SUP), 2015, S. 62.

170 Auch der europäische Rat hält Art. 50 Abs. 2 lit. [f] AEUV für die geeignete Rechtsgrundlage, vgl. *Malberti*, ECFR 2015, 238, 243.

# E. Die SUP-Richtlinie

## I. Richtlinienziel

Mit der Richtlinie möchte die Europäische Kommission nach eigener Aussage insbesondere den KMU die Gründung von Tochtergesellschaften im europäischen Ausland erleichtern.[171]

Teilweise wird dieses Ziel jedoch angezweifelt und behauptet, die Kommission möchte vielmehr großen Konzernen die europaweite Tätigkeit erleichtern.[172] Denn gerade diese verwenden Einpersonengesellschaften häufig als Tochterunternehmen, so dass ihnen die schnelle und günstige Gründungsmöglichkeit entgegen käme.[173] Hierfür streitet vor allem die zulässige Sitzaufspaltung, vgl. Art. 10 SUP-RL. Denn diese kann von größeren Unternehmensgruppen zugunsten einer einheitlichen Konzernverwaltung, durch Konzentration des Satzungssitzes sämtlicher Gesellschaften in einem Mitgliedsstaat, verwendet werden.[174] Auch das Weisungsrecht des Alleingesellschafters gegenüber dem Geschäftsführer deutet in diese Richtung, vgl. Art. 23 Abs. 1 SUP-RL.[175] Zusätzlich gibt die Kommission sogar ausdrücklich an, mit diesem Weisungsrecht die Tätigkeit von Konzernen erleichtern zu wollen.[176]

Allerdings enthält der Richtlinienvorschlag auch Vereinfachungen, welche speziell auf die KMU abzielen. So ist beispielsweise die Online-Eintragung für große Konzerne, mangels Möglichkeit einer individuellen Satzungsgestaltung, wohl zu vernachlässigen.[177] Ebenso ist ein Mindeststammkapital von lediglich einem Euro gerade für kleine Unternehmen interessant, Art. 16 SUP-RL. Schließlich zielt auch die Option, die Gesellschaftsgründung ohne vorherigen Auslandsbezug durchführen zu können,[178] merklich auf kleinere Unternehmensgruppen ab. Denn insbesondere diesen fällt der erste Schritt über die Grenze besonders

---

171 COM (2014) 212 final, S. 3.

172 *Seibert*, GmbHR 2014, R 209; *Beurskens*, GmbHR 2014, 738.

173 *S. Jung*, GmbHR 2014, 579, 582; *Beurskens*, GmbHR 2014, 738.

174 *S. Jung*, GmbHR 2014, 579, 582.

175 *Weller/Bauer*, ZEuP 2015, 6, 28; *Hommelhoff*, GmbHR 2014, 1065, 1066.

176 Vgl. Erwägungsgrund 23; näher dazu unter E. XII. b.

177 Zur Online-Eintragung vgl. E. X. a.

178 Vgl. D. I. a.

schwer.[179] Große Unternehmensgruppen sind dagegen zumeist bereits im Ausland vertreten, so dass ein vorausgesetzter Auslandsbezug irrelevant wäre.

Die Kommission fördert folglich durch die Richtlinie sowohl die KMU wie auch große Unternehmensgruppen.[180] In dieser gleichzeitigen Förderung liegt jedoch kein Widerspruch zu ihrem Richtlinienziel. Denn die Kommission betont mehrfach, dass sie die SUP-RL auch für große Unternehmensgruppen attraktiv ausgestaltet wissen möchte.[181] Wenn sie als vorrangiges Richtlinienziel dennoch die Förderung der KMU angibt, so ist dies durch deren verhältnismäßig geringe Bereitschaft, grenzüberschreitend tätig zu werden begründet.[182]

Daher ist das genannte Richtlinienziel, insbesondere den KMU die grenzüberschreitende Gründung von Tochtergesellschaften zu erleichtern, zutreffend.

## II. Umsetzungsoptionen

Zunächst soll untersucht werden, welche Umsetzungsoptionen der Richtlinie dem nationalen Gesetzgeber zukommen.

### a. Verschiedene Umsetzungsmöglichkeiten

Die Kommission möchte den Mitgliedsstaaten verschiedene Umsetzungsmöglichkeiten der Richtlinie zur Wahl stellen, vgl. Erwägungsgrund 10 SUP-RL. So können die Mitgliedsstaaten die Richtlinie entweder auf alle Einpersonengesellschaften mit beschränkter Haftung anwenden. In dieser Variante gäbe es neben der Mehrpersonen GmbH nur noch die SUP als Einpersonengesellschaftsform. Alternativ können die Mitgliedsstaaten die SUP als eine nationale Form neben den bestehenden Gesellschaftsformen einführen. In diesem Fall wäre die SUP eine Alternative neben den bisherigen nationalen Gesellschaftsformen für Einpersonengesellschaften (in Deutschland wären dies die GmbH und die Unternehmergesellschaft (haftungsbeschränkt)).[183] Die meisten Mitgliedsstaaten werden sich voraussichtlich für die letztere Option entscheiden. Zum einen erfordert diese keinen Eingriff in die bestehenden nationalen Rechtsformen.[184]

---

179 Vgl. bereits unter D. I. a.

180 *J. Schmidt*, in Lutter/Koch, Societas Unius Personae (SUP), 2015, S. 4; *Teichmann*, ECFR 2015, 202, 223.

181 COM (2014) 212 final, S. 9; Erwägungsgrund 23.

182 Vgl. bereits D. II. b.

183 Vgl. zu den Umsetzungsmöglichkeiten auch *S. Jung*, GmbHR 2014, 579, 580 f.

184 *S. Jung*, GmbHR 2014, 579, 581.

Zum anderen werden dadurch nicht die vielen Reformen der letzten Jahre,[185] welche gerade Unternehmensgründern zu Gute kommen sollten, überflüssig gemacht.

Trotz der verschiedenen Umsetzungsmöglichkeiten mangelt es nicht an Kritik und Warnungen vor Gefahren, die die Umsetzung in das nationale Recht mit sich bringen soll. So habe die SUP das Potenzial, ein „trojanisches Pferd“ für das nationale Kapitalgesellschaftsrecht zu sein.[186] Sie könne sich als „echtes Ungeheuer“[187] erweisen und „dieses auf Dauer grundstürzend verändern“[188].

Kritisiert wird ein Eingriff in das nationale Recht sowie der Umstand, dass eine Umsetzung zu einer Harmonisierung des gesamten nationalen Kapitalgesellschaftsrechts führe, da der deutsche Gesetzgeber einen Dualismus zwischen europäischen Regeln für die SUP und der deutschen GmbH nicht durchhalten könne.[189]

Dem ist jedoch entgegen zu halten, dass die Europäische Kommission den Mitgliedsstaaten gerade die Wahl lässt, ihre eigene Einpersonengesellschaftsform unverändert zu lassen und die SUP lediglich daneben einzuführen. Das GmbH-Recht bliebe dabei unangetastet, so dass weder eine Zweispurigkeit[190] der Vorschriften gegeben wäre noch ein Eingriff[191] in das nationale GmbH-Recht erfolgen würde. Wenn dagegen vorgebracht wird, der deutsche Gesetzgeber könne einen solchen Dualismus zwischen einer SUP nach europäischen Vorgaben und einer GmbH nicht durchhalten, so kann auf die SE verwiesen werden. Auch die europäische SE existiert neben der deutschen Aktiengesellschaft. Dabei mussten die europäischen Vorgaben, auch wenn sie auf einer Verordnung beruhen, ebenfalls in deutsches Recht umgesetzt werden. Soweit erkennbar wurden aber dort keine Auswirkungen auf das deutsche Recht bemängelt. Die SE steht ebenso neben der Aktiengesellschaft, wie die SUP neben der GmbH bei entsprechender Umsetzung stehen könnte. Dem Gesetzgeber ist es auch gestattet, anstatt der Anwendung des GmbH-Rechts eigene nationale Regeln, die auf die SUP

---

185 *Fleischer*, in MüKoGmbHG, 2. Aufl. 2015, Einleitung Rn. 228.

186 *Bayer/J. Schmidt*, BB 2014, 1219, 1223.

187 *J. Schmidt*, GmbHR 2014, R129, R130.

188 *Wicke*, ZIP 2014, 1414, 1417, verweisend auf *Hommelhoff/Teichmann*, GmbHR 2014, 177, 186, welche diese Auswirkungen allgemein der Einführung einer Einpersonengesellschaft durch eine Richtlinie im Gegensatz zu einer Verordnung zuschreiben.

189 *Bayer/J. Schmidt*, BB 2014, 1219, 1223; *J. Schmidt*, GmbHR 2014, R129, R130; *Wicke*, ZIP 2014, 1414, 1417; *Hommelhoff*, ZIP 2013, 2177, 2182.

190 So jedoch *Hommelhoff*, ZIP 2013, 2177, 2182.

191 Welchen aber *Wicke*, ZIP 2014, 1414, 1417 annimmt, ohne diesen näher auszuführen.

angewendet werden sollen, festzulegen. Dann stünde die SUP neben der GmbH, wie die GmbH neben der Aktiengesellschaft. Diese beiden Rechtsformen hat der Gesetzgeber schon seit über einem Jahrhundert auseinandergehalten. Es ist daher nicht erkennbar, weshalb der Gesetzgeber Schwierigkeiten durch die Umsetzung der SUP-RL bekommen sollte.

### b. Nationales Recht

In beiden Umsetzungsvarianten bedarf es jedoch der Lückenfüllung durch nationales Gesellschaftsrecht, vgl. Art. 7 Abs. 4 SUP-RL. Die Richtlinie regelt nämlich, wie bereits angesprochen,[192] überwiegend Gründungsfragen. Zu Insolvenz-, Konzern-, Haftungs- und Arbeitnehmerbeteiligungsfragen findet sich nichts in der Richtlinie, so dass nationales Recht angewandt werden muss.[193] Hierbei können die Mitgliedsstaaten auch ein eigenes, nur für die SUP geltendes nationales Recht festlegen, welches nicht dem der klassischen GmbH entspricht.[194] Eingegrenzt wird der gesetzgeberische Spielraum durch die Zielrichtung der Richtlinie und den *„effet utile"*. Nach diesem muss der nationale Gesetzgeber die gemeinschaftsrechtlichen Vorschriften so umsetzen, dass sie ihre größtmögliche praktische Wirksamkeit entfalten.[195] Eine Umsetzung, welche die SUP gegenüber anderen nationalen Gesellschaftsformen benachteiligt, wäre hiernach unzulässig.[196]

Insgesamt erscheint es aber deutlich sinnvoller, die nationalen Regeln für die SUP mit denen der bestehenden nationalen GmbH zu verbinden.[197] So werden die bestehenden Lücken durch bekanntes nationales GmbH-Recht und der existierenden Rechtsprechung dazu gelöst.[198] Es ist daher davon auszugehen, dass die Umsetzgesetzgeber von dieser Option Gebrauch machen werden.[199]

---

192 Vgl. unter D. I.

193 Vgl. auch *Schoenemann*, EWS 2014, 241.

194 *S. Jung*, GmbHR 2014, 579, 581; *Beurskens*, GmbHR 2014, 738, 739.

195 Statt zahlreicher Urteile: EuGH Urteil vom 12.03.1996 – Rs. C-441/93 = ZIP 1996, 1543, 1548 Rn. 70; Vgl. auch *Potacs*, EuR 2009, 465, 467 f.; *Riesenhuber*, Europäische Methodenlehre, 3. Aufl. 2015, § 10 Rn. 45; *Gaitanides*, in von der Groeben/Schwarze/Hatje, Europäisches Unionsrecht, 7. Aufl. 2015, Artikel 19 EUV Rn. 45.

196 *Beurskens*, GmbHR 2014, 738, 739; *S. Jung*, GmbHR 2014, 579, 584.

197 *Schoenemann*, EWS 2014, 241, 242.

198 *S. Jung*, GmbHR 2014, 579, 581.

199 Vgl. auch *S. Jung*, GmbHR 2014, 579, 581.

### c. Umsetzungsspielraum

Eine weitere Frage ist, welcher Umsetzungsspielraum den Mitgliedsstaaten bei der Umsetzung der Bestimmungen verbleibt. Im Richtlinienentwurf fehlt eine sonst übliche allgemeine Anordnung, welcher Harmonisierungsgrad angestrebt wird.[200] Daher muss durch Auslegung ermittelt werden, ob eine Mindest- oder Vollharmonisierung angestrebt wird.[201] Dabei spricht zunächst die Zielsetzung der Richtlinie, möglichst einheitliche Vorschriften in allen Mitgliedsstaaten zu schaffen, um die grenzüberschreitenden Tätigkeiten zu erleichtern, für eine grundsätzlich vollharmonisierende Wirkung.[202] Andernfalls beständen 28 unterschiedliche Gründungsvorschriften bzgl. der SUP, so dass die Attraktivität des Vorschlages deutlich geschmälert wäre.

*S. Jung* geht dennoch von einem Mindeststandard aus, da die Richtlinie in einigen Vorschriften explizit festlege, dass die Mitgliedsstaaten keine abweichenden Regelungen treffen dürfen, vgl. beispielsweise Art. 6 Abs. 2 SUP-RL, Art. 9 Abs. 2 SUP-RL oder Art. 14 Abs. 6 SUP-RL.[203] Dagegen ist jedoch einzuwenden, dass es sich bei diesen Vorschriften vielmehr um weitere Ausgestaltungen der SUP durch die Kommission handelt und nicht um ein schlichtes Verbot, welches den Mitgliedsstaaten eine eigene Regelung untersagt. So regelt erst Art. 6 Abs. 2 SUP-RL, dass die SUP auch Gesellschafterin einer anderen Gesellschaft sein kann. Art. 9 Abs. 2 SUP-RL bestimmt, dass die Umwandlung in eine SUP weder die Unterbrechung der Rechtspersönlichkeit zur Folge hat noch bestehende Rechte und Pflichten der umzuwandelnden Gesellschaft berührt. Schließlich ergibt sich erst aus Art. 14 Abs. 6 S. 1 SUP-RL, dass die Eintragung nicht von einer Lizenz oder Genehmigung abhängig gemacht werden darf und dass die Eintragung sowie deren Unterlagen in das Handelsregister eingetragen werden müssen. Es handelt sich folglich nicht um ein Verbot an die Mitgliedsstaaten, eine andere Regelung zu treffen.

Auch sind die Regelungen in der SUP-RL sehr detailliert. So besteht bei den Regelungen, welche den Mitgliedsstaaten nicht ausdrücklich etwas untersagen, zumeist gar kein Umsetzungsspielraum des nationalen Gesetzgebers, vgl. etwa Art. 8, 10, 11, 13 SUP-RL.

---

200 *Omlor*, NZG 2014, 1137, 1139; *S. Jung*, GmbHR 2014, 579, 583.

201 EuGH Urteil vom 22.06.1993 - Rs. C-11/92 = BeckRS 2004, 74120; *Klamert*, EuZW 2015, 265, 266.

202 COM (2014) 212 final, S. 3; *Omlor*, NZG 2014, 1137, 1139.

203 *S. Jung*, GmbHR 2014, 579, 583 mit weiteren Artikelbeispielen. Beim Kapitalsystem geht *S. Jung* jedoch auch von einer Regelungstechnik aus, welche auf eine Vollharmonisierung schließen lässt, *S. Jung*, GmbHR 2014, 579, 587.

Schließlich wird aus der Begründung der Kommission zum Richtlinienentwurf deutlich, dass diese grundsätzlich von einer Vollharmonisierung ausgeht. So sollen die Mitgliedsstaaten nach der Richtlinie eine nationale Gesellschaftsform vorsehen, für die „in allen Mitgliedsstaaten dieselben Vorschriften [...] gelten würden“[204]. Weiterhin spricht die Kommission davon, dass die Mitgliedsstaaten zusammenarbeiten müssten, um diese Richtlinie zu vermeiden. Das Ziel müsste sein, „in den nationalen Rechtsordnungen identische Anforderungen an eine bestimmte nationale Gesellschaftsform einzuführen“.[205] Daran lässt sich offensichtlich erkennen, dass die Kommission identische Regelungen in den einzelnen Mitgliedsstaaten erreichen möchte. Dies ist jedoch nur mit einer Vollharmonisierung zu erreichen.

Damit strebt die Kommission mit der Richtlinie eine Vollharmonisierung an und lässt den Mitgliedsstaaten grundsätzlich keinen Gestaltungsspielraum.[206] Ausnahmen hiervon können sich allerdings aus dem Wortlaut der einzelnen umzusetzenden Vorschriften ergeben.[207]

Zudem ist aufgrund der angestrebten Vollharmonisierung die Kritik, es werde 28 unterschiedliche Rechtsformen geben,[208] nur teilweise berechtigt.[209] So werden Gründung, Kapitalaufbringung und -erhaltung durch die Harmonisierung in allen Mitgliedsstaaten einheitlich geregelt.[210] Nur in den anderen Bereichen dürfen Mitgliedsstaaten vereinzelt eigene Regelungen bei der Umsetzung treffen.

## III. Gliederung der Richtlinie

Der Richtlinienentwurf umfasst 33 Artikel und ist in zwei Teile gegliedert. Im ersten Teil (Art. 1–5) findet sich die bereits bestehende Einpersonengesellschaftsrichtlinie (RL 2009/102/EG) wieder. Diese soll in die neue Richtlinie inkorporiert werden.[211]

---

204 COM (2014) 212 final, S. 3.

205 COM (2014) 212 final, S. 6.

206 So auch *Omlor*, NZG 2014, 1137, 1139; wohl auch *Drygala*, EuZW 2014, 491; vorab berichtete schon Hommelhoff von einer geplanten Vollharmonisierung, *Hommelhoff*, ZIP 2013, 2177, 2182.

207 *Omlor*, NZG 2014, 1137, 1139.

208 *Noack*, „Ist die SUP super?“ abrufbar unter: http://blog.handelsblatt.com/rechtsboard/2014/04/14/ist-die-sup-super/ (zuletzt abgerufen am 25.12.2015); wohl auch *Wicke*, ZIP 2014, 1414, 1416.

209 *Drygala*, EuZW 2014, 491; *Beurskens*, GmbHR 2014, 738, 747.

210 *Drygala*, EuZW 2014, 491.

211 *Schoenemann*, EWS 2014, 241, 242; Erwägungsgrund 2 SUP-RL.

Der zweite Teil (Art. 6–25) der Richtlinie enthält sodann die Vorschriften über die SUP. Im ersten Augenblick mutet es überraschend an, dass sich nur 20 Artikel des Entwurfes mit der SUP beschäftigen, während es im Verordnungsentwurf zur SPE immerhin 48 Artikel waren. Der SUP-RL kommt dabei allerdings ein grundsätzlicher Vorteil zu Gute. Als Einpersonengesellschaft konzipiert, sind bei der SUP Bestimmungen zu Minderheitenschutz, Beschlussmängeln oder einer Ausfallhaftung nicht erforderlich.[212] Daher kann sich der Richtlinienentwurf zur SUP mit deutlich weniger Artikeln begnügen.

Schließlich enthalten Art. 26–33 SUP-RL noch die Schlussbestimmungen der Richtlinie.

## IV. Erster Teil der Richtlinie

Durch die Aufnahme der Einpersonengesellschaftsrichtlinie (RL 2009/102/EG) in den ersten Teil der SUP-RL hat diese einige kleine Änderungen erfahren. So sind in Art. 2 SUP-RL neue Begriffsdefinitionen aufgenommen worden. Dabei beziehen sich jedoch alle Begriffe, mit Ausnahme der Einpersonengesellschaft, auf den zweiten Teil der Richtlinie, weshalb sie dort besser aufgehoben wären.[213] Zudem ist bei der Definition der „Gewinnausschüttung", Art. 2 Nr. 3 SUP-RL, ein Übersetzungsfehler unterlaufen. So ist in der deutschen Fassung fälschlicherweise von „Immobilien" die Rede. Der englische Ausdruck „property"[214] meint jedoch nicht nur den Grundbesitz, sondern jegliche Vermögensgegenstände.[215]

Weggefallen ist dagegen Art. 2 der RL 2009/102/EG, welcher in Abs. 1 von den Mitgliedsstaaten die Zulässigkeit einer Einpersonengesellschaft forderte und in Absatz 2 einen Konzernrechtsvorbehalt vorsah. Die Streichung des Art. 2 Abs. 1 der RL 2009/102/EG ist jedoch trotz der heftig geäußerten Kritik[216] logisch nachvollziehbar. So werden die Mitgliedsstaaten durch Teil 2 der Richtlinie verpflichtet, eine SUP im nationalen Recht vorzusehen, weshalb sich die Verpflichtung zur Zulässigkeit einer nicht harmonisierten, nationalen Einpersonengesellschaft erübrigt. Denn durch Einführung der SUP besteht im nationalen Recht der Mitgliedsstaaten in jedem Fall eine Einpersonengesellschaft. Dass dagegen die

212 *Beurskens*, GmbHR 2014, 738, 739; *Teichmann*, ZRP 2013, 169, 171.

213 *S. Jung*, GmbHR 2014, 579, 580; *DAV*, NZG 2014, 1372, 1373 Rz. 14 ff.

214 Vgl. englische Fassung von Art. 2 Abs. 3 SUP-RL.

215 *DAV*, NZG 2014, 1372, 1373 Rz. 17.

216 *Deutscher Notarverein*, Stellungnahme zur SUP, 2014, S. 3, abrufbar unter http://www.dnotv.de/_files/Dokumente/Stellungnahmen/2014-04-30_STN_RL_Einmann Gesellschaften.pdf (zuletzt abgerufen am 16.02.2016).

bisherige nationale Einpersonengesellschaft abgeschafft werden kann,[217] ist nur folgerichtig. Denn den Mitgliedsstaaten soll es gerade frei stehen, die SUP anstelle der bisherigen nationalen Einpersonengesellschaften einzuführen.[218]

Mit dem Wegfall des Art. 2 der RL 2009/102/EG entfällt auch der bisherige Konzernrechtsvorbehalt in Abs. 2. Danach konnten Mitgliedsstaaten bis zur Koordinierung des Konzernrechts auf Unionsebene besondere Vorschriften für den Fall erlassen, dass eine natürliche oder juristische Person einziger Gesellschafter einer Gesellschaft ist.[219] Da die Mitgliedsstaaten nicht verpflichtet sind, neben der SUP eine weitere Einpersonengesellschaft zu haben, bedarf es auch keines solchen Vorbehaltes mehr, wonach die Mitgliedsstaaten besondere Bestimmungen und Sanktionen erlassen können.[220] Hat ein Mitgliedsstaat weitere Einpersonengesellschaften, ist es ihm überlassen, das Konzernrecht für diese auszugestalten.

Weggefallen ist außerdem Art. 7 aus der RL 2009/102/EG. Danach braucht ein Mitgliedsstaat die Einpersonengesellschaft nicht zu gestatten, wenn es nach nationalem Recht in anderer Weise möglich ist, als Einzelperson haftungsbeschränkt ein Unternehmen zu betreiben. Der Wegfall ist ebenfalls eine logische Folge der Einführung der SUP. Die Mitgliedsstaaten müssen mit Einführung der SUP eine Einpersonengesellschaft gestatten. Daher ist die Ausnahmeregelung des Art. 7 der RL 2009/102/EG überholt.[221]

Schließlich befasst sich Art. 5 SUP-RL mit den Verträgen des einzigen Gesellschafters mit der Gesellschaft. Nunmehr sollen nach Abs. 1 alle Verträge des einzigen Gesellschafters mit der Gesellschaft schriftlich niedergelegt werden.[222] Bisher galt dies nur für Verträge, bei denen der Gesellschafter die Gesellschaft auch vertrat.[223]

Zu beachten ist dabei, dass mit „schriftlich" im Sinne der Richtlinie nicht die strenge Schriftform des § 126 Abs. 1 BGB gemeint ist.[224] Denn die Vorgaben der

---

217 Kritisch hierzu *Deutscher Notarverein*, Stellungnahme zur SUP, 2014, S. 3.

218 Erwägungsgrund 10 SUP-RL.

219 *DAV*, NZG 2014, 1372, 1373 Rz. 11.

220 Anders *DAV*, NZG 2014, 1372, 1373 Rz. 11.

221 *DAV*, NZG 2014, 1372, 1373 Rz. 12.

222 Kritisch hierzu: *DAV*, NZG 2014, 1373 Rz. 20.

223 Zur bisherigen Regelung vgl. *Lutter/Bayer/J. Schmidt*, EuropUR, 5. Aufl. 2012, § 29 Rn. 35.

224 Vgl. zur Vorläuferregelung *Lutter/Bayer/J. Schmidt*, EuropUR, 5. Aufl. 2012, § 29 Rn. 35.

Richtlinie sind europäisch-autonom auszulegen,[225] so dass im deutschen Recht die Textform i.S.d. § 126b BGB ausreichend ist.[226]

Im Sinne der Rechtssicherheit und auch des Gläubigerschutzes ist die Änderung in Art. 5 Abs. 1 SUP-RL zu begrüßen. Es darf keinen Unterschied machen, ob der Gesellschafter selbst die Gesellschaft vertritt oder einen Geschäftsführer zwischenschaltet, welchem er Weisungen erteilt. In jedem Fall besteht aufgrund der Beschränkung auf nur einen Gesellschafter ein erhöhtes Dokumentationsinteresse des Rechtsverkehrs. Es steht den Mitgliedsstaaten darüber hinaus nach Art. 5 Abs. 2 SUP-RL frei, Verträge, welche im normalen Geschäftsgang unter Marktbedingungen geschlossen wurden und aus denen der Gesellschaft keine Nachteile entstehen, hiervon auszunehmen. Gemeint sind damit alle gewöhnlichen Geschäfte einer SUP, welche einem Drittvergleich[227] standhalten.[228]

Welche Rechtsfolgen dagegen an einen Verstoß gegen das Schriftformerfordernis zu knüpfen sind, wird durch die Richtlinie nicht geregelt.[229] Eine Umsetzung der Regelung kommt daher sowohl als bloße Ordnungsvorschrift als auch als Wirksamkeitsvoraussetzung in Betracht. Zu beachten ist aber, dass die Mitgliedsstaaten aufgrund Art. 28 SUP-RL wirksame Sanktionen für Verstöße gegen die Vorschrift vorsehen müssen. Der Gesetzgeber könnte demzufolge an einen Verstoß Schadensersatzpflichten des Gesellschafters knüpfen.[230] Darüber hinaus könnte die Beweislast für das Bestehen oder die Konditionen eines Vertrages zulasten des Gesellschafters verschoben werden[231] oder es könnte schlicht ein Ordnungsgeld festgesetzt werden.

## V. Name

Der Name der harmonisierten Gesellschaftsform soll nach Art. 6 Abs. 1 S. 2 SUP-RL „SUP“ lauten. SUP steht dabei als Abkürzung für „Societas Unius Personae“.

---

225 Zur europäisch-autonomen Auslegung vgl. *Riesenhuber*, Europäische Methodenlehre, 3. Aufl. 2015, § 10 Rn. 6; *Charlotte Gaitanides*, in von der Groeben/Schwarze/Hatje, Europäisches Unionsrecht, 7. Auflage 2015, Artikel 19 EUV Rn. 43 m.w.N.

226 Vgl. zur Vorläuferregelung *Lutter/Bayer/J. Schmidt*, EuropUR, 5. Aufl. 2012, § 29 Rn. 35.

227 Zum Drittvergleich vgl. E. XI. c. 1.).

228 Vgl. auch *DAV*, NZG 2014, 1372, 1374 Rz. 22 f.

229 Zur Vorgängerregelung vgl. *Lutter/Bayer/J. Schmidt*, EuropUR, 5. Aufl. 2012, § 29 Rn. 37.

230 Zur Regelung im deutschen Recht *Kleindiek*, in Lutter/Hommelhoff, GmbHG, 18. Aufl. 2012, § 35 Rn. 57.

231 *Hillmann*, in Henssler/Strohn, 2. Aufl. 2014, § 48 GmbHG Rn. 32.

Gemäß Art. 7 Abs. 3 S. 1 SUP-RL haben die Gesellschaften die Abkürzung „SUP" ihrer Firma nachzustellen. Gleichzeitig dürfen nur Gesellschaften, welche den Anforderungen dieser Richtlinie entsprechen, diese Abkürzung führen, Art. 7 Abs. 3 S. 2 SUP-RL.

Es stellt sich die Frage, ob auch die Verwendung der vollen Form im Rechtsverkehr als Rechtsformzusatz zulässig ist oder ob die Abkürzung obligatorisch ist.[232] Sowohl Art. 7 Abs. 3 S. 1 SUP-RL als auch Erwägungsgrund 9 der Richtlinie sprechen von der Abkürzung, welche angefügt werden soll. Zudem spricht Erwägungsgrund 9 gerade von einer „gemeinsamen, leicht erkennbaren Abkürzung", welche verwendet werden soll. Dies lässt darauf schließen, dass die Kommission im Rechtsverkehr nur die Abkürzung der Rechtsform zulassen möchte.[233]

Teilweise wird vorgebracht, die Abkürzung SUP gebe nicht hinreichend Auskunft über die Herkunft der Gesellschaft bzw. die beschränkte Haftung ihres Gesellschafters. So wird vorgeschlagen, den Mitgliedsstaaten das Recht zu geben, einen Zusatz zu fordern, der auf die beschränkte Haftung verweist.[234] Beispielsweise könnte der Rechtsformzusatz dann „SUP mbH" lauten.[235]

Hiergegen ist jedoch einzuwenden, dass es dann wieder 28 verschiedene Endungen der SUP, in jeweils anderer Sprache, im Rechtsverkehr gibt. Die Kommission möchte jedoch ausdrücklich eine einheitliche und leicht erkennbare Abkürzung für die Rechtsform.[236] Auch wäre die mögliche Sitzaufspaltung nicht mehr attraktiv, da ein deutscher Unternehmer wohl kaum mit einer deutschen SUP-Abkürzung in Italien oder anderen Mitgliedsstaaten tätig werden würde. Denn es sollen ja gerade mit einer neutralen Rechtsform im Zielland Aktivitäten aufgenommen werden.

Der Rechtsverkehr wird sich schnell an die Abkürzung und die dahinter stehende Rechtsform gewöhnen. Auch bisher war der Rechtverkehr durch die jüngere EuGH-Rechtsprechung stets mit neuen Gesellschaften anderer Mitgliedsländer konfrontiert.[237] Durch die sprachlichen Unterschiede waren diese

232 Vgl. *S. Jung*, GmbHR, 2014, 579, 583.

233 So auch *Beurskens*, GmbHR 2014, 738, 742; a. A. *S. Jung*, GmbHR 2014, 579, 583.

234 *DAV*, NZG 2014, 1372, 1374 Rz. 28; Stellungnahme des Europäischen Wirtschafts- und Sozialausschusses, ABl. C 458 vom 19.12.2014, S. 19–24, Rz. 1.4; Bundesrat, Beschluss v. 11.07.2014, BR-Drucks. 165/14, Zweiter Beschluss, S. 11 Ziff. 29.

235 *DAV*, NZG 2014, 1372, 1374 Rz. 28.

236 Erwägungsgrund 9 SUP-RL.

237 Vgl. hierzu bereits unter C. II.

beinahe nie selbsterklärend bzgl. der Haftung. Eine ähnliche Situation gab es schließlich bereits bei der Einführung der europäischen SE.[238]

Gleiches gilt für die Forderung, es solle ein Hinweis auf den Registrierungsstaat im Rechtsformzusatz enthalten sein.[239] Im ungünstigsten Fall würde dies zu einem unterschiedlichen Vertrauen in die jeweiligen nationalen SUP führen.[240] Dann müssten die Unternehmen in einigen Mitgliedsstaaten wieder nationale, nicht harmonisierte Gesellschaften gründen, so dass das Richtlinienziel verfehlt würde. Aufgrund der PublizitätsRL[241] ist die Angabe des Registrierungsstaates im Rechtsformzusatz auch gar nicht erforderlich.[242] Nach Art. 5 Publizitäts-RL müssen sowohl das zuständige Register als auch der Registersitz der Gesellschaft auf Briefen, Bestellscheinen und auf der Webseite angegeben werden. Nach erstmaligem schriftlichem Kontakt zu der entsprechenden SUP ist somit eine Identifizierung eindeutig möglich.

Folglich ist die einheitliche Abkürzung einer SUP zu begrüßen und sollte auch beibehalten werden.[243]

Inzwischen hat der Rat in seiner allgemeinen Ausrichtung dennoch beschlossen, dass es den Mitgliedsstaaten freigestellt werden soll, einen entsprechenden Hinweis bzgl. des Registerstaates oder der beschränkten Haftung einer SUP zu verlangen.[244] Eine solche Änderung wäre allerdings aus den genannten Gründen zu bedauern.[245]

---

238 S. *Jung*, GmbHR 2014, 579, 580.

239 Stellungnahme des Europäischen Wirtschafts- und Sozialausschusses, ABl. C 458 vom 19.12.2014, S. 19–24, Rz. 1.4; Bundesrat, Beschluss v. 11.07.2014, BR-Drucks. 165/14, Zweiter Beschluss, S. 11 Ziff. 29.

240 S. *Jung*, GmbHR 2014, 579, 583.

241 *Richtlinie 2009/101/EG des Europäischen Parlaments und des Rates vom 16. September 2009 zur Koordinierung der Schutzbestimmungen, die in den Mitgliedstaaten den Gesellschaften im Sinne des Artikels 48 Absatz 2 des Vertrags im Interesse der Gesellschafter sowie Dritter vorgeschrieben sind, um diese Bestimmungen gleichwertig zu gestalten*, Amtsblatt EU Nr. L 258.

242 Ähnlich S. *Jung*, GmbHR 2014, 579, 583.

243 S. *Jung*, GmbHR 2014, 579, 583.

244 SUP-RLE-Rat, Dok. 8811/15, Art. 7 Abs. 3 S. 2 und 3.

245 Ebenso *Teichmann/Fröhlich*, Working Paper 11/2015, S. 7, abrufbar unter http://www.jura.uni-wuerzburg.de/fileadmin/02130100/Teichmann_Froehlich_SUP.pdf (zuletzt abgerufen am 13.02.2016).

## VI. Rechtsfähigkeit und beschränkte Haftung

Damit die SUP im europäischen Rechtsverkehr voll einsetzbar ist, ist sie von den Mitgliedsstaaten mit der vollen Rechtspersönlichkeit auszustatten, Art. 7 Abs. 1 SUP-RL. Eine zeitliche Einschränkung für den Bestand einer SUP ist weiterhin unzulässig, vgl. Art. 7 Abs. 5 SUP-RL.

Die beschränkte Haftung des einzigen Gesellschafters der SUP ergibt sich aus Art. 7 Abs. 2 SUP-RL. Danach haftet der einzige Gesellschafter nur in Höhe des gezeichneten Stammkapitals. Die Höhe des Stammkapitals kann der Gesellschafter selbst festsetzen, sie beträgt jedoch mindestens einen Euro, vgl. Art. 16 Abs. 1 S. 1 SUP-RL.[246]

## VII. Die Gründung einer SUP

Die Gründung einer SUP ist nach Art. 8 SUP-RL sowohl durch eine natürliche als auch durch eine juristische Person möglich. Daneben stellt Art. 6 Abs. 2 SUP-RL ausdrücklich klar, dass eine SUP auch einzige Gesellschafterin einer anderen Gesellschaft, zum Beispiel einer weiteren SUP, sein kann. Auch eine mengenmäßige Beschränkung in der Form, der SUP nur eine gewisse Anzahl von Gesellschafterstellungen zu gewähren, ist mit Art. 6 Abs. 2 SUP-RL unvereinbar. Dies ergibt sich aus dem Plural in Bezug auf die anderen Gesellschaften.[247] Damit wird sichergestellt, dass die SUP auch als Konzernbaustein verwendet werden kann und keine Beschränkungen der Mitgliedsstaaten erfolgen.[248]

Für die Gründung selbst stehen zwei Alternativen zur Auswahl. Die SUP kann entweder „ex nihilo“, also als Neugründung erfolgen, Art. 8 SUP-RL, oder durch Umwandlung einer bestehenden juristischen Person, Art. 9 SUP-RL.[249] Weitere Gründungsmöglichkeiten stehen dagegen nicht offen, da die Richtlinie hier abschließend ist.[250]

### a. Neugründung

Voraussetzung bei der Neugründung einer SUP ist, dass es nur eine Gründerperson natürlicher oder juristischer Art geben darf, vgl. Art. 8 SUP-RL. Weitere Anforderungen an die Person des Gründers stellt die Richtlinie nicht.

---

246 Näheres zum Mindeststammkapital unter E. XI. b. 1.).

247 Vgl. auch COM (214) 212 final, S. 7.

248 *S. Jung*, GmbHR 2014, 579, 584; *DAV*, NZG 2014, 1372, 1375 Rz. 30.

249 *J. Schmidt*, GmbHR 2014, R129.

250 *S. Jung*, GmbHR 2014, 579, 584.

Da in Art. 8 SUP-RL nur natürliche oder juristische Personen als Gründer genannt werden, ist fraglich, ob auch Personengesellschaften die Gründung einer SUP möglich ist.[251] Neben der fehlenden Erwähnung der Personengesellschaften in Art. 8 SUP-RL[252] spricht hiergegen, dass durch deren Zulassung die Beschränkung auf nur einen Gesellschafter umgangen werden könnte.[253] Fragen des Innenverhältnisses der SUP könnten einfach auf die dahinterstehende Personengesellschaft ausgelagert werden.[254]

Allerdings sieht die Richtlinie selbst in Art. 15 Abs. 3 S. 1 SUP-RL die Möglichkeit vor, dass der eine Anteil an der SUP mehreren Personen zustehen kann. Damit wäre eine den Personengesellschaften ähnliche Ausgestaltung über eine Treuhandlösung zu erreichen.[255] Eine Umgehung des Einpersonenkriteriums wäre demzufolge nicht erst durch die Zulassung von Personengesellschaften als Gründer möglich.[256]

Die Kommission könnte jedoch bewusst auf die Nennung von Personengesellschaften in Art. 8 SUP-RL verzichtet haben, wenn diese bereits der Regelung des Art. 15 Abs. 3 S. 1 SUP-RL unterfallen sollen.[257] Art. 15 Abs. 3 S. 1 SUP-RL regelt allerdings den Fall, dass der eine Anteil mehrere Berechtigte hat, wohingegen in Personengesellschaften die Gesellschaft selbst Anteilsinhaberin ist.[258] Daher passt die Regelung des Art. 15 Abs. 3 S. 1 SUP-RL nicht auf Personengesellschaften.[259]

Eine Auslegung der Richtlinie anhand von mitgliedsstaatlichen Erwägungen ist indessen unzulässig. Entscheidend ist vielmehr eine europäisch-autonome Auslegung[260] der Richtlinienvorschrift.[261] Eine solche europäische Auslegung des Art. 8 SUP-RL spricht dabei eindeutig für die Zulassung einer Neugründung

251 Vgl. *Beurskens*, GmbHR 2014, 738, 739; *Grunewald*, in FS Müller-Graff, 2015, 290, 291 f.

252 *Grunewald*, in FS Müller-Graff, 2015, 290, 291.

253 *Beurskens*, GmbHR 2014, 738, 739.

254 *Beurskens*, GmbHR 2014, 738, 739.

255 *Beurskens*, GmbHR 2014, 738, 739; *Ders.*, GPR 2015, 158, 159; *Grunewald*, in FS Müller-Graff, 2015, 290, 292.

256 *Beurskens*, GmbHR 2014, 738, 739; *Omlor*, NZG 2015, 665, 668.

257 *Grunewald*, in FS Müller-Graff, 2015, 290, 291.

258 *Grunewald*, in FS Müller-Graff, 2015, 290, 291; *Reichert/Weller*, MüKoGmbHG, 2. Aufl. 2015, § 18 Rn. 20 ff.; *Bayer*, in Lutter/Hommelhoff, GmbHG, 18. Aufl. 2012, § 18 Rn. 2; *Seibt*, in Scholz, GmbHG, 11. Aufl. 2012, § 18 Rn. 3a.

259 *Grunewald*, in FS Müller-Graff, 2015, 290, 291.

260 Vgl. zu dieser bereits Fußnote 225.

261 *Beurskens*, GmbHR 2014, 738, 739.

durch Personengesellschaften. Denn der europäische Begriff der *„juristischen Person"* in Art. 54 AEUV ist denkbar weit und umfasst insbesondere auch die Personengesellschaften.[262] Demnach sind jene ebenfalls durch die Nennung der *„juristischen Person"* in Art. 8 SUP-RL eingeschlossen.

Folglich unterfallen auch die Personengesellschaften der Regelung des Art. 8 SUP-RL, so dass ihnen die Gründung einer SUP möglich ist.[263] Eine diesbezügliche Klarstellung in Art. 8 SUP-RL wäre dennoch wünschenswert.

Erfreulicherweise hat der Europäische Rat in seiner allgemeinen Ausrichtung den Art. 8 SUP-RL entsprechend angepasst. Danach steht es den Mitgliedsstaaten frei, die Gründung einer SUP auch durch andere Rechtsträger, ohne eigene Rechtspersönlichkeit, zuzulassen.[264]

## b. Gründung durch Umwandlung

Neben der Neugründung kann eine SUP auch durch Umwandlung gegründet werden, Art. 9 SUP-RL.

Welche nationalen Gesellschaftsformen in der Lage sein werden, sich in eine SUP umzuwandeln, ist von der Kommission gem. Art. 9 Abs. 1 SUP-RL in Anhang I festgelegt. Nach diesem wird in Deutschland lediglich der GmbH die Umwandlung in eine SUP ermöglicht. Da es sich bei der UG (haftungsbeschränkt) allerdings um eine bloße Rechtsformvariante der GmbH handelt,[265] wird auch jener die Umwandlung gestattet sein.[266] Darüber hinaus ist die Zulassung weiterer Organisationsformen wie der GmbH & Co. KG sowie der Aktiengesellschaft im Alleinbesitz in der europäischen Diskussion überlegenswert.[267] Dem nationalen Gesetzgeber verbleibt hingegen kein Umsetzungsspielraum, sodass er nur die in Anlage I genannten Rechtsformen zulassen darf.[268]

---

262 *Beurskens*, GmbHR 2014, 738, 739; *Forsthoff*, in Grabitz/Hilf/Nettesheim, Das Recht der Europäischen Union, 57. EL August 2015, Art. 54 AEUV Rn. 3; *Tiedje*, in von der Groeben/Schwarze/Hatje, Europäisches Unionsrecht, 7. Auflage 2015, Artikel 54 AEUV Rn. 19; *Bröhmer*, in Calliess/Ruffert, EUV/AEUV, 4. Aufl. 2011, Art. 54 AEUV Rn. 2 ff.

263 Im Ergebnis ebenso: *Drygala*, EuZW 2014, 491; *Beurskens*, GmbHR 2014, 738, 739; andere Ansicht *Grunewald*, in FS Müller-Graff, 2015, 290, 291 f.

264 SUP-RLE-Rat, Dok. 8811/15, Art. 8 S. 2.

265 *Roth*, in Roth/Altmeppen, GmbHG, 8. Aufl. 2015, § 5a Rn. 5; *Miras*, in Michalski, GmbHG, 2. Aufl. 2010, § 5a Rn. 4.

266 *DAV*, NZG 2014, 1372, 1375 Rz. 31; *Beurskens*, GmbHR 2014, 738, 740.

267 *Hommelhoff*, GmbHR 2014, 1065, 1069.

268 Vgl. COM (214) 212 final, S. 7.

### 1. *Anforderungen an die Umwandlung*

Art. 9 Abs. 2 SUP-RL ordnet an, dass die Umwandlung in eine SUP weder ein Liquidationsverfahren noch eine Unterbrechung der Rechtspersönlichkeit zur Folge haben darf.

Daraus ergibt sich, dass die Europäische Kommission, wenn sie von der Möglichkeit der Umwandlung spricht, in Deutschland den Rechtsformwechsel nach §§ 190 ff. UmwG meint.[269] Nur der Rechtsformwechsel kennt ein ununterbrochenes Bestehen des Rechtsträgers, sog. Identitätsprinzip.[270] Folglich ist die Gründung einer SUP durch Verschmelzung, Spaltung oder Vermögensübertragung in Deutschland nicht zwingend möglich.[271] Dem nationalen Gesetzgeber steht es jedoch frei, hier Sonderreglungen für die SUP zu treffen, soweit sie mit den Anforderungen in Art. 9 Abs. 2 SUP-RL in Einklang stehen.

### 2. *Anforderungen an die Ausgangsgesellschaft*

Schließlich regelt Art. 9 Abs. 3 SUP-RL die Voraussetzungen, welche eine Gesellschaft erfüllen muss, um sich in eine SUP umwandeln zu können.

#### *(1) Gesellschafterbeschluss*

Nach Art. 9 Abs. 3 lit. [a] SUP-RL muss der Umwandlung zunächst ein Gesellschafterbeschluss vorausgehen. Wie dieser Gesellschafterbeschluss auszusehen hat, wird jedoch nicht geregelt. Daher findet hier das jeweilige nationale Recht Anwendung.[272]

Demnach würde sich der Beschluss in Deutschland grundsätzlich nach dem Umwandlungsgesetz, § 240 UmwG, richten.

#### (a) Satzungsänderung anstatt Umwandlungsbeschluss

Fraglich ist jedoch, wie es sich verhält, wenn Deutschland die SUP als Unterform der GmbH ausgestaltet.[273] In diesem Fall könnte bei einer Umwandlung einer GmbH in eine SUP anstatt einer Anwendung des Umwandlungsgesetzes lediglich eine Umfirmierung mit einer erforderlichen Satzungsänderung

---

269 *DAV*, NZG 2014, 1372, 1375 Rz. 32; *Hommelhoff*, in Lutter/Koch, Societas Unius Personae (SUP), 2015, S. 70.

270 *Drinhausen/Keinath*, in Henssler/Strohn, 2. Aufl. 2014, UmwG, § 190 Rn. 2.

271 Anders aber *Beurskens*, GmbHR 2014, 738, 740.

272 Ebenso *Kalss/Klampfl*, in Dauses EU-Wirtschaftsrecht, 38. EL September 2015, E. III. 7. a) cc) ddd) Rn. 486.

273 Wie es wohl passieren wird, vgl. oben unter E. II. a.

vorliegen.[274] So findet bei einem Wechsel einer UG (haftungsbeschränkt) in eine GmbH ebenfalls kein Rechtsformwechsel statt, weshalb das Umwandlungsgesetz keine Anwendung findet.[275] Dagegen könnte aber sprechen, dass Art. 2 Abs. 2 SUP-RL die Umwandlung als jeden Vorgang definiert, durch den eine bestehende Gesellschaft zu einer SUP wird, oder aufhört, eine SUP zu sein. Danach wäre der Vorgang auch im deutschen Recht als Umwandlung nach dem Umwandlungsgesetz zu qualifizieren.[276]

Die weite Legaldefinition in Art. 2 Abs. 2 SUP-RL stellt jedoch keine im technischen Sinne des Umwandlungsgesetzes dar.[277] Die Umwandlung wird vielmehr nur für die Richtlinie definiert. Dies ergibt sich auch aus Erwägungsgrund 11, welcher ausdrücklich davon spricht, dass es möglich sein sollte, Gesellschaften in eine SUP im Einklang mit dem anwendbaren nationalen Recht umzuwandeln. Das anwendbare nationale Recht muss gerade noch festgestellt werden und ist nicht vorgeschrieben.

Damit stellt die Umwandlung einer GmbH in eine SUP lediglich eine Umfirmierung mit erforderlicher Satzungsänderung dar.[278]

#### (b) Anwendbarkeit von Art. 9 SUP-RL bei einer Umfirmierung

Fraglich ist, ob bei einer bloßen Umfirmierung mangels Umwandlung der Art. 9 SUP-RL teleologisch zu reduzieren ist und eine Anwendung unterbleibt.[279] Das widerspräche jedoch den europäischen Vorgaben aus Art. 2 Abs. 2 SUP-RL, nach denen jeder derivative Gründungsvorgang einer SUP eine (europäische) Umwandlung darstellt, mit der Folge, dass Art. 9 SUP-RL angewendet werden muss.[280]

Die Vorgaben aus Art. 9 SUP-RL müssen daher auch auf eine bloße Umfirmierung angewendet werden.

#### (c) Erforderliche Mehrheit einer Satzungsänderung

Schließlich stellt sich die Frage, mit welcher Mehrheit eine solche Satzungsänderung, welche eine Umfirmierung bewirkt, gefasst werden muss. Grundsätzlich

---

274 *Seibert*, GmbHR 2014, R. 209; *Hommelhoff*, GmbHR 2014, 1065, 1070.
275 *Rieder*, in MüKoGmbHG, 2. Aufl. 2015, § 5a Rn. 50; *Drygala*, NZG 2014, 1137, 1139.
276 So wohl *Hommelhoff*, GmbHR 2014, 1065, 1070.
277 *Omlor*, NZG 2014, 1137, 1139; *DAV*, NZG 2014, 1372, 1373 Rz. 14.
278 *Omlor*, NZG 2014, 1137, 1139.
279 Vgl. *Hommelhoff*, GmbHR 2014, 1065, 1070.
280 *Hommelhoff*, GmbHR 2014, 1065, 1070.

müssen Satzungsänderungen, soweit nicht anders vereinbart, nach § 53 Abs. 2 S. 1 GmbHG mit einer Dreiviertelmehrheit gefasst werden.

Etwas anderes gilt jedoch dann, wenn die Gesellschafter durch die Satzungsänderung Gesellschaftsrechte, welche zum Kernbereich der Mitgliedschaftsrechte zählen, verlieren. In diesem Fall ist die Zustimmung von jedem benachteiligten Gesellschafter erforderlich.[281]

Eine Benachteiligung bei der Umfirmierung könnte sich daraus ergeben, dass eine SUP lediglich einen Gesellschafter haben darf, Art. 6 Abs. 1 SUP-RL. Hat die Ausgangsgesellschaft mehrere Gesellschafter, so müssen die weiteren entweder ausscheiden, oder den Gesellschaftern steht der einzige Anteil an der SUP nach Art. 15 Abs. 3 S. 1 SUP-RL gemeinsam zu.[282] Es obliegt den Mitgliedsstaaten, ob sie eine solche Konstruktion, in der ein Anteil mehreren zusteht, zulassen wollen.[283] In Deutschland ist dies gem. § 18 GmbHG bereits möglich.[284]

In beiden Fällen verlieren die Gesellschafter jedoch Gesellschaftsrechte. Scheidet ein Gesellschafter aus der GmbH aus, so geht damit der Verlust jeglicher Gesellschaftsrechte einher.[285] Bilden die Gesellschafter hingegen gemeinsam eine Bruchteilsgemeinschaft gem. § 745 Abs. 1 BGB, so haben sie ihre Rechte über einen Vertreter auszuüben.[286] Auch Minderheitenrechte, wie das Auskunfts- und Einsichtsrecht nach § 51a GmbHG, können dabei nur durch den gemeinsamen Vertreter geltend gemacht werden.[287] Bei diesen Rechten handelt es sich allerdings um den Kernbereich der Mitgliedschaftsrechte einer GmbH.[288] Folglich wäre auch diese Variante nicht gegen den Willen eines Gesellschafters durchsetzbar.

Eine Satzungsänderung, welche eine Umfirmierung in eine SUP zur Folge hat, bedarf daher eines einstimmigen Gesellschafterbeschlusses.[289]

---

281 *Zöllner/Noack*, in Baumbach/Hueck, GmbHG, 20. Aufl. 2013, § 53 Rn. 35; *Hoffmann*, in Michalski, GmbHG, 2. Aufl. 2010, § 53 Rn. 89; *Gummert*, in Henssler/Strohn, 2. Aufl. 2014, GmbHG § 53 Rn. 32; *Omlor*, NZG 2014, 1137, 1140.

282 Vgl. auch *S. Jung*, GmbHR 2014, 579, 587; näheres zu Art. 15 Abs. 3 SUP-RL unter E. XI. a.

283 Vgl. Art. 15 Abs. 3 S. 1 SUP-RL; *DAV*, NZG 2014, 1372, 1375 Rz. 35.

284 *Grunewald*, in FS Müller-Graff, 2015, 290, 291.

285 *Fastrich*, in Baumbach/Hueck, GmbHG, 20. Aufl. 2013, § 34 Rn. 19.

286 *Grunewald*, in FS Müller-Graff, 2015, 290, 292; *Omlor*, GmbHR 2014, 1137; 1140.

287 *Grunewald*, in FS Müller-Graff, 2015, 290, 292; *Omlor*, GmbHR 2014, 1137; 1140.

288 *Harbarth*, in MüKoGmbHG, 2. Aufl. 2016, § 53 Rn. 99; *Hoffmann*, in Michalski, GmbHG, 2. Aufl. 2010, § 53 Rn. 89.

289 *Omlor*, GmbHR 2014, 1137; 1140.

### *(2) Rechtsverträgliche Satzung*

Die Satzung der SUP muss mit dem anwendbaren nationalen Recht vereinbar sein, Art. 9 Abs. 3 lit. [b] SUP-RL. Dies haben die Mitgliedsstaaten vor Entstehung der SUP sicherzustellen.

### *(3) Keine Unterbilanz*

Art. 9 Abs. 3 lit. [c] SUP-RL stellt daneben das Erfordernis auf, dass zum Zeitpunkt der Umwandlung der Gesellschaft in eine SUP das Nettovermögen mindestens dem Stammkapital zuzüglich der nicht ausschüttbaren Rücklagen entsprechen muss. Es darf folglich keine Unterbilanz zum Zeitpunkt der Umwandlung bei der Gesellschaft bestehen.[290]

Erstaunlich hieran ist, dass die Richtlinie auf die Stammkapitalerfordernisse beim formwechselnden Rechtsträger abstellt.[291] Dies unterscheidet sich von der deutschen Regelung in § 220 UmwG, welcher auf das Stammkapitalerfordernis der künftigen Gesellschaftsform abstellt.[292]

Hierdurch ergibt sich eine interessante Rechtsfolge bei der Ausgangsgesellschaft. So muss eine GmbH mit einem Stammkapital von 25.000 €, vgl. § 5 Abs. 1 GmbHG, ihr gesamtes Stammkapital zzgl. den nicht ausschüttbaren Rücklagen als Nettovermögen vorweisen können, um sich in eine SUP mit einem Stammkapital von 1 €, vgl. Art. 16 Abs. 1 S. 1 SUP-RL, umwandeln zu können. Eine negative Differenz müssen die GmbH-Gesellschafter vor der Umwandlung ausgeglichen haben. Zudem folgt daraus, dass das Stammkapital vollständig aufgebracht sein muss, bevor die GmbH sich in eine SUP umwandeln kann. Das betrifft insbesondere die Neugründung, bei welcher das Stammkapital gem. § 7 Abs. 2 GmbHG bei Anmeldung nicht vollständig geleistet sein muss.

Einer UG (haftungsbeschränkt) wird die Erfüllung dieses Erfordernisses hingegen typischerweise weniger Schwierigkeiten bereiten. Denn einerseits kann bei dieser das Stammkapital mit 1 € erheblich niedriger liegen als bei einer GmbH[293]

---

290 Art. 15 Abs. 3 S. 1 SUP-RL; *DAV*, NZG 2014, 1372, 1375 Rz. 37.

291 Vgl. Art. 15 Abs. 3 S. 1 SUP-RL; *DAV*, NZG 2014, 1372, 1375 Rz. 37; *Hommelhoff*, GmbHR 2014, 1065, 1069; Bundesrat, Beschluss v. 11.07.2014, BR-Drucks. 165/14, Zweiter Beschluss, S. 12 Ziff. 30; a.A. *Drygala*, EuZW 2014, 491, 494, welcher dieses Erfordernis auf die umgewandelte Gesellschaft bezieht. Aus dem Kontext des Absatzes 3 ergibt sich jedoch, dass die Kommission dieses Erfordernis auf die erst umzuwandelnde Gesellschaft bezieht.

292 *Schlitt*, in Semler/Stengel, UmwG, 3. Aufl. 2012, § 220 Rn. 1; *Drygala/Staake/Szalai*, Kapitalgesellschaftsrecht, 2012, § 35 Rn. 75.

293 *Rieder*, in MüKoGmbHG, 2. Aufl. 2015, § 5a Rn. 8 m.w.N.

und andererseits ist das gewählte Stammkapital bereits vor Anmeldung der Gesellschaft vollständig einzuzahlen, § 5a Abs. 1 S. 2 GmbHG. Die Umwandlung einer UG (haftungsbeschränkt) in eine SUP führt darüber hinaus zur Freigabe der bisherigen gesetzlichen Rücklage nach § 5a Abs. 3 S. 1 GmbHG.[294] Denn in einer SUP ist eine gesetzliche Rücklageverpflichtung ausdrücklich untersagt, Art. 16 Abs. 4 S. 1 SUP-RL.[295] Es steht dem Gesellschafter der umgewandelten SUP somit frei, mit den gebildeten Rücklagen nach Belieben zu verfahren.

Art. 9 Abs. 3 lit. [c] SUP-RL soll sicherstellen, dass eventuelle Verluste der Ausgangsgesellschaft vor der Umwandlung ausgeglichen werden. Es sollen keine finanziell angeschlagenen Gesellschaften sich in eine SUP umwandeln, nur um durch das niedrige Stammkapital länger existieren und die Insolvenz hinauszögern zu können. Letztlich wird so sichergestellt, dass nur seriösen und liquiden Gesellschaften die SUP zur Umwandlung offensteht.

Die Anforderungen an das Stammkapital der jeweiligen Ausgangsgesellschaftsform und damit das für Art. 9 Abs. 3 lit. [c] SUP-RL entscheidende Stammkapital können jedoch vom nationalen Gesetzgeber geändert werden.

Fraglich ist zudem, ob der § 247 Abs. 1 UmwG bei einer Umwandlung in eine SUP angewandt werden kann.[296] Dieser schreibt eine zwingende Aufrechterhaltung des Stammkapitals der formwechselnden Gesellschaft vor.[297]

Gegen eine solche Aufrechterhaltung des Stammkapitals spricht jedoch Art. 16 SUP-RL. Dieser untersagt es den Mitgliedsstaaten, ein höheres Stammkapital als einen Euro zu fordern.[298] Wäre eine Gesellschaft bei einer Umwandlung in eine SUP jedoch gezwungen, das Stammkapital der alten Gesellschaft aufrecht zu erhalten, so wäre dieses regelmäßig höher als ein Euro. Der Gesellschafter wäre also gezwungen, das Stammkapital deutlich höher festzusetzen und müsste dieses nach abgeschlossener Umwandlung durch eine Satzungsänderung wieder herabsetzen. Dies wäre jedoch nicht mit Art. 16 SUP-RL zu vereinbaren und damit ein Verstoß gegen Unionsrecht.

Daher kann § 247 Abs. 1 UmwG bzw. eine vergleichbare Vorschrift keine Anwendung auf die SUP finden.

---

294 Ebenso *Beurskens*, GmbHR 2014, 738, 740.

295 Näher dazu unter E. XI. b. 1.).

296 So *DAV*, NZG 2014, 1372, 1375 Rz. 37; wohl ebenso *Beurskens*, GmbHR 2014, 738, 740.

297 Vgl. *Scheel*, in Semler/Stengel, UmwG, 3. Aufl. 2012, § 247 Rn. 1 ff.

298 *Lanfermann/Maul*, BB 2014, 1283, 1292; *S. Jung*, GmbHR 2014, 579, 587; *DAV*, NZG 2014, 1372, 1378 Rz. 55.

### *(4) Zulässigkeit weiterer nationaler Anforderungen*

Dies wirft die Frage auf, ob die Richtlinie bezüglich der Umwandlungsvoraussetzungen abschließend ist oder der nationale Gesetzgeber weitere Voraussetzungen an die Ausgangsgesellschaft stellen kann. *Hommelhoff* lehnt mit Blick auf das Richtlinienziel, die binnenmarktweite Umstrukturierung von Unternehmensgruppen durch Vereinheitlichung zu erleichtern, die Möglichkeit, weitergehende Erfordernisse aufzustellen ab.[299] Nationales Recht sei demnach allein für das Umwandlungsverfahren selbst und zur Konkretisierung der europäischen Vorgaben zulässig.[300]

Die Erläuterungen der europäischen Kommission deuten jedoch auf das Gegenteil hin. So würde die Richtlinie lediglich einige Bestimmungen über die vorgegebenen Gründungsmöglichkeiten enthalten.[301] Im Übrigen solle sich das Verfahren für die Errichtung einer SUP nach den nationalen Vorschriften richten.[302] Daraus kann geschlossen werden, dass die Vorschriften bzgl. der Gründung einer SUP durch Umwandlung gerade nicht abschließend sind. Darüber hinaus spricht auch der Wortlaut des Art. 9 Abs. 3 SUP-RL für Mindestvoraussetzungen. Nach diesem haben die Mitgliedsstaaten sicherzustellen, dass „eine Gesellschaft nur dann zu einer SUP wird, wenn…“[303]. Demnach steht es dem nationalen Gesetzgeber frei, neben den drei genannten weitere Voraussetzungen zu stellen.

Insgesamt ist es den nationalen Mitgliedsstaaten folglich von der Kommission gestattet, weitere Voraussetzungen an die Umwandlung zu stellen.[304] Diese müssen jedoch mit den Anforderungen der Richtlinie vereinbar sein, so dass die Umwandlung in eine SUP möglich bleiben muss. Denkbar wären demzufolge beispielsweise Vorschriften zum Gläubigerschutz[305], zur Sicherstellung der Arbeitnehmermitbestimmung oder auch hinsichtlich einer Beurkundung des Umwandlungsbeschlusses[306].

299 *Hommelhoff*, GmbHR 2014, 1065, 1069.
300 *Hommelhoff*, GmbHR 2014, 1065, 1069.
301 Vgl. COM (214) 212 final, S. 7.
302 COM (214) 212 final, S. 7.
303 Art. 9 Abs. 3 SUP-RL.
304 Ebenso: *DAV*, NZG 2014, 1372, 1375 Rz. 33; *Beurskens*, GmbHR 2014, 738, 740.
305 *Beurskens*, GmbHR 2014, 738, 740; zur deutschen Regelung in § 204 UmwG vgl. *Althoff/Narr*, in Böttcher/Habighorst/Schulte, Umwandlungsrecht, 2015, § 204 Rn. 1 ff.
306 Vgl. zur Regelung in Deutschland § 193 Abs. 3 S. 1 UmwG.

## VIII. Die Sitzaufspaltung

Eine weitere Besonderheit der vorgeschlagenen SUP-RL ist die mögliche Sitzaufspaltung der SUP. Nach Art. 10 SUP-RL muss die SUP lediglich ihren Satzungssitz und wahlweise entweder die Hauptverwaltung oder die Hauptniederlassung innerhalb der europäischen Union haben. Damit kann die Hauptverwaltung einer SUP sogar außerhalb der EU liegen, solange sich die Hauptniederlassung in einem EU Mitgliedsstaat befindet.[307] Zugleich wird den Mitgliedsstaaten eine Regelung ausdrücklich untersagt, wonach sich sowohl der Satzungssitz als auch die Hauptverwaltung einer Gesellschaft im selben Mitgliedsstaat befinden sollen.[308] Hierdurch möchte die Europäische Kommission erreichen, dass die Unternehmen die Vorteile des Binnenmarktes möglichst umfassend nutzen können.[309]

Die zulässige Sitztrennung bringt einige Vorteile mit sich. So können Unternehmensgruppen den Satzungssitz aller Konzerngesellschaften im selben Mitgliedsstaat bündeln, so dass die anzuwendenden Rechtsvorschriften jeweils die gleichen sind.[310] Denn das anzuwendende nationale Recht, gem. Art. 7 Abs. 4 SUP-RL, richtet sich nach dem Satzungssitz der Gesellschaft, vgl. Art. 14 Abs. 1 SUP-RL. Dadurch wird die Führung eines Konzerns erheblich vereinfacht. So muss ein Vorhaben der Konzernspitze, welches die Tochtergesellschaften betrifft, nicht zunächst auf die Vereinbarkeit mit 28 verschiedenen Rechtsordnungen geprüft werden. Vielmehr reicht eine Vereinbarkeit mit der einen Rechtsordnung, in der die Gesellschaften ihren Satzungssitz haben. Weiterhin kann die Führung eines Konzerns gebündelt von einem Standort aus erfolgen, was den Konzernen hilft, erhebliche Mengen an Ressourcen einzusparen und anderweitig zu investieren.

Diese Vorteile gelten neben den großen Konzernen auch für die KMU. Gerade bei der Gründung der ersten Tochtergesellschaft ist es vorteilhaft, wenn der Verwaltungssitz am selben Standort wie derjenige der Muttergesellschaft liegen darf oder dieselben, bereits bekannten Rechtsnormen Anwendung finden. Das zeit- und kostenintensive Einarbeiten in das Recht eines anderen Mitgliedsstaates bleibt erspart.

---

307 Ebenso *DAV*, NZG 2014, 1372, 1375 Rz. 38; *Drygala*, EuZW 2014, 491, 492; a.A. dagegen *S. Jung*, GmbHR 2014, 579, 585; sowie *Beurskens*, GmbHR 2014, 738, 746, welche davon ausgehen, dass die Gesellschaft sowohl ihren Satzungssitz, als auch ihren Verwaltungssitz in der Europäischen Union haben muss.

308 Vgl. Erwägungsgrund 12 SUP-RL.

309 Erwägungsgrund 12 SUP-RL.

310 Vgl. *Weller/Bauer*, ZEuP 2015, 6, 29; *DAV*, NZG 2014, 1372, 1375 Rz. 39.

Zudem gewinnt die SUP durch die Möglichkeit der Sitztrennung für außereuropäische Unternehmen deutlich an Attraktivität.[311] Gründen diese in der Union eine Tochtergesellschaft, so genügt es, wenn sie dabei den Satzungssitz sowie wahlweise die Hauptniederlassung oder die Hauptverwaltung innerhalb der EU haben. Dementsprechend können sie entweder die Hauptniederlassung oder die Hauptverwaltung in ihrem (außereuropäischen) Heimatland belassen. Den Unternehmen wird dadurch faktisch die Möglichkeit eröffnet, sich den europäischen Markt zu erschließen und zugleich zentrale Unternehmensbereiche in ihrem Heimatstaat beizubehalten. Angesichts der aktuellen Verhandlungen über diverse Freihandelsabkommen[312] mit Drittstaaten scheint diese Möglichkeit eine sinnvolle Erleichterung für außereuropäische Unternehmen.

Gegen die mögliche Sitztrennung wird vorgebracht, sie werde zu einem „Race to the bottom" führen.[313] Darf die Unternehmensgründung unabhängig vom Tätigkeitsort erfolgen, werde diese in dem Staat erfolgen, in dem die Rechtsordnung die geringsten Anforderungen stellt.[314] Die Mitgliedsstaaten würden zu immer geringeren Anforderungen gedrängt, um Gesellschaften in das Land holen bzw. in diesem halten zu können.

### a. Mitbestimmungsproblematik

Als Beispiel für die Problematik wird häufig die Arbeitnehmermitbestimmung angeführt.[315] So enthält der Richtlinienentwurf keine Regelungen zur Mitbestimmung in der SUP. Demnach richtet sich die Mitbestimmung in der SUP gem. Art. 7 Abs. 4 SUP-RL nach den Regeln des Mitgliedsstaates, in dem die SUP eingetragen ist. Wird nun eine englische SUP in Deutschland tätig, so unterliegt diese keiner unternehmerischen Mitbestimmung.[316] Denn das englische Recht

---

311 Bundesrechtsanwaltskammer, Stellungnahme Nr. 31/2014, S. 6.

312 Vgl. CETA zwischen der EU und Kanada, oder TTIP zwischen der EU und den Vereinigten Staaten von Amerika. Näher hierzu *Mayer/Ermes*, ZRP 2014, 237 ff.

313 Vgl. *Beurskens*, GmbHR 2014, 738, 747.

314 *Beurskens*, GmbHR 2014, 738, 747.

315 *Wicke*, ZIP 2014, 1414, 1417; *Thannisch*, AiB 2015, 30, 32.

316 Von der unternehmerischen Mitbestimmung ist die betriebliche Mitbestimmung zu unterscheiden. Die betriebliche Mitbestimmung hängt alleine von einer Betriebsstätte in Deutschland mit mindestens 5 Arbeitnehmern ab, findet also auch bei einer Limited, welche in Deutschland tätig ist, Anwendung. Dem Betriebsrat stehen Mitwirkungsrechte an der Betriebsstätte zu. Die unternehmerische Mitbestimmung betrifft dagegen die Organisationsverfassung der Gesellschaft und damit letztlich die Leitung des Unternehmens. Vergleiche zu der Abgrenzung *Koch*, in ErfK,

kennt keine Vorschriften zur Mitbestimmung,[317] die deutsche Mitbestimmung knüpft wiederum am Satzungssitz der Gesellschaft an.[318] Dies könnte einen englischen Satzungssitz für eine in Deutschland tätige SUP attraktiv machen, da das deutsche Mitbestimmungsgesetz keine Anwendung findet.

Diese Problematik aber gegen die SUP vorzubringen,[319] ist nur bedingt berechtigt. Denn das Problem besteht bereits unabhängig von der SUP in zahlreichen Gesellschaften. So ist es bereits seit den Entscheidungen des EuGH zur Niederlassungsfreiheit[320] möglich, mit einer englischen Limited oder der englischen Aktiengesellschaft PLC in Deutschland oder einem anderen europäischen Mitgliedsstaat frei von Mitbestimmung tätig zu sein.[321] Aber es bedarf nicht einmal einer ausländischen Gesellschaftsform, um eine Mitbestimmung zu vermeiden. So unterfällt eine GmbH & Co. KG in Deutschland nicht dem Drittelbeteiligungsgesetz, so dass erst ab 2000 Mitarbeitern das MitbestG und damit eine Arbeitnehmermitbestimmung Anwendung findet.[322] Mit einer Auslandsgesellschaft & Co. KG, also einer ausländischen Gesellschaft als Komplementär, lässt sich die Mitbestimmung dagegen sogar gänzlich vermeiden.[323]

Auch bei den europäischen Gesellschaften wird man bzgl. der Mitbestimmungsproblematik bereits fündig. So wird die europäische SE vielfach zur Mitbestimmungsvermeidung bzw. Vermeidung einer höheren Mitbestimmung eingesetzt.[324] Denn mit einer Umwandlung in eine SE lässt sich die bisherige Mitbestimmung in der Gesellschaft „einfrieren", so dass sich bei einem eventuellen späteren Überschreiten einer Mitarbeiterschwelle an der Mitbestimmung

---

16. Aufl. 2016, BetrVG § 1 Rn. 3. Im Folgenden ist die unternehmerische Mitbestimmung gemeint, wenn von Mitbestimmung die Rede ist.

317 *Kolb/Rothenfußer*, GmbHR 2014, 130; *Just*, Limited, 4. Aufl. 2012, V. Direktoren Rn. 198.

318 *Gach*, in MüKoAktG, 4. Aufl. 2014, MitbestG, § 1 Rn. 13; *Oetker*, in ErfK, 16. Aufl. 2016, MitbestG § 1 Rn. 3 ff.; *Thannisch*, AiB 2015, Nr. 2, 30, 32.

319 So aber *Wicke*, ZIP 2014, 1414, 1417; Bundesrat, Beschluss v. 11.07.2014, BR-Drucks. 165/14, Zweiter Beschluss, S. 8 Ziff. 20; *Thannisch*, AiB 2015, Nr. 2, 30, 32.

320 Vgl. dazu bereits unter C. II.

321 *Just*, Limited, 4. Aufl. 2012, V. Direktoren Rn. 201.

322 *Teichmann*, ZGR 2014, 220, 222; allgemein zur Mitbestimmungsvermeidung bei der GmbH und GmbH & Co. KG vergleiche: *Olbertz/Sturm*, GmbHR 2014, 1254 ff.

323 *Teichmann*, ZGR 2014, 220, 222.

324 *Olbertz/Sturm*, GmbHR 2014, 1254, 1257 f.; *Jannott/Frodermann*, in Handbuch der Europäischen Aktiengesellschaft, 2. Aufl. 2014, Einleitung Rn. 26; *Kienast*, in Handbuch der Europäischen Aktiengesellschaft, 2. Aufl. 2014, 13. Kapitel Rn. 562; kritisch zu diesen Möglichkeiten: *Rieble*, BB 2014, 2997.

nichts mehr ändert.[325] Demgemäß sind von 170 deutschen SE[326], 125 SE mitbestimmungsfrei, was 74 Prozent entspricht.[327] Schließlich besteht für die Gesellschaften auch nach der Verschmelzungs-Richtlinie[328] die Möglichkeit das Mitbestimmungsniveau festzuschreiben.[329] Eine erhöhte Mitbestimmung bei einem späteren Überschreiten einer Mitbestimmungsschwelle muss dann nicht befürchtet werden.

Aufgrund der zahlreichen existierenden Möglichkeiten zur Mitbestimmungsvermeidung ist es daher zu einseitig, diese Gefahren in der Einführung der SUP zu sehen. Richtig ist, dass durch die SUP eine weitere theoretische Möglichkeit zur Mitbestimmungsvermeidung entsteht. Die SUP selber gefährdet die Mitbestimmung jedoch nicht mehr als die Limited oder die GmbH nach bereits geltendem Recht.[330]

Teils wird angeführt, die Problematik sei in offensichtlich rechtsmissbräuchlichen Fällen der Mitbestimmungsvermeidung in Einklang mit der Vale[331] sowie Cadbury-Schweppes[332] Rechtsprechung des EuGH durch Beschränkungen in den Griff zu bekommen.[333] Hieraus folgt jedoch nicht die Pflicht, Angehörigen anderer Staaten die Gründung einer Gesellschaft zu versagen.[334] Die Staaten sind vielmehr, soweit es eine Neugründung betrifft, auf die Mithilfe anderer Mitgliedsländer angewiesen. Daneben erfassen die Entscheidungen jedoch nur die Fälle eines offensichtlichen Missbrauchs der Niederlassungsfreiheit. Grundsätzlich muss sowohl die Möglichkeit der Umwandlung wie auch der Neugründung einer SUP offen bleiben.[335]

---

325 *Rieble*, BB 2014, 2997; *Jannott/Frodermann*, in Handbuch der Europäischen Aktiengesellschaft, 2. Aufl. 2014, Einleitung Rn. 26.

326 Hierbei handelt es sich um operativ tätige SE mit mindestens 5 Arbeitnehmern. Insgesamt haben 346 SE ihren Sitz in Deutschland. Vgl. hierzu unter http://www.boeckler.de/pdf/pb_mitbestimmung_se_2015_07.pdf (zuletzt abgerufen am 04.01.2016).

327 http://www.boeckler.de/pdf/pb_mitbestimmung_se_2015_07.pdf (zuletzt abgerufen am 04.01.2016); vgl. hierzu auch *Rieble*, BB 2014, 2997.

328 *Richtlinie 2005/56/EG des Europäischen Parlaments und des Rates vom 26. Oktober 2005 über die Verschmelzung von Kapitalgesellschaften aus verschiedenen Mitgliedstaaten*, Amtsblatt EU Nr. L 310.

329 Ausführlich zu dieser Möglichkeit *Kolb/Rothenfußer*, in GmbHR 2014, 130.

330 *Beurskens*, GmbHR 2014, 738, 747.

331 EuGH Urteil vom 12.07.2012 – Rs. C-378/10 = EuZW 2012, 621.

332 EuGH Urteil vom 12.09.2006 – Rs. C-196/04 = GmbHR 2006, 1049.

333 *Seibert*, GmbHR 2014, R209, R210; *Drygala*, EuZW 2014, 491, 492.

334 *Beurskens*, GmbHR 2014, 738, 746.

335 *Drygala*, EuZW 2014, 491, 492 f.

Der Problematik kann daher nur auf europäischer Ebene durch den Erlass einer Richtlinie effektiv begegnet werden. Da die Mitbestimmungsschwierigkeiten zudem unabhängig von der SUP bereits bestehen, sollte die Arbeit hieran zeitnah aufgenommen werden. Die SUP sollte dagegen nicht mit einem Verweis auf diese Problematik gänzlich abgelehnt werden.[336] Zum einen werden Mitgliedsstaaten, welchen die Mitbestimmung fremd ist, keinem strengen Mitbestimmungsregime zustimmen. Für eine Harmonisierung der Mitbestimmungsvorschriften im Gesellschaftsrecht bliebe daher nur die Möglichkeit eines Kompromisses wie in der SE.[337] Dann wäre aber ein ähnlich breiter Gestaltungsspielraum wie bei der SE zu erwarten, so dass die Mitbestimmung durch findige Rechtsanwender begrenzt werden kann.

Zum anderen ist insgesamt fraglich, ob die Mitbestimmungsvermeidung in der Praxis der KMU ein Problem darstellt.[338] So ist es bereits jetzt möglich, mit einer Limited die deutsche Mitbestimmung zu umgehen. Im Jahr 2014 machte die Limited jedoch nur 0,7 % aller Unternehmensgründungen in Deutschland aus.[339] Dagegen kamen ihre deutschen Konkurrenten, die GmbH und die UG (haftungsbeschränkt) zusammengenommen, auf 48,1 % der Neugründungen.[340] Diese beiden Gesellschaftsformen unterliegen jedoch der deutschen Mitbestimmung. Daraus kann gefolgert werden, dass von KMU, wenn überhaupt, nur sehr vereinzelt versucht wird, die Arbeitnehmermitbestimmung zu vermeiden.[341] Dies wohl auch deshalb, weil eine derartige Vermeidungsstrategie, aufgrund der deutschen Mitbestimmungsschwellen bei 500[342], bzw. 2000[343] Arbeitnehmern, ohnehin erst für größere Unternehmen relevant ist. Bei Erreichen einer dieser Schwellen, dürfte das Mindestkapital der SE[344] jedoch keine Hürde mehr darstellen, so dass ohne aufwendige Sitzaufspaltung eine Mitbestimmung vermieden werden kann.

---

336 So auch: *Seibert*, GmbHR 2014, R209, R210; *Beurskens*, GmbHR 2014, 738, 747; a.A. *Thannisch*, AiB 2015, Nr. 2, 30, 32.

337 Zu diesem *Kienast*, in Handbuch der Europäischen Aktiengesellschaft, 2. Aufl. 2014, 13. Kapitel Rn. 1 ff.

338 Ebenso *Harbarth*, ECFR 2015, 230, 233.

339 http://www.faz.net/aktuell/wirtschaft/wirtschaft-in-zahlen/grafik-des-tages-gruender-lieben-die-gmbh-13520018.html (Webseite zuletzt abgerufen am 16.02.2016).

340 http://www.faz.net/aktuell/wirtschaft/wirtschaft-in-zahlen/grafik-des-tages-gruender-lieben-die-gmbh-13520018.html (Webseite zuletzt abgerufen am 16.02.2016).

341 So spricht auch *Thannisch* von „eher vereinzelten Versuchen", AiB 2015, Nr. 2, 30, 32.

342 Vgl. § 1 Abs. 1 DrittelbG.

343 Vgl. § 1 Abs. 1 MitbestG.

344 120.000 €, vgl. bereits unter A.

Unabhängig davon sollte Deutschland mit seiner Kritik hinsichtlich der Mitbestimmungsproblematik zurückhaltend sein. Denn die Vereinbarkeit der deutschen Arbeitnehmermitbestimmung mit Europarecht, konkret der Arbeitnehmerfreizügigkeit gem. Art. 45 AEUV und dem Diskriminierungsverbot des Art. 18 AEUV, ist derzeit fraglich.[345] So liegt das Prinzip, nach welchem nur inländischen Arbeitnehmern sowohl das aktive wie auch passive Wahlrecht hinsichtlich des mitbestimmten Aufsichtsrates zukommt, dem EuGH zur Vorabentscheidung vor.[346]

Darüber hinaus ist hier eine kritische Haltung nicht zu rechtfertigen, solange bestehende Umgehungsmöglichkeiten im nationalen Recht untätig hingenommen werden. Diese Untätigkeit ist schließlich ebenfalls ein Indiz dafür, dass die Mitbestimmungsvermeidung durch Unternehmen eine zu vernachlässigende Problematik darstellt.

### b. „Race to the bottom"?

Die mögliche Sitztrennung der SUP könnte jedoch unabhängig von der Arbeitnehmermitbestimmung zu einem „Race to the bottom" führen.

Hierfür könnte sprechen, dass die SUP mit nur 1 € erforderlichen Stammkapitals, vgl. Art. 16 Abs. 1 S. 1 SUP-RL, schon teilweise niedrige Voraussetzungen mitbringt. Senken die Mitgliedsstaaten die weiteren, nicht in der Richtlinie vorgeschriebenen Voraussetzungen zusätzlich ab, so könnte die Gefahr einer Abwärtsspirale gegeben sein. Letztlich könnte diese zu einer Beeinträchtigung der Sicherheit sowie Zuverlässigkeit des Rechtsverkehrs zulasten der Gläubiger führen.[347]

Bei dieser Argumentation wird jedoch vernachlässigt, dass genau diese Wettbewerbslage mit der Folge einer fortführenden Absenkung der Anforderungen bereits besteht.[348] So war die Einführung der UG (haftungsbeschränkt) in Deutschland eine Reaktion auf den verstärkten Wettbewerb durch die britische Limited, welche deutlich niedrigere Anforderungen an deren Gründungsgesellschafter stellt, als eine GmbH.[349] In den anderen Ländern der Union haben

---

345 Vgl. hierzu *Brungs*, Das Statusverfahren der §§ 97 ff. AktG, 2015, Seite 17 ff.; *Heuschmid/Ulber*, NZG 2016, 102 ff.; *Hellwig/Behme*, AG 2015, 333, 336 ff.

346 KG, Vorlagebeschluss vom 16.10.2015 – 14 W 89/15 = NZG 2015, 1311.

347 Bundesrat, Beschluss v. 11.07.2014, BR-Drucks. 165/14, Zweiter Beschluss, S. 8 Ziff. 20.

348 *Fleischer*, NZG 2014, 1081, 1084 ff.

349 *Fastrich*, in Baumbach/Hueck GmbHG, 20. Aufl. 2013, § 5a Rn. 1.

ebenfalls als Reaktion auf den verstärkten Wettbewerb zahlreiche Reformen stattgefunden.[350]

Die SUP könnte in dieser Lage eine solide, dem Wettbewerb entgegentretende Gesellschaftsform sein. Denn sie bringt einige feststehende Anforderungen mit sich, welche von den Mitgliedsstaaten nicht verändert werden können. Hierzu zählen insbesondere die Eintragungsvoraussetzungen[351], Voraussetzungen für die Gewinnausschüttung[352], sowie Beschlüsse der Gesellschafter[353] und die Leitung der Gesellschaft[354]. Dabei sind die Eintragungsvoraussetzung mit der erforderlichen Angabe des wirtschaftlichen Eigentümers der Gesellschaft sogar strenger als das deutsche Recht.[355] So können sich die Gläubiger einer SUP bei diesen Voraussetzungen darauf verlassen, dass sie Bestand haben und überall gleich sind. Lediglich über das daneben anwendbare nationale Recht, gem. Art. 7 Abs. 4 SUP-RL, müssen sich die Gläubiger informieren.

Daneben ist es nicht absehbar, dass SUP-Tochtergesellschaften regelmäßig in dem Land mit den niedrigsten Voraussetzungen an eine SUP gegründet werden. Denn auch bisher haben Unternehmen aus Gründen des Vertrauensgewinns beim Kunden Tochtergesellschaften in der jeweiligen nationalen Rechtsform vor Ort gegründet.[356] Alternativen hierzu hätten seit der Rechtsprechung des EuGH zur Niederlassungsfreiheit mit der Limited zur Verfügung gestanden.[357] Würden die Unternehmen nun aber mit einer SUP aus einem anderen Mitgliedsstaat ihren Kunden im Zielland gegenübertreten, so würden sie wiederum als ausländisches Unternehmen wahrgenommen, was es gerade zu vermeiden gilt.[358] Eine attraktive Option stellt die Sitztrennung nur für Unternehmen dar, die dadurch alle Tochtergesellschaften einem einheitlichen Rechtssystem unterwerfen möchten.[359] Die Unternehmen werden hierfür jedoch kaum den Mitgliedsstaat mit den niedrigsten Anforderungen an die SUP wählen, da sie bei ihren Gläubigern

---

350 *Fleischer*, in MüKoGmbHG, 2. Aufl. 2015, Einleitung Rn. 228; *Fleischer*, NZG 2014, 1081.

351 Vgl. Art. 13 Abs.1 SUP-RL.

352 Vgl. Art. 18 f. SUP-RL.

353 Vgl. Art. 21 SUP-RL.

354 Vgl. Art. 22 SUP-RL.

355 *S. Jung*, GmbHR 2014, 579, 586; *Beurskens*, GmbHR 2014, 738, 739; vgl. zu den Eintragungsvoraussetzungen insgesamt unter E. X.

356 Vgl. COM (2014) 212 final, S. 2.

357 Vgl. dazu bereits unter C. II.

358 So auch *Hommelhoff*, GmbHR 2014, 1065, 1074; vgl. bereits unter A.

359 Vgl. hierzu unter E. VIII.

vertrauenswürdig erscheinen wollen.[360] Vielmehr wird der Staat gewählt, der insgesamt das attraktivste Rechtskleid für eine SUP anbietet. Zumeist wird das aufgrund der bereits bekannten Rechtsordnung der Heimatstaat des Unternehmens sein.

Der Einfluss des Images einer Gesellschaftsform bei der Rechtswahl ist dabei ganz generell nicht zu unterschätzen. So hat die Limited in Deutschland aufgrund ihrer niedrigen Anforderungen mit einem schlechten Image bei Gläubigern zu kämpfen.[361] Unter anderem führt dies dazu, dass die deutsche GmbH trotz ihrer höheren Anforderungen wegen ihres guten Images weiterhin die beliebteste Rechtsform bei Neugründungen in Deutschland ist.[362] Daraus folgt, dass es Gründern gerade nicht nur um eine möglichst einfache und kostengünstige Gesellschaftsgründung geht, sondern Image und Akzeptanz der Rechtsform ebenfalls eine große Rolle spielen. Nachdem Deutschland jüngst mit der Einführung der UG (haftungsbeschränkt) die Limited erfolgreich abgewehrt hat,[363] kann es selbstbewusst dem Kampf um die lukrativste Gesellschaftsform entgegen sehen. Zu einem „Race to the bottom" muss es jedenfalls nicht kommen.

Schließlich sieht das deutsche GmbH-Gesetz selber in § 4a GmbHG die Möglichkeit der Sitztrennung vor.[364] Es ist vor der Kommission jedoch kaum vermittelbar, dass ein Mitgliedsstaat sich gegen die Möglichkeit der Sitztrennung ausspricht, diese Möglichkeit seiner nationalen Gesellschaftsform aber eröffnet, um im Ausland mit ihr tätig zu werden. Überzeugend wäre ein solches Verhalten jedenfalls nicht.

Damit überwiegen die Vorteile einer möglichen Sitztrennung in der Europäischen Union die möglicherweise vereinzelt auftretenden Nachteile deutlich. Die geplante Sitzaufspaltung der Kommission für die SUP ist folglich zu begrüßen.

---

360 Centrum für europäische Politik, cepAnalyse Nr. 31/2014 zum Vorschlag COM(2014) 212, S. 3.

361 *Fleischer*, in MüKo GmbHG, 2. Aufl. 2015, Einleitung Rn. 313a; *Peschke*, in Saenger/Aderhold/Lenkaitis/Speckmann, Handels- und Gesellschaftsrecht, 2. Aufl. 2011, § 8 Rn. 479.

362 *Lutter*, in Lutter/Hommelhoff GmbHG, 18. Aufl. 2012, Einleitung Rn. 1; *Ulmer*, in Ulmer/Habersack/Löbbe, GmbHG, 2. Aufl. 2013, Einl. A. Rn. A 102; vgl. auch http://www.faz.net/aktuell/wirtschaft/wirtschaft-in-zahlen/grafik-des-tages-gruender-lieben-die-gmbh-13520018.html (Website zuletzt aufgerufen am 16.02.2016).

363 *Lutter*, in Lutter/Hommelhoff, GmbHG, 18. Aufl. 2012, Einleitung Rn. 36; *Fleischer*, in MüKoGmbHG, 2. Aufl. 2015, Einleitung Rn. 220 ff.

364 *DAV*, NZG 2014, 1372, 1375 Rz. 39.

Im Übrigen sind die Voraussetzungen für eine Sitzverlegung einer Gesellschaft nicht in der Richtlinie geregelt,[365] so dass hier gem. Art. 7 Abs. 4 SUP-RL nationales Recht unter Beachtung der europäischen Niederlassungsfreiheit Anwendung findet.[366]

In der allgemeinen Ausrichtung des Rates wurden sämtliche Regelungen zur Sitzaufspaltung einer SUP gelöscht.[367] Demzufolge obliegt es weiterhin dem nationalen Gesetzgeber, ob er eine Sitztrennung zulässt. Hierdurch büßt die SUP als Tochtergesellschaft deutlich an Attraktivität ein. Neben dem Entfallen der bereits genannten Vorteile, wird auf diese Weise auch das Weisungsrecht[368] des Alleingesellschafters deutlich geschwächt.

## IX. Die Satzung

Die Anforderungen an die Satzung einer SUP werden in Art. 11 und 12 SUP-RL behandelt. Nach Art. 11 Abs. 1 i.V.m. Abs. 2 SUP-RL müssen in der Satzung mindestens die Errichtung, die Anteile, das Stammkapital, die Organisation, die Buchführung und die Auflösung einer SUP behandelt werden. Die zu regelnden Gegenstände sind damit recht umfassend vorgegeben. Insbesondere durch die erforderlichen Buchführungs- und Auflösungspflichten würde eine deutsche GmbH-Mustersatzung gem. § 2 Abs. 1a GmbHG dem nicht genügen.[369] Im Interesse einer hohen Einheitlichkeit der Gesellschaften ist hiergegen jedoch nichts einzuwenden.

---

365 *Beurskens*, GmbHR 2014, 738, 740; *Drygala*, EuZW 2014, 491, 497; Gemeinsame Stellungnahme der BDA, des BDI und der DIHK zur SUP zum Vorschlag für eine Richtlinie über Gesellschaften mit beschränkter Haftung mit einem einzigen Gesellschafter, COM(2014) 212 final, Anmerkung zu Art. 10, abrufbar unter www.dihk.de/themenfelder/recht-steuern/eu-internationales-recht/recht-der-europaeischen-union/dihk-positionen-zu-eu-gesetzesvorhaben/stellungnahme-verbaende-sup/at_download/file?mdate=1412850351094 (zuletzt abgerufen am 16.02.2016).

366 *Drygala*, EuZW 2014, 491, 492; *Beurskens*, GmbHR 2014, 738, 740; *Reimer/Waldhoff*, DB 2015, 2106.

367 Vgl. SUP-RLE-Rat, Dok. 8811/15.

368 Zur effektiven Ausgestaltung des Weisungsrechts durch Bündelung des Satzungssitzes der Tochtergesellschaften in einem Mitgliedsstaat vgl. unter E. XII. b.

369 Siehe dazu *Lanfermann/Maul*, BB 2014, 1283, 1291; *Beurskens*, GmbHR 2014, 738, 740.

## a. Bereitstellung einer Mustersatzung

Basierend auf diesen Vorgaben möchte die Kommission mit einem Durchführungsakt eine einheitliche Vorlage für die Satzung festlegen, vgl. Art. 11 Abs. 3 SUP-RL. Bei deren Erstellung wird die Kommission vom Ausschuss für Gesellschaftsrecht unterstützt.[370] Die Mustersatzung wird den Gründern elektronisch zur Verfügung gestellt, vgl. Art. 11 Abs. 2 Unterabs. 2 SUP-RL, und ist im Falle einer Online-Eintragung[371] zwingend zu verwenden.[372] Aus der Tatsache, dass es sich um eine einheitliche europäische Vorlage handeln soll, folgt auch, dass den Mitgliedsstaaten jegliche Veränderungen an dieser Mustersatzung untersagt sind.[373]

Dabei sieht *Beurskens* den Erlass der Mustersatzung durch die Kommission als problematisch an.[374] Denn diese Befugnis der Exekutive sei dem deutschen Recht bisher nicht bekannt.[375] Zudem würde die Mustersatzung die Rolle von dispositivem Gesetzesrecht einnehmen, so dass die Kommission auf diese Weise die SUP indirekt harmonisieren könne.[376]

Es ist jedoch zu begrüßen, wenn die Mustersatzung flexibler und zügiger geändert werden kann als die Richtlinie als Ganzes.[377] Denn die Änderung der Richtlinie ist aufgrund der verschiedenen Interessen der Mitgliedsstaaten deutlich schwerfälliger und langwieriger als ein Durchführungsakt der Kommission. Bei zu Tage tretenden Lücken oder neuen Entwicklungen im Bereich der Mustersatzung muss diese jedoch zügig neu gefasst werden können. Dies dient durchaus auch dem Interesse der einzelnen Mitgliedsstaaten.

Weiterhin ist die Kommission an die zu regelnden Rechtsfragen aus Art. 11 Abs. 2 SUP-RL gebunden. Daran hat sich die Kommission zu halten. Soweit befürchtet wird, die Kommission erweitere die Mustersatzung auf nicht harmonisierte Bereiche,[378] ist dem entgegenzuhalten, dass die Kommission dabei durch den Ausschuss für Gesellschaftsrecht unterstützt wird. Dieser wird nach der Verordnung (EU) Nr. 182/2011 gebildet und gibt den Mitgliedsstaaten ein

---

370 Vgl. Art. 27 SUP-RL.

371 Zu dieser E. X. a.

372 Vgl. COM (2014) 212 final, S. 7 f.; Erwägungsgrund 19 SUP-RL.

373 *DAV*, NZG 2014, 1372, 1376 Rz. 40; *Kalss/Klampfl*, in Dauses EU-Wirtschaftsrecht, 38. EL September 2015, E. III. 7. a) cc) ddd) Rn. 487.

374 *Beurskens*, GmbHR 2014, 738, 741; vgl. auch *Lanfermann/Maul*, BB 2014, 1283, 1291.

375 *Beurskens*, GmbHR 2014, 738, 741.

376 *Beurskens*, GmbHR 2014, 738, 741.

377 Ebenso: *Teichmann*, in Lutter/Koch, Societas Unius Personae (SUP), 2015, S. 40.

378 *Beurskens*, GmbHR 2014, 738, 741.

Kontrollrecht über die Durchführungsakte der Kommission. Die Kommission kann die Mustersatzung daher nicht nach ihrem Belieben gestalten, sondern nur im Konsens mit den Mitgliedsstaaten.

Insgesamt ist folglich gegen die Einführung einer Mustersatzung aufgrund eines Durchführungsaktes nichts einzuwenden.[379] Wie erfolgreich sich die Mustersatzung in der Praxis zeigen wird, hängt stark von deren Qualität ab und kann zum gegenwärtigen Zeitpunkt mangels Vorlage noch nicht beurteilt werden.[380]

Der Rat hat in seiner allgemeinen Ausrichtung die europäische Mustersatzung durch ein mitgliedsstaatliches Formular ersetzt.[381] Das nationale Formular hat sich dabei an den abschließend aufgezählten Informationen zu orientieren.[382] Im Sinne einer einheitlichen europäischen Vorlage ist dies dennoch sehr bedauerlich. Gerade, weil die Mitgliedsstaaten nicht verpflichtet werden, die Vorlage in allen europäischen Sprachen zur Verfügung zu stellen.[383] Schließlich stößt es auf Unverständnis, weshalb sich die Mitgliedsstaaten zwar auf abschließende Satzungsangaben einigen können, nicht jedoch auf eine einheitliche Vorlage.

### b. Individuelle Satzung

Neben der bereitgestellten Mustersatzung können die Mitgliedsstaaten auch die Verwendung einer individuellen Satzung für die Gesellschaftsgründung zulassen. Dies folgt aus Erwägungsgrund 19, welcher die Nutzung der Mustersatzung nur für die elektronische Eintragung zwingend vorschreibt. Wenn die SUP-Gründer daher keinen Gebrauch von der Möglichkeit der Online-Eintragung machen möchten, können sie grundsätzlich auch eine individuelle Satzung verwenden.[384]

Dabei hat jedoch auch eine individuelle Satzung den Mindestinformationen aus Art. 11 Abs. 1 i.V.m. Abs. 2 SUP-RL zu genügen. Soweit die Mitgliedsstaaten trotz der bereits umfangreichen Satzungsanforderungen der Richtlinie[385] weitere Voraussetzungen an die Satzung stellen möchten, haben sie hierzu die Kompetenz. Dass es sich bei den Anforderungen der Richtlinie nur um einen

---

379 *DAV*, NZG 2014, 1372, 1376 Rz. 41; *Teichmann*, in Lutter/Koch, Societas Unius Personae (SUP), 2015, S. 40.

380 *Drygala*, EuZW 2014, 491, 494.

381 Vgl. SUP-RLE-Rat, Dok. 8811/15, Art. 11 Abs. 3.

382 Vgl. SUP-RLE-Rat, Dok. 8811/15, Art. 11 Abs. 3.

383 Vgl. SUP-RLE-Rat, Dok. 8811/15, Erwägungsgrund 15a; hierzu auch *Teichmann/Fröhlich*, Working Paper 11/2015, S. 15.

384 Zu den weiteren Eintragungsverfahren vgl. unter E. X. b.

385 Vgl. dazu bereits E. IX.

Mindeststandard handelt, folgt dabei aus dem Wort „mindestens" in Art. 11 Abs. 1 SUP-RL.[386] Dennoch sind weitere nationale Anforderungen aufgrund der bereits hohen Richtlinienanforderungen nicht zu erwarten.

Es ist den Mitgliedsstaaten allerdings freigestellt, ob sie die Gründung anhand einer individuellen Satzung überhaupt zulassen. Dies folgt aus Erwägungsgrund 19, wonach die Mustersatzung nicht verwendet werden braucht, wenn nach nationalem Recht andere Eintragungsformen zulässig sind.[387] Demnach ist es zwar nicht vorgeschrieben, jedoch durchaus zulässig, bei jeglichen Eintragungsverfahren die Verwendung der Mustersatzung vorauszusetzen. Es liegt daher an den Mitgliedsstaaten, ob die SUP mit einer individuellen Satzung gegründet werden kann.[388]

Daran anschließend gilt es zu klären, ob bei den weiteren Eintragungsarten die Verwendung der Mustersatzung ausgeschlossen werden kann, wenn eine individuelle Satzung zugelassen ist. Die Richtlinie könnte so zu verstehen sein, dass die Mitgliedsstaaten nur für den Fall der Online-Eintragung die Mustersatzung akzeptieren müssen.[389] Eine solche Interpretation ist jedoch abzulehnen. Denn zunächst fehlt in der Regelung zur Mustervorlage, Art. 11 Abs. 2 und 3 SUP-RL, ein Verweis auf das Online-Verfahren. Es wird vielmehr ganz generell bestimmt, dass von Seiten der Kommission eine einheitliche Satzungsvorlage festgelegt wird. Dies spricht bereits gegen die mitgliedstaatliche Kompetenz, den Anwendungsbereich der Mustersatzung festlegen zu können. Darüber hinaus soll die Vorlage im Falle der Online-Eintragung zwingend vorgeschrieben sein, bei weiteren Eintragungsformen „braucht die Vorlage nicht verwendet zu werden"[390]. Somit soll auch nach dem Wortlaut bei den weiteren Verfahren die Mustersatzung grundsätzlich verwendet werden können. Es soll hierdurch den Gesellschaftsgründern, nicht den Mitgliedsstaaten, die Entscheidungsfreiheit überlassen werden, eine Satzung zu wählen.

Nach hier vertretener Ansicht müssen die Mitgliedsstaaten daher die Verwendung der Mustersatzung durch den Gründer bei allen Eintragungsverfahren

---

386 *Schoenemann*, EWS 2014, 241, 242; *DAV*, NZG 2014, 1372, 1376 Rz. 40; a.A. *S. Jung*, GmbHR 2014, 579, 585, welche es für unklar hält, ob der nationale Gesetzgeber weitere Voraussetzungen stellen darf.

387 Vgl. Erwägungsgrund 19 SUP-RL.

388 Ebenso *S. Jung*, GmbHR 2014, 579, 585.

389 So *Kalss/Klampfl*, in Dauses EU-Wirtschaftsrecht, 38. EL September 2015, E. III. 7. a) cc) eee) Rn. 489, Fußnote 1477.

390 Erwägungsgrund 19 SUP-RL.

akzeptieren.[391] Der Gründer dagegen hat die Wahl, ob er die zugelassene individuelle Satzung oder die Mustersatzung verwenden möchte.

### c. Satzungsänderung

Unabhängig davon, ob die Mustersatzung oder eine individuelle Satzung gewählt wurde, ist eine spätere Satzungsänderung zulässig, vgl. Art. 12 SUP-RL.[392] Voraussetzung ist wiederrum, dass die Mindestangaben nach Art. 11 Abs. 2 SUP-RL bestehen bleiben, vgl. Art. 12 Abs.2 SUP-RL.

Nicht überzeugend ist die Ansicht, welche die zu beachtenden Mindestangaben bei einer Satzungsänderung von der zuvor gewählten Satzungsart bei der Gründung abhängig macht.[393] Denn Art. 12 Abs. 1 SUP-RL stellt klar, dass eine Satzungsänderung im Einklang mit dem anwendbaren nationalen Recht zu erfolgen hat. Daneben ist es den Mitgliedsstaaten freigestellt, ob sie die Satzungsänderung elektronisch oder auf anderem Wege zulassen, vgl. Art. 12 Abs. 1 SUP-RL. Eine Interpretation, wonach sich hieraus zwei Arten der Satzungsänderung, abhängig von der vorherigen Eintragung ergeben sollen, ist nicht überzeugend.[394] Hierfür spricht auch, dass die Einzelerläuterungen der Kommission nicht zwischen den beiden Gründungsarten bei der Satzungsänderung unterscheiden.[395] Daher sind bei einer Satzungsänderung stets die nationalen Vorschriften, unter Beachtung der Mindestangaben nach Art. 11 Abs. 2 SUP-RL und der Vorgaben aus Art. 21 Abs. 3 S. 2 SUP-RL[396], einzuhalten. [397]

Im Falle, dass ein Mitgliedsstaat über die Mindestangaben in Art. 11 Abs. 2 SUP-RL hinausgehende Anforderungen stellt, kommen diese zum Zug. Die SUP muss dann den Satzungsinhalt entsprechend erweitern. Da die Mindestanforderungen jedoch bereits umfangreich sind, ist nicht zu erwarten, dass die Mitgliedsstaaten weitergehende Anforderungen stellen.

Soweit das nationale Recht schließlich eine konstitutive Eintragung vorsieht, ist diese ebenfalls bei einer Satzungsänderung maßgeblich.[398]

---

391 Im Ergebnis ebenso: *Teichmann*, in Lutter/Koch, Societas Unius Personae (SUP), 2015, S. 40; *J. Schmidt*, in Lutter/Koch, Societas Unius Personae (SUP), 2015, S. 2.

392 *Beurskens*, GmbHR 2014, 738, 741; *Schoenemann*, EWS 2014, 241, 242.

393 So aber *S. Jung*, GmbHR 2014, 579, 585.

394 So *S. Jung*, GmbHR 2014, 579, 585.

395 Vgl. COM (2014) 212 final, S. 8.

396 Vgl. dazu unter: E. XII. a. 3.).

397 *Hommelhoff*, GmbHR 2014, 1065, 1068; *Schoenemann*, EWS 2014, 241, 242; *Beurskens*, GmbHR 2014, 738, 741; *Teichmann*, NJW 2014, 3561, 3563.

398 *DAV*, NZG 2014, 1372, 1376 Rz. 42.

## X. Die Eintragung

Die Bestimmungen für die Eintragung einer SUP finden sich in Art. 13 und 14 SUP-RL. Laut der Kommission stellen sie den Hauptteil der Richtlinie dar, da die Eintragungsbestimmungen für die Erleichterung der Gründung von Tochtergesellschaften in anderen Mitgliedsstaaten von entscheidender Bedeutung sind.[399]

Art. 14 Abs. 1 SUP-RL bestimmt dabei, dass eine SUP in dem Mitgliedsstaat einzutragen ist, in dem sie ihren Satzungssitz haben soll. Rechtspersönlichkeit erlangt die SUP dabei erst mit dieser Eintragung in das nationale Handelsregister, vgl. Art. 14 Abs. 2 SUP-RL. Für das deutsche Handelsregisterrecht bleibt es daher bei der konstitutiven Wirkung der Eintragung.[400]

Für das Eintragungsverfahren der SUP selbst sind drei verschiedene Varianten denkbar.[401] Neben einer vom nationalen Gesetzgeber gestaltbaren Eintragung und einer Eintragung nach einem Umwandlungsbeschluss in eine SUP wird es eine Online-Eintragung für die SUP geben.[402]

### a. Online-Eintragung

Art. 14 Abs. 3 SUP-RL verpflichtet die Mitgliedsstaaten, die Gründung einer SUP auf elektronischem Weg zuzulassen. Dabei soll das gesamte Eintragungsverfahren online abgewickelt werden können, ohne dass der Gründer vor einer Behörde im Eintragungsstaat erscheinen muss.[403] Die zuständige Eintragungsstelle eines Mitgliedsstaates muss folglich aus der gesamten Union zugänglich sein.[404] Zudem hat jeglicher Schriftwechsel zwischen dem zuständigen Register und dem Gründer ausschließlich elektronisch zu erfolgen.[405]

Voraussetzung für eine Online-Eintragung der SUP ist, dass nach Art. 14 Abs. 4 lit. [a] SUP-RL die Mustervorlage für die Satzung[406] und nach Art. 14 Abs. 4 lit. [b] SUP-RL die Mustervorlage für die Eintragung verwendet werden.

---

399 COM (2014) 212 final, S. 8.

400 *Lanfermann/Maul*, BB 2014, 1283, 1291; *DAV*, NZG 2014, 1372, 1377 Rz. 47.

401 *Hommelhoff*, in Lutter/Koch, Societas Unius Personae (SUP), 2015, S. 70; *S. Jung*, GmbHR 2014, 579, 585.

402 *S. Jung*, GmbHR 2014, 579, 585; *Beurskens*, GmbHR 2014, 738, 739.

403 Art. 14 Abs. 3 SUP-RL.

404 *Drygala*, EuZW 2014, 491, 493.

405 COM (2014) 212 final, S. 7.

406 Siehe zu dieser soeben unter E. IX. a.

Erforderlich ist damit die Nutzung zweier unterschiedlicher Vorlagen der Kommission bei der Online-Gründung einer SUP.[407]

Auch die für die Eintragung erforderliche Mustervorlage erlässt die Kommission anhand eines Durchführungsaktes, vgl. Art. 13 Abs. 2 SUP-RL. Die Mustervorlage beruht dabei auf den Informationen bzw. Unterlagen, welche in Art. 13 Abs. 1 SUP-RL aufgezählt sind, vgl. Art. 13 Abs. 2 SUP-RL. Hierzu zählen Name, Anschrift des Satzungs- sowie der Verwaltungssitze, Unternehmensgegenstand, Stammkapital, Nominalwert des Geschäftsanteils, Name und Anschrift des Gründers, des eventuellen wirtschaftlichen Eigentümers, sowie des Vertreters, der die SUP angemeldet hat, und schließlich Namen, sowie Anschriften der Personen, die zur Vertretung einer SUP befugt sind.[408] Daneben gehört noch die Satzung, basierend auf der Mustervorlage, und im Falle einer Umwandlung der erforderliche Umwandlungsbeschluss zu den Bestandteilen der Eintragungsvorlage. Diese wird in allen Amtssprachen der Europäischen Union zur Verfügung stehen.[409]

Dabei regelt die Richtlinie die für die Eintragung benötigen Informationen bzw. Unterlagen in Art. 13 Abs. 1 SUP-RL abschließend.[410] Dies ergibt sich eindeutig aus dem Wortlaut, wonach „die Mitgliedsstaaten nur die folgenden Informationen beziehungsweise Unterlagen verlangen dürfen".[411] Demnach dürfen von dem SUP-Gründer neben der ausgefüllten Mustervorlage keine weiteren Angaben oder Unterlagen verlangt werden.[412]

Zu beachten ist aber, dass die Anforderungen durch das Erfordernis der Nennung des wirtschaftlichen Eigentümers der SUP bereits strenger sind als im deutschen Recht.[413] Zugleich ist hieran erkennbar, dass die Kommission bei der SUP von einer häufig genutzten Treuhandlösung ausgeht, um die Beschränkung auf einen Gesellschafter zu umgehen.[414] Gegen die Verwendung einer SUP im Zusammenhang mit einer Treuhandlösung ist nichts einzuwenden. Praktisch

---

407 *DAV*, NZG 2014, 1372, 1377 Rz. 46; *S. Jung*, GmbHR 2014, 579, 586; *Hommelhoff*, in Lutter/Koch, Societas Unius Personae (SUP), 2015, S. 72.

408 *Beurskens*, GmbHR 2014, 738, 739.

409 Erwägungsgrund 15 SUP-RL.

410 *Teichmann*, NJW 2014, 3561, 3563.

411 Vgl. Art. 13 Abs. 1 SUP-RL.

412 *Teichmann*, in Lutter/Koch, Societas Unius Personae (SUP), 2015, S. 42; *Hommelhoff*, GmbHR 2014, 1065, 1067; *DAV*, NZG 2014, 1372, 1377 Rz. 46.

413 *Kindler*, ZHR 179 (2015), 330, 346; *S. Jung*, GmbHR 2014, 579, 586; *Beurskens*, GmbHR 2014, 738, 739.

414 *DAV*, NZG 2014, 1372, 1377 Rz. 46.

verhindern lässt sich eine solche Konstellation ohnehin nicht. Bei einer solchen Nutzung der SUP sollte für die Gläubiger allerdings zumindest erkennbar sein, wer wirtschaftlich hinter der Gesellschaft steht. Daher ist es zu begrüßen, dass die Kommission den wirtschaftlichen Eigentümer im Handelsregister eingetragen sehen möchte.

Die für die Entgegennahme der Unterlagen zuständige elektronische Eintragungsstelle haben die Mitgliedsstaaten zu benennen.[415] Zusätzlich müssen die nationalen Eintragungswebsites Links zu den Eintragungswebsites aller anderen Mitgliedsstaaten aufweisen.[416] Dies kommt wiederrum gerade kleineren Unternehmen ohne vorherige Auslandserfahrung zu Gute.[417] Denn so entfällt zum einen die Schwierigkeit, die entsprechende Eintragungsstelle des Wunschlandes zu finden, und zum anderen braucht sich der Gründungswillige keine Sorgen um die Echtheit der Website zu machen. Einem Missbrauch durch Dritte, welche sich die Sprachunkenntnis der Gründer zu Nutze machen oder authentisch aussehende Webseiten erstellen, wird dadurch entgegengewirkt.

Schließlich fordert die Kommission die Mitgliedsstaaten auf, die Eintragung der SUP auch in anderen Amtssprachen der Union zuzulassen.[418] Die Eintragung in das jeweilige Register wäre dann in einer Fremdsprache möglich. Dies würde grenzüberschreitende Gründungen einer SUP weiter erleichtern, da der Gründer die SUP in seiner Muttersprache eintragen lassen könnte.[419] Hierbei handelt es sich jedoch lediglich um eine Anregung der Kommission. So ist es den Mitgliedsstaaten gestattet, die Eintragung nur in der jeweils nationalen Sprache zuzulassen.[420]

Diskussionswürdig könnte darüber hinaus sein, die Online-Eintragung auch ohne Verwendung der Mustersatzung verfügbar zu machen.[421] Insbesondere großen Konzerngesellschaften mit individuellen Satzungsanforderungen könnte so eine kosten- und zeitaufwendige Satzungsänderung im Anschluss an die Gründung erspart bleiben.[422] Gegen eine solche Erwägung spricht aber, dass das europaweit beschleunigte Eintragungsverfahren innerhalb von nur drei Tagen[423]

415 Erwägungsgrund 17 SUP-RL.
416 Art. 14 Abs. 4 S. 1 SUP-RL.
417 *Hommelhoff*, GmbHR 2014, 1065, 1068.
418 Vgl. Erwägungsgrund 15 SUP-RL.
419 *Beurskens*, GmbHR 2014, 738, 739; *S. Jung*, GmbHR 2014, 579, 586.
420 Vgl. Erwägungsgrund 15 SUP-RL.
421 *DAV*, NZG 2014, 1372, 1376 Rz. 41.
422 *DAV*, NZG 2014, 1372, 1376 Rz. 41.
423 Vgl. zur Drei-Tages Frist unter E. X. a. 1.).

ohne Verwendung der Vorlagen nur schwerlich durchzuhalten wäre. Denn eine individuelle Satzung stände nicht nur beratenen und erfahrenen Großkonzernen, sondern allen Gründungwilligen zur Verfügung. Ob vor Einreichung der Eintragungsunterlagen jedoch eine Beratung, beispielsweise durch einen Notar, in Anspruch genommen wird, ist diesen freigestellt.[424] In der Folge käme es durch unerfahrene Nutzer häufig zu überflüssigen Informationen sowie Satzungsfehlern, so dass die eingereichten Unterlagen ausführlich und zeitaufwendig durch die Registergerichte geprüft werden müssten. Verschärft würde die Fehleranfälligkeit zudem dadurch, dass die Online-Eintragung aus jedem Mitgliedsstaat der Union betrieben werden kann. Denn in den Mitgliedsstaaten herrschen unterschiedliche Anforderungen und Gestaltungsmöglichkeiten bezogen auf eine individuelle Satzung. Dadurch wären selbst erfahrenere Gründer nicht vor Satzungsfehlern bewahrt.

Insgesamt käme es daher, durch die Zulassung der Online-Eintragung mit einer individuellen Satzung, einerseits zu einer deutlichen Mehrarbeit der Register, welche in einer deutlichen Verlängerung des Eintragungsverfahrens münden würde. Andererseits wären zahlreiche Eintragungsanträge fehlerhaft und müssten zurückgewiesen werden, was neben einem Zeitverlust auch zu Kosten und Frustration auf Gründerseite führen würde. Deshalb ist es zu begrüßen, wenn die Kommission die Online-Eintragung nur bei Verwendung der Mustersatzung zulassen möchte. Soweit sich diese als unpassend herausstellen sollte, steht dem Gesellschafter eine anschließende Satzungsänderung zur Verfügung.[425]

### 1. *Drei-Tages-Frist*

Wurden die beiden Mustersatzungen durch den Gründer einer SUP an die zuständige elektronische Eintragungsstelle übermittelt, so ist spätestens nach drei Arbeitstagen eine Bescheinigung auszustellen, welche bestätigt, dass die Eintragung abgeschlossen ist, vgl. Art. 14 Abs. 4 Satz 3 und 4 SUP-RL. Der Eintragungsvorgang darf bei Nutzung des Online-Verfahrens folglich nicht länger als drei Arbeitstage andauern. Einzige Voraussetzung hierfür ist, dass die Unterlagen vollständig eingereicht, die Angaben in den Vorlagen zulässig sind und ein gegebenenfalls erforderliches nationales Identifizierungsverfahren[426] positiv abgeschlossen ist.[427] Hieraus folgt, dass eine etwaige Beanstandung der

424 Vgl. dazu unter E. X. a. 5.).

425 Vgl. E. IX. c.

426 Vgl. zum Identifizierungsverfahren E. X. a. 2.).

427 Art. 14 Abs. 4 S. 4 SUP-RL; *S. Jung*, GmbHR 2014, 579, 587.

übermittelten Unterlagen ebenfalls innerhalb von drei Tagen gegenüber dem Gründer erfolgen muss.

Teilweise wird diese Frist als zu starr kritisiert, denn in Einzelfällen können Zweifelsfragen entstehen, die eine längere Frist erfordern.[428] Ebenso wird angemerkt, dass die bisher durch das Register stattfindende formelle und materielle Gründungsprüfung[429] innerhalb dieses Zeitraums nicht stattfinden kann.[430] In der Folge käme es zu einer lediglich formellen Gründungsprüfung.[431]

Soweit die Frist als zu starr kritisiert wird, erscheinen die Einwände sehr kleinteilig und erzwungen.[432] Denn dadurch, dass sowohl für die Satzung als auch für die Eintragung ein Muster verwendet werden muss, erscheinen viele typische Fehler bei der Gründung einer SUP ausgeschlossen. Wenn Fragen bezüglich der gewählten Firma, des Kostenvorschusses oder der Ausweispapiere auftreten sollten,[433] so ist nicht nachvollziehbar, weshalb diese nicht innerhalb von drei Tagen geklärt werden können. Sollten die entsprechenden Handelsregister dennoch mit der Klärung der Rechtmäßigkeit überfordert sein, so müssen diese schlicht mehr Personal einstellen. Die Einführung der Drei-Tages-Frist mit einem Verweis auf eventuelle Mehrarbeit der Registergerichte für nicht sachgerecht[434] zu erklären ist jedenfalls illegitim.[435] Mit diesem Argument könnte andernfalls beinahe jedes europäische Projekt zu Fall gebracht werden. Denn die Verwirklichung eines gemeinsamen europäischen Binnenmarktes erfordert zunächst Mehrarbeit. Es ist vielmehr davon auszugehen, dass etwaige zugelassene Ausnahmen von der Drei-Tages-Frist schnell zur Regel würden. Ausnahmen sind folglich strikt abzulehnen.

Bezogen auf die materielle Gründungsprüfung ist zuzugeben, dass diese im Falle der Online-Eintragung der SUP nur noch eingeschränkt möglich ist.[436] Vollständig muss sie jedoch nicht entfallen. Durch die vorgeschriebene Nutzung

---

428 Bundesrat, Beschluss v. 11.07.2014, BR-Drucks. 165/14, Zweiter Beschluss, S. 15 Ziff. 34.

429 Vgl. hierzu *Schäfer*, in Henssler/Strohn Gesellschaftsrecht, 2. Aufl. 2014, GmbHG § 9c Rn. 2 ff.; *Wicke*, in MüKo GmbHG, 2. Aufl. 2015, § 9c Rn. 5.

430 *Drygala*, EuZW 2014, 491, 493.

431 *Drygala*, EuZW 2014, 491, 493.

432 So auch *Hommelhoff*, GmbHR 2014, 1065, 1068.

433 Bundesrat, Beschluss v. 11.07.2014, BR-Drucks. 165/14, Zweiter Beschluss, S. 15 Ziff. 34.

434 So Bundesrat, Beschluss v. 11.07.2014, BR-Drucks. 165/14, Zweiter Beschluss, S. 15 Ziff. 34.

435 So auch *Hommelhoff*, in Lutter/Koch, Societas Unius Personae (SUP), 2015, S. 81.

436 *Drygala*, EuZW 2014, 491, 493.

zweier Vorlagen wird eine vollautomatische Verarbeitung merklich erleichtert.[437] Die hierdurch eingesparte Zeit kann für eine eingeschränkte materielle Prüfung verwendet werden.

Eine umfangreiche materielle Gründungsprüfung ist bei der Online-Eintragung einer SUP jedoch gar nicht erforderlich. Denn das Stammkapital muss in bar eingezahlt werden, Art. 17 Abs. 2 S. 1 SUP-RL,[438] so dass eine Prüfung der Kapitalaufbringung umstandslos erfolgen kann.[439]

Ebenso verhält es sich mit inhaltlichen Mängeln des Gesellschaftsvertrages. Durch die Verwendung der Vorlage ist dieser nur auf fehlende bzw. unausgefüllte Bestimmungen zu überprüfen.

Schließlich hat der deutsche Gesetzgeber selbst im MoMiG die Überprüfung der Sacheinlagen eingeschränkt, vgl. § 9c Abs. 1 S. 2 GmbHG, um die Gründung von Gesellschaften zu beschleunigen.[440] Der Wille des Gesetzgebers deckt sich folglich in diesem Punkt mit dem Ziel der Kommission. Dennoch ist Deutschland bei der Eintragung im internationalen Vergleich weiterhin schlichtweg zu langsam, was die Praxis zu einem Rückgriff auf Vorratsgesellschaften zwingt.[441]

Daher ist eine deutliche Beschleunigung des Eintragungsvorgangs durch die Einführung einer Drei-Tages-Frist für die SUP durchweg zu befürworten.[442]

### *2. Identifizierungsverfahren*

Schwierigkeiten in Hinblick auf die anzubietende Online-Eintragung könnten sich allerdings bei der Identifizierung des Gesellschaftsgründers ergeben.

Grundsätzlich lässt die Richtlinie Vorschriften der Mitgliedstaaten zur Identifizierung des Gründers und der anmeldenden Person ausdrücklich zu, Art. 14 Abs. 5 Unterabs. 1 S. 1 SUP-RL. Voraussetzung ist aber, dass das gesamte Eintragungsverfahren auf elektronischem Wege und aus der Ferne möglich bleiben muss.[443] Somit hat auch die fakultative Identifizierung[444] des Gründers elektronisch zu erfolgen.

---

437 *Beurskens*, GmbHR 2014, 738, 739.

438 Vergleiche zur Kapitalaufbringung unter E. XI. b.

439 *Schoenemann*, EWS 2014, 241, 242.

440 BegrRegE BT-Drucks. 13/8444 S. 76; *Fastrich*, in Baumbach/Hueck GmbHG, 20. Aufl. 2013, § 9c Rn. 1; *Schäfer*, in Henssler/Strohn Gesellschaftsrecht, 2. Aufl. 2014, GmbHG § 9c Rn. 1.

441 *Fleischer*, NZG 2014, 1081, 1086.

442 *Conac*, ECFR 2015, 139, 151 f.; *DAV*, NZG 2014, 1372, 1377 Rz. 47.

443 Vgl. Erwägungsgrund 18 SUP-RL.

444 Eine Identifizierungspflicht besteht nach der Richtlinie nicht, vgl. E. X. a. 2.) (4).

Als weitere Voraussetzung kommt hinzu, dass die Identifikation innerhalb der Drei-Tages-Frist erfolgen muss.[445] Dies ergibt sich aus dem Umstand, dass eine eventuelle Identifizierung nicht von dem Unterlagenbegriff in Art. 14 Abs. 4 S. 4 SUP-RL erfasst ist.[446] Denn Art. 13 Abs. 1 SUP-RL benennt die erforderlichen Eintragungsunterlagen abschließend, ohne dass Unterlagen über eine Identifizierung hier genannt sind.[447] Daraus folgt, dass eine mögliche Identifizierung nicht unter den Begriff der „erforderlichen Unterlagen" des Art. 14 Abs. 4 S. 4 SUP-RL fällt, so dass der Fristbeginn nicht von dieser abhängt. Eine Identitätsüberprüfung des Gründers bzw. der anmeldenden Person ist demzufolge nur innerhalb der vorgegebenen Drei-Tages-Frist zulässig.

Dennoch verbleibt den Mitgliedsstaaten ein großer Spielraum bezüglich einer Ausgestaltung der Identitätsprüfung des Gründers.[448] Denn jeder Vorgang, der einerseits elektronisch und andererseits innerhalb von drei Tagen durchgeführt werden kann, ist nach der Richtlinie zulässig.

Die in Deutschland übliche Identifizierung durch einen Notar muss bei der Online-Eintragung einer SUP allerdings ausscheiden.[449] Denn sowohl für die notarielle Beurkundung des Gesellschaftsvertrages, § 2 Abs. 1 S. 1 GmbHG, als auch für die anschließende Einreichung beim Handelsregister in öffentlich beglaubigter Form, § 12 Abs. 1 S. 1 HGB, ist ein Notarbesuch des Gründers erforderlich.[450]

### *(1) Zulässige Identifizierung*

Es stellt sich daher die Frage, wie die Mitgliedsstaaten die Gründer oder deren Vertreter bei der Eintragung einer SUP identifizieren können.

Zunächst gehen die Ansichten, welchem Mitgliedsstaat die Kompetenz zur Überprüfung zukommt, auseinander. Nach einer Interpretation des Art. 14

---

445 *Beurskens*, GmbHR 2014, 738, 739; *J. Schmidt*, in Lutter/Koch, Societas Unius Personae (SUP), 2015, S. 2; andere Ansicht *Drygala*, EuZW 2014, 491, 494, nach dessen Ansicht das Identifizierungsverfahren der Drei-Tages-Frist vorgeschaltet werden kann.

446 Andere Ansicht *Drygala*, EuZW 2014, 491, 494.

447 Vgl. dazu bereits unter E. X. a.

448 *Omlor*, NZG 2014, 1137, 1139; *S. Jung*, GmbHR 2014, 579, 587; unzutreffend insofern Deutscher Notarverein, Stellungnahme zur SUP, 2014, S. 7, welche von einem kompletten Wegfall der Identitätsprüfung ausgehen.

449 *Drygala*, EuZW 2014, 491, 494; *Beurskens*, GmbHR 2014, 738, 739; *DAV*, NZG 2014, 1372, 1376 Rz. 45.

450 Vgl. *Eickelberg*, NZG 2015, 81, 82 f.; zudem zu § 2 GmbHG *Fastrich*, in Baumbach/Hueck, GmbHG, 20. Aufl. 2013, § 2 Rn. 10 und zu § 12 HGB *Krafka*, in MüKoHGB, 3. Aufl. 2010, § 12 Rn. 13.

Abs. 5 Unterabs. 1 S. 1 SUP-RL ist es nur dem Mitgliedstaat, aus dem die Anmeldung betrieben wird, gestattet, Eintragungsunterlagen und Identitäten zu überprüfen.[451]

Diese Auffassung unterliegt allerdings einem grundsätzlichen Irrtum in Bezug auf die Eintragung. So geht sie davon aus, dass der Eintragungsantrag in dem Mitgliedsstaat gestellt wird, in welchem sich der Gründer befindet. Dieser würde dann den Antrag an den zuständigen Mitgliedsstaat weiterleiten, in dem der Antrag umgesetzt werden muss.[452]

Dass diese Annahme jedoch falsch ist, ergibt sich aus Art. 14 Abs. 4 S. 1 SUP-RL. Hiernach muss die nationale Website nur Links zu den Eintragungswebsites der anderen Mitgliedsstaaten enthalten. Eine Verknüpfung der Websites in der Hinsicht, dass die Websites einen Eintragungsantrag weiterleiten, wird nicht gefordert.[453] Daneben soll das Register von jedem Mitgliedsstaat aus zugänglich sein, wobei die Gründer hierfür die bestehenden einheitlichen Ansprechpartner als Portal zu der nationalen Online-Eintragungsstelle nutzen können sollen.[454] Wenn jedoch das Register aus jedem Mitgliedsstaat zugänglich sein soll und die Gründer ein Portal zu der jeweils nationalen Eintragungsstelle erhalten sollen, ergibt sich daraus eindeutig, dass der Eintragungsantrag im jeweiligen Mitgliedsstaat zu erfolgen hat, in welchem auch die Eintragung erfolgen soll. Folglich kann auch nur dieser Eintragungsmitgliedsstaat in Art. 14 Abs. 5 Unterabs. 1 S.1 SUP-RL ermächtigt werden, eine Überprüfung der Identitäten und Unterlagen vor der Überprüfung vorzunehmen.[455]

Mögliche Optionen für die Identifizierung des Gründers oder dessen Vertreters wären die Nutzung der DE-Mail oder des elektronischen Personalausweises.[456] Bei der DE-Mail handelt es sich um einen Dienst für die Internetkommunikation, welcher einen vertraulichen und nachweisbaren Geschäftsverkehr ermöglichen soll.[457] Hierfür muss vor Nutzung die Identität des Nutzers zuverlässig

---

451 *Hommelhoff*, GmbHR 2014, 1065, 1069.

452 *Hommelhoff*, GmbHR 2014, 1065, 1069.

453 So aber *Hommelhoff*, GmbHR 2014, 1065, 1069.

454 Vgl. Erwägungsgrund 13 SUP-RL.

455 Im Ergebnis ebenso: *S. Jung*, GmbHR 2014, 579, 587; *DAV*, NZG 2014, 1372, 1376 Rz. 45; *Omlor*, NZG 2014, 1137, 1139; *Schoenemann*, EWS 2014, 241, 242; *Beurskens*, GmbHR 2014, 738, 745; *Drygala*, EuZW 2014, 491, 493; Bundesrechtsanwaltskammer, Stellungnahme Nr. 31/2014, S. 7.

456 *Beurskens*, GmbHR 2014, 738, 745.

457 Vgl. dazu *Roßnagel*, NJW 2011, 1473.

festgestellt werden.[458] Der elektronische Personalausweis stellt dagegen ein elektronisches Äquivalent zum Personalausweis dar.[459] Da der elektronische Personalausweis allerdings nur deutschen Staatsbürgern zur Verfügung steht, wäre die Identifizierung hierüber nur bei nationalen Gründern möglich. Dagegen stehen DE-Mail Konten auch Ausländern zur Verfügung.[460]

Bei beiden Verfahren wird kritisch angemerkt, dass nicht gewährleistet sei, ob die anmeldende Person auch wirklich diejenige ist, auf die der elektronische Personalausweis bzw. das DE-Mail Konto zugelassen ist.[461] Es fehle an einer Identifizierung durch eine unabhängige Stelle.[462]

Alternativ käme daher eine Identifikation des Gründers per Video-Chat in Betracht. Dieses Verfahren wird zunehmend bei der Eröffnung von Bankkonten eingesetzt.[463] Dabei kommuniziert der Kunde per Videochat mit einem Mitarbeiter. Der Kunde muss zwecks Identifizierung seinen Ausweis vor eine Webkamera halten, so dass der Mitarbeiter der Bank diesen überprüfen und mit der kommunizierenden Person abgleichen kann. Anstatt eines Bankmitarbeiters käme hier grundsätzlich auch der Einsatz eines Notars in Betracht. Ob der Notar dem Gründer gegenüber sitzt oder eine Überprüfung per Video-Chat vornimmt, macht für die Identifikation keinen Unterschied. Denn die Verwendung eines gefälschten Ausweises ist in beiden Varianten denkbar. Insbesondere, da in der Europäischen Union 28 verschiedene Ausweisarten ausgegeben werden, wird sich auch bei einer räumlichen Anwesenheit der Gründerperson eine saubere Fälschung nicht identifizieren lassen. Soweit der Notar aber zum Zwecke der Überprüfung einen Abgleich des Lichtbildes sowie eine Überprüfung der Personalausweisnummer vorzunehmen hat, kann ein solcher Vorgang ebenso gut elektronisch erfolgen.

---

458 § 3 Abs. 2 DE-Mail-G.

459 § 18 PAuswG; zum Ganzen *Borges*, NJW 2010, 3334.

460 *Beurskens*, GmbHR 2014, 738, 745.

461 *Eickelberg*, NZG 2015, 81, 85.

462 *Eickelberg*, NZG 2015, 81, 85.

463 Vgl. http://www.faz.net/aktuell/finanzen/meine-finanzen/geld-ausgeben/deutsche-post-startet-online-identifikation-per-video-chat-13580351.html (zuletzt aufgerufen am 02.02.2016).

Eventuell könnte auch die EU-Verordnung über elektronische Identifizierung und Vertrauensdienste[464] fruchtbar gemacht werden.[465] Diese soll das Vertrauen in den elektronischen Rechtverkehr innerhalb der EU stärken.[466] Hierfür enthalten Art. 6 bis 12 eIDAS-VO Regelungen, um eine sichere elektronische Identifizierung zu gewährleisten.[467] Allerdings findet die Verordnung nach Erwägungsgrund 21 ausdrücklich keine Anwendung auf öffentliche Register, wie das Handelsregister. Daher kann die Verordnung in ihrer momentanen Fassung nicht direkt für die Identifizierung des Gründers einer SUP herangezogen werden. Dennoch hat der Rat in seiner allgemeinen Ausrichtung beschlossen, dass er über einen Verweis in der SUP-RL den Art. 6 der Verordnung angewandt wissen möchte.[468] Soweit danach ein elektronisches Identifizierungsmittel Art. 6 eIDAS-VO genügt, hat der Eintragungsstaat dieses anzuerkennen.[469] Da die Verordnung speziell für die elektronische Identifikation erlassen wurde, ist deren Anwendbarkeit vorliegend auch zu begrüßen.[470] Wenn dies zu einer Diskrepanz mit den Erwägungsgründen der Verordnung führt, kann dies insofern relativiert werden, als dass die Verordnung nur auf die Online-Gründung der SUP angewandt würde. Auf andere Eintragungsarten der SUP sowie alle anderen Vorgänge des nationalen Handelsregisters findet die Verordnung weiterhin keine Anwendung.

Schließlich wäre es eine Option, das DE-Mail Verfahren mit dem Video-Chat Verfahren zu verbinden. Auf diese Weise wäre gewährleistet, dass die De-Mail Nachricht auch tatsächlich von der Person stammt, die auf das De-Mail Konto zugelassen ist. Auch die Einbindung eines Notares wäre in diesem Verfahren denkbar.[471]

An diesen Beispielen wird deutlich, dass den Mitgliedsstaaten zahlreiche Varianten zur Identitätsüberprüfung der Gründer einer SUP offenstehen. Weitere technische Möglichkeiten werden bis zur endgültigen Verabschiedung der

---

464 *Verordnung (EU) Nr. 910/2014 des Europäischen Parlaments und des Rates vom 23. Juli 2014 über elektronische Identifizierung und Vertrauensdienste für elektronische Transaktionen im Binnenmarkt und zur Aufhebung der Richtlinie 1999/93/EG*, Amtsblatt EU Nr. L 257; näher dazu *Jandt*, NJW 2015, 1205; *Roßnagel*, NJW 2014, 3686.

465 *Conac*, ECFR 2015, 139, 168; *Beurskens*, GmbHR 2014, 738, 745.

466 Vgl. Erwägungsgrund 12 der eIDAS-VO; *Roßnagel*, NJW 2014, 3686.

467 Vgl. Erwägungsgrund 12 der eIDAS-VO.

468 Vgl. SUP-RLE-Rat, Dok. 8811/15, Art. 14b Abs. 1 lit. [b].

469 Vgl. auch *Bayer/J. Schmidt*, BB 2015, 1731, 1734 f.

470 Ebenso *Kindler*, ZHR 179 (2015), 330, 345; *Conac*, ECFR 2015, 139, 168.

471 Vgl. BT-Drucks. 18/4843, S. 7; *S. Jung*, GmbHR 2014, 579, 587.

Richtlinie aller Voraussicht nach hinzukommen.[472] Zusätzlich bieten zahlreiche europäische Mitgliedsstaaten ihren Gründern bereits ein rein elektronisches Verfahren an.[473] Bis zur Umsetzungsverpflichtung der Richtlinie können diese Verfahren hinsichtlich ihrer Sicherheit und Praktikabilität beobachtet werden. Grundsätzlich kann eine solche Online-Identifikation daher ebenso sicher und problemlos erfolgen wie der bisherige Notarbesuch.[474] Daher kann die Integrität des Handelsregisters auch bei Einführung der Online-Eintragung der SUP gewahrt werden.[475]

### *(2) Erscheinen vor einer Behörde im Herkunftsmitgliedsstaat*

Teilweise wird daneben angenommen, es sei nach der Richtlinie zulässig, von Gründern anderer Mitgliedsstaaten eine Identifikation vor einer Behörde im Herkunftsmitgliedsstaat zu verlangen.[476] Diese Meinung stützt sich vor allem auf den Wortlaut des Art. 14 Abs. 3 SUP-RL, welcher verbietet, dass der Gründer vor einer Behörde des Eintragungsmitgliedsstaates erscheinen muss. Daraus wird gefolgert, dass eine Überprüfung im Herkunftsmitgliedsstaat zulässig sein muss.[477]

Gegen diese Ansicht sprechen jedoch gleich mehrere Erwägungen. Zunächst gibt die Richtlinie in Erwägungsgrund 13 ausdrücklich auf, dass „es möglich sein sollte, die SUP aus der Ferne und ganz auf elektronischem Wege zu gründen".[478] Soweit die Kommission die mitgliedsstaatlichen Vorschriften zur Überprüfung des Eintragungsvorgangs unangetastet lassen möchte, gilt dies nur, sofern das gesamte Eintragungsverfahren auf elektronischem Wege und aus der Ferne abgewickelt werden kann.[479] Die Kommission scheint also die Möglichkeit einer Kontrolle im Herkunftsstaat nicht bedacht zu haben. Auch die Erläuterungen der Kommission deuten in diese Richtung, wenn die Mitgliedsstaaten verpflichtet werden, „ein Eintragungsverfahren anzubieten, das vollständig auf elektronischem Wege und aus der Ferne abgewickelt werden kann, ohne dass der Gründer

---

472 *Beurskens*, GmbHR 2014, 738, 746.

473 Vgl. hierzu, inklusive einer Aufzählung der betreffenden Mitgliedsstaaten, *Teichmann*, in Lutter/Koch, Societas Unius Personae (SUP), 2015, S. 43.

474 *Drygala*, EuZW 2014, 491, 494; *Conac*, ECFR 2015, 139, 166 ff.

475 *Beurskens*, GmbHR 2014, 738, 746.

476 *DAV*, NZG 2014, 1372, 1376 Rz. 45; *Schoenemann*, EWS 2014, 241, 242.

477 *DAV*, NZG 2014, 1372, 1376 Rz. 45; *Schoenemann*, EWS 2014, 241, 242.

478 Erwägungsgrund 13 SUP-RL.

479 Vgl. Erwägungsgrund 18 SUP-RL.

persönlich vor den Behörden des Eintragungsmitgliedsstaats erscheinen muss".[480] Der Wortlaut in den Erwägungsgründen und Erläuterungen spricht damit eindeutig gegen eine zulässige Identifikation vor einer Behörde im Herkunftsmitgliedsstaat.

Daneben würde eine Interpretation, nach welcher eine Kontrolle im Herkunftsstaat möglich wäre, zu einem paradoxen Ergebnis führen. Denn eigene Staatsbürger kämen aus dem Eintragungsstaat, so dass sie nach Art. 14 Abs. 3 SUP-RL vor keiner Behörde erscheinen müssen. Dagegen wäre die Einforderung einer Identitätskontrolle von Bürgern anderer Unionsstaaten vor einer Behörde möglich. Diese Interpretation würde demnach zu einer Diskriminierung europäischer Ausländer gegenüber Inländern, bei denen Herkunfts- und Eintragungsstaat meist zusammenfallen, führen. Mangels erkennbaren Rechtfertigungsgrunds für diese Ungleichbehandlung, kann dies von der Kommission nicht gewollt sein.

Würden schließlich, zum Zwecke einer solchen Identifizierung, die nationalen Behörden des Herkunftsmitgliedsstaates herangezogen, ginge mit einer solchen Ungleichbehandlung auch ein erhebliches Missbrauchspotenzial einher. Denn dann müssten sich nur jene Gründer, welche die SUP mit Sitz in einem anderen Unionsstaat gründen möchten, von einer nationalen Stelle identifizieren lassen. Bürger, die im Herkunftsstaat selbst eine SUP errichten möchten, müssten nach Art. 14 Abs. 3 SUP-RL vor keiner inländischen Behörde erscheinen. Der Anreiz für den jeweiligen Mitgliedsstaat, ein effektives und gründerfreundliches Identifizierungsverfahren bereitzustellen, wäre folglich äußerst gering. Vielmehr könnten die Mitgliedsstaaten versucht sein, die Gründer durch mangelnde Anlaufstellen für die Identifizierung oder einen komplizierten Verfahrensablauf zur Gründung einer nationalen SUP zu drängen.[481] Sollte die SUP dann anschließend dennoch ihren Verwaltungssitz ins europäische Ausland verlegen, fänden zumindest nationale Mitbestimmungs- und Steuervorschriften Anwendung.

Es ist folglich kontraproduktiv, die Identifizierung der Gründer von deren Herkunft abhängig zu machen. Daher kann auch aus diesen Gründen nicht angenommen werden, dass die Kommission nur das Erfordernis eines Erscheinens der Gründer vor einer Stelle im Eintragungsstaat untersagen wollte. Vielmehr soll die Gründung nach der Richtlinie vollständig elektronisch erfolgen, ohne

480 COM (2014) 212 final, S. 7.

481 Das Identifizierungsverfahren muss jedoch innerhalb der Drei-Tages-Frist möglich bleiben, vgl. dazu E. X. a. 1.).

dass der Gründer physisch vor irgendeiner Behörde erscheinen muss.[482] Den Wortlaut des Art. 14 Abs. 3 SUP-RL sollte die Kommission jedoch anpassen, um Missverständnisse zu vermeiden.

### *(3) Anerkennungspflicht von Ausweisen anderer Mitgliedsstaaten*

Für die Zwecke der Identitätsprüfung müssen dabei Ausweise, einschließlich elektronisch ausgestellter Ausweise, aus anderen Mitgliedsstaaten anerkannt werden, vgl. Art. 14 Abs. 5 Unterabs. 1 S. 2 SUP-RL.

Eine Pflicht, auf eine eigene Identifizierung des Gründers gänzlich zu verzichten, ergibt sich hieraus jedoch nicht.[483] Ausweise anderer Mitgliedsstaaten müssen vielmehr nur zum Zwecke der Überprüfung anerkannt werden.[484] Die Mitgliedsstaaten sind folglich nicht daran gehindert zu überprüfen, ob die einreichende Person auch der Person auf dem Ausweis entspricht oder ob beispielsweise die Volljährigkeit des potenziellen Gründers vorliegt. Ersteres kann dabei durch einen Videochat geschehen. Als Identitätsnachweis hat die zuständige Eintragungsstelle allerdings die Ausweise anderer Mitgliedsstaaten anzuerkennen. Sowohl der herkömmliche als auch der elektronische Personalausweis aus Deutschland müssen daher in allen Mitgliedsstaaten als Identitätsnachweis ausreichen.

Da insoweit jeder europäische Bürger einen Ausweis seines Heimatstaates besitzt, vereinfacht dies den Gründungsaufwand einer SUP nochmals spürbar.

Arbeiten die Mitgliedsstaaten zusammen, um die Identität des Gründungsgesellschafters, der anmeldenden Person oder der übermittelten Unterlagen zu überprüfen, haben sie die IMI-Verordnung[485] anzuwenden, Art. 14 Abs. 5 Unterabs. 2 SUP-RL.

---

482 Im Ergebnis ebenso *Hansen*, ECFR 2015, 177, 179; *Beurskens*, GmbHR 2014, 738, 739; *S. Jung*, GmbHR 2014, 579, 586; *Omlor*, NZG 2014, 1137, 1139; *Hommelhoff*, GmbHR 2014, 1065, 1067; *Teichmann/Fröhlich*, MJ Bd. 21 (2014), 3, 536, 542.

483 So aber *Wicke*, ZIP 2014, 1414, 1415; *Teichmann/Fröhlich*, MJ Bd. 21 (2014), 3, 536, 543.

484 So auch *S. Jung*, GmbHR 2014, 579, 587; *Beurskens*, GmbHR 2014, 738, 745.

485 *Verordnung (EU) Nr. 1024/2012 des Europäischen Parlaments und des Rates vom 25. Oktober 2012 über die Verwaltungszusammenarbeit mit Hilfe des Binnenmarkt-Informationssystems und zur Aufhebung der Entscheidung 2008/49/EG der Kommission („IMI-Verordnung") (Text von Bedeutung für den EWR)*, Amtsblatt EU Nr. L 316; näher dazu *Härtel*, in Mann/Sennekamp/Uechtritz, VwVfG, 2014, § 8a Rn. 46.

### *(4) Identifizierungspflicht für Mitgliedsstaaten*

Problematisch ist allerdings, dass eine Identifizierung des Gründers nach Art. 14 Abs. 5 Unterabs. 1 S. 1 SUP-RL fakultativ ist. Die Mitgliedsstaaten werden also nicht verpflichtet, eine Überprüfung vor Eintragung einer SUP durchzuführen.[486] Diese Befreiung von der Prüfpflicht führt dazu, dass Identitätsprüfungen, die ein Mitgliedsstaat vorsieht, durch Gründung einer SUP in einem anderen Mitgliedsstaat ohne Überprüfung umgangen werden können.[487] Die in einem anderen Mitgliedsstaat ohne Überprüfung gegründete SUP könnte wiederrum, dank möglicher Sitztrennung, in jedem Mitgliedsstaat der Union tätig werden. Folge hiervon wäre ein mangelhafter Schutz des Rechtsverkehrs, welcher durch den einheitlichen Rechtsformzusatz „SUP", ohne erkennbaren Satzungssitz, noch verschärft wird.[488] Für Gläubiger wäre es daher nur schwer zu erkennen, ob bei einer SUP jemals eine Überprüfung des Gesellschafters, des Geschäftsführers und der Eintragungsunterlagen stattgefunden hat. Dabei ist eine solche Überprüfung beispielsweise für die Haftung des Geschäftsführers nach Art. 18 Abs. 5 SUP-RL von hoher Bedeutung. Denn jene erweist sich als nutzlos, wenn sich im Haftungsfall herausstellt, dass es den offiziellen Geschäftsführer gar nicht gibt.[489] Potenzielle Vertragspartner einer SUP müssten daher anhand der Website zunächst den Satzungssitz herausfinden,[490] um anschließend zu recherchieren, ob in dem jeweiligen Mitgliedsstaat Identifizierungsvorschriften existieren. Dies würde eine SUP zu einem äußerst unbeliebten Vertragspartner machen, was sich wiederrum in einem schlechten Image der SUP niederschlagen würde. In der Folge müssten Gründer wieder auf nicht harmonisierte nationale Gesellschaften zurückgreifen, so dass die Ziele der SUP-RL nicht erreicht würden.[491]

Weiterhin würde eine freiwillige Regelung die aktuellen Bemühungen, Geldwäsche und Terrorismusfinanzierung in Europa zu begrenzen, konterkarieren.[492] Erst jüngst wurde eine Einigung bei der 4. EU-Geldwäscherichtlinie[493] erzielt,

486 *Ries*, NZG 2014, 569; *Wicke*, ZIP 2014, 1414, 1415; *Beurskens*, GmbHR 2014, 738, 745.

487 Bundesrat, Beschluss v. 11.07.2014, BR-Drucks. 165/14, Zweiter Beschluss, S. 8 Ziff. 20.

488 Vgl. E. V.

489 Bundesrat, Beschluss v. 11.07.2014, BR-Drucks. 165/14, Zweiter Beschluss, S. 4 Ziff. 7; *Hommelhoff*, in Lutter/Koch, Societas Unius Personae (SUP), 2015, S. 83.

490 Vgl. zur Registerangabe auf der Website unter E. V.

491 *Hommelhoff*, in Lutter/Koch, Societas Unius Personae (SUP), 2015, S. 83.

492 *Beurskens*, GmbHR 2014, 738, 745; *DAV*, NZG 2014, 1372, 1376 Rz. 45; *Wicke*, ZIP 2014, 1414, 1415; *Teichmann/Fröhlich*, MJ Bd. 21 (2014), 3, 536, 543.

493 Vgl. COM/2013/045 final.

so dass diese bald verabschiedet werden kann.[494] Nach dieser müssen die Mitgliedsstaaten zunächst die Identität einer natürlichen Person, in deren Eigentum oder unter deren Kontrolle eine juristische Person steht, feststellen,[495] um diese daraufhin in einem Zentralregister zu führen.[496] Folglich wird nach der Geldwäscherichtlinie die Verpflichtung bestehen, die Identität von Gründern und wirtschaftlich Berechtigten festzustellen.[497] Es wäre daher nur folgerichtig, wenn bereits die SUP-RL eine Verpflichtung zur Identifikation des Gründers sowie eine Überprüfung der Unterlagen vorsieht.

Schließlich widerspricht der Art. 14 Abs. 5 Unterabs. 1 S. 1 SUP-RL auch der Publizitätsrichtlinie.[498] Diese schreibt in Art. 11 Publizitäts-RL eine vorbeugende Rechtmäßigkeitskontrolle bei Gründung einer Gesellschaft sowie einer Satzungsänderung in dieser vor. Wieso die Kommission diese Kontrollen bei der SUP-RL nicht mehr als obligatorisch ansieht, ist nicht nachvollziehbar. Denn mit einer fehlenden Überprüfung geht ein hohes Missbrauchspotenzial einher.[499]

Daher sollte die Kommission, im Sinne eines einheitlichen europäischen Gesellschaftsrechtes und zu Gunsten der Akzeptanz der SUP, die Überprüfung des Gründungsgesellschafters sowie der eingereichten Unterlagen den Mitgliedsstaaten verpflichtend vorschreiben.[500] Aufgrund der kommenden Geldwäscherichtlinie ist die Überprüfung demnächst ohnehin verpflichtend, so dass dabei nicht mit größerem Widerstand zu rechnen ist.[501]

### *(5) Exkurs: Drohende englische Zustände?*

Als Folge des Wegfalls einer herkömmlichen Identifikation des Gründers durch einen Notar wird teilweise vor drohenden englischen Zuständen in Europa gewarnt, da eine sichere Identifizierung auf elektronischem Weg nicht möglich

494 *Reppelmund*, EuZW 2015, 164; vgl. auch *Beurskens*, GmbHR 2014, 738, 745 f.

495 Erwägungsgrund 10, COM/2013/045 final.

496 Vgl. COM(2015) 188 final, S. 4.

497 *Beurskens*, GmbHR 2014, 738, 746.

498 *Omlor*, NZG 2014, 1137, 1139; *Wicke*, ZIP 2014, 1414, 1416; *Deutscher Notarverein*, Stellungnahme zur SUP, 2014, S. 7.

499 *Omlor*, NZG 2014, 1137, 1139; *Hommelhoff*, in Lutter/Koch, Societas Unius Personae (SUP), 2015, S. 82 ff.

500 So auch *Omlor*, NZG 2014, 1137, 1139; *DAV*, NZG 2014, 1372, 1376 Rz. 45; *Teichmann/Fröhlich*, MJ Bd. 21 (2014), 3, 536, 543; *Hommelhoff*, GmbHR 2014, 1065, 1069; *Ries*, NZG 2014, 569.

501 *Beurskens*, GmbHR 2014, 738, 746.

sei.[502] Im Handelsregister des Vereinigten Königreiches finden dabei laut offiziellen Angaben 50 bis 100 Betrugsfälle jeden Monat statt,[503] wobei die Dunkelziffer sogar noch höher liegen soll.[504]

Dieser Auffassung ist zunächst zu entgegnen, dass, wie bereits dargestellt, durchaus geeignete Methoden bestehen, welche eine rechtssichere Identifizierung auf elektronischem Wege ermöglichen.[505] Darüber hinaus ist nur eine geringe Anzahl der monatlichen Betrugsfälle im Vereinigten Königreich auf Identitätstäuschungen zurückzuführen.[506] Unabhängig davon soll jedoch im Folgenden untersucht werden, ob ein mangelhaftes Identifizierungsverfahren bei der Gründung einer Gesellschaft zum sogenannten „*company highjacking*" oder „*corporate fraud*" führen können.

Das Ziel beim „*company highjacking*" oder „*corporate fraud*" ist, für ein bereits bestehendes Unternehmen die Geschäftsanschrift zu ändern oder dessen Direktor auszuwechseln.[507] Die Schwachstelle besteht in der Möglichkeit, Papierunterlagen einzureichen, ohne dass eine materielle Prüfung durch das Companies House erfolgt.[508] Dadurch haben es Betrüger einfach, Unterlagen beim entsprechenden Register einzureichen, welche sodann ungeprüft übernommen werden. Sind die Betrüger erst einmal eingetragen, können sie scheinbar berechtigt für die betroffene Gesellschaft auftreten, um Waren zu ordern oder andere Geschäfte zu tätigen.[509]

Von den Kritikern wird dabei verkannt, dass es sich bei der Online-Eintragung der SUP um eine ganz andere Situation handelt. Bei dieser geht es vielmehr um die erstmalige Eintragung einer Gesellschaft in das jeweilige nationale Handelsregister. Eine Täuschung über die Identität des Gründers oder Geschäftsführers mag dabei mit genügend krimineller Energie möglich sein.[510] Die Möglichkeit eines Unternehmensdiebstahles geht damit jedoch nicht einher. Denn bei der

---

502 Vgl. *Ries*, NZG 2014, 569; *Ders.*, in Lutter/Koch, Societas Unius Personae (SUP), 2015, S. 65 f.; *Rösing*, notar 2014, 149; *Bormann*, in Lutter/Koch, Societas Unius Personae (SUP), 2015, S. 28.

503 https://www.gov.uk/guidance/protect-your-company-from-corporate-identity-theft (zuletzt abgerufen am 02.02.2016); *Ries*, NZG 2014, 569.

504 *Ries*, NZG 2014, 569; *Hommelhoff*, in Lutter/Koch, Societas Unius Personae (SUP), 2015, S. 83.

505 Vgl. E. X. 2.) (1).

506 *Beurskens*, GmbHR 2014, 738, 744.

507 Vgl. *Bock*, ZIP 2011, 2449, 2450 f.

508 Vgl. *Bock*, ZIP 2011, 2449, 2450.

509 *Bock*, ZIP 2011, 2449, 2451.

510 *Ries*, NZG 2014, 569.

Gründung einer Gesellschaft fehlt es an einem bestehenden Unternehmen. Es existiert schlicht noch kein Rechtsträger, für den die Betrüger unberechtigt auftreten könnten.

Auch bei einer späteren Satzungsänderung der Gesellschaft stellt sich die Problematik nicht. Denn für diese ist das nationale Recht des betreffenden Mitgliedsstaates einschlägig.[511] Hier ist es dem nationalen Gesetzgeber überlassen, eine sichere Identifizierung des Anmelders vorzusehen.[512] Folglich könnte beispielsweise die in Deutschland übliche notarielle Mitwirkung, bei der Anmeldung der Satzungsänderung, § 54 Abs. 1 S. 1 GmbHG i.V.m. § 12 Abs. 1 S. 1 HGB, bestehen bleiben.[513] Diese bezweckt gerade die Identitätsprüfung des Anmelders.[514] Alternativ käme auch ein elektronisches Satzungsänderungsverfahren in Betracht, solange es ohne die Schwachstelle der ungeprüften physischen Papierunterlagen auskommt.[515] Daraus folgt ebenfalls, dass die Satzungsänderung einer SUP faktisch ausgeschlossen ist, soweit bei der Eintragung der Gesellschaft über die Identität der Person getäuscht wurde, welche die Änderung anzumelden hat.[516]

Zusammengefasst wird die Möglichkeit des *„company highjacking“* oder *„corporate fraud“* daher nicht durch die elektronische Identifizierung eines Gründers bei der Online-Eintragung begünstigt.[517]

---

511 Vgl. dazu bereits oben unter E. IX. c.

512 Im Übrigen wurde auch in Vereinigten Königreich die Problematik mit dem Identitätsdiebstahl bei Gesellschaften erkannt. Inzwischen gibt es mehrere Optionen, um die eigene Gesellschaft gegen den Unternehmensdiebstahl zu schützen. Im Unterschied zum deutschen Registerrecht ist dies jedoch freiwillig. Ob dies die schlechtere Wahl ist, soll hier dahingestellt bleiben. Allerdings plant mittlerweile auch das englische Companies House die Umstellung auf eine vollständig elektronische Einreichung der Registerunterlagen. Damit sollten die zahlreichen Vorfälle des *„company hijacking“* in England bald der Vergangenheit angehören. Vgl. zum Ganzen: *Bock*, ZIP 2011, 2449.

513 Vgl. zur Zulässigkeit der notariellen Mitwirkung bei der Anmeldung zur Eintragung unter E. XII. a. 3.).

514 *Schaub*, in Ebenroth/Boujong/Joost/Strohn, Handelsgesetzbuch, 3. Aufl. 2014, § 12 Rn. 3; *Krafka*, in MüKoHGB, 3. Aufl. 2010, § 12 Rn. 13.

515 Dazu unter E. XII. a. 3.).

516 In einer deutschen GmbH haben die Geschäftsführer eine Satzungsänderung anzumelden, § 78 GmbHG. Der deutsche Umsetzungsgesetzgeber wäre aber nicht daran gehindert, diese Verpflichtung dem Alleingesellschafter zu übertragen.

517 Ebenso *Conac*, ECFR 2015, 139, 166 ff.; *Hansen*, ECFR 2015, 177, 179.

### 3. *Keine Lizenz oder Genehmigung erforderlich*

Den Mitgliedsstaaten ist es untersagt, die Eintragung einer SUP von einer Genehmigung oder einer Lizenz abhängig zu machen, vgl. Art. 14 Abs. 6 S. 1 SUP-RL. Hierdurch soll eine unnötige Verzögerung oder Erschwerung der Eintragung durch die Mitgliedsstaaten unterbunden werden.

Kritisch wird hierzu angemerkt, dass es in bestimmten Fällen im öffentlichen Interesse sei, die Eintragung einer Gesellschaft von einer vorherigen Lizenz oder Genehmigung abhängig zu machen.[518] Dies gelte insbesondere für die Finanzdienstleistungen nach § 43 Abs. 1 KWG oder für Unternehmen, welche nur unter bestimmten Voraussetzungen in der Rechtsform einer GmbH betrieben werden dürfen.[519] Das Erfordernis einer Genehmigung vor Eintragung wäre dabei nach der derzeitigen Regelung nicht möglich.

Die Einholung einer entsprechenden Genehmigung kann jedoch ebenso gut vor Aufnahme der entsprechenden Tätigkeit erfolgen. Eine dementsprechende Regelung trifft bereits § 32 Abs. 1 KWG, welcher eine Erlaubnis vor dem Aufnehmen des Geschäftsbetriebes verlangt.[520] § 43 KWG dient dagegen lediglich einer wirksamen Durchsetzung der vorherigen Genehmigungspflicht.[521] Wieso die Einhaltung der Genehmigungspflicht allerdings nur vor einer Eintragung wirksam durchgesetzt werden können soll, ist nicht ersichtlich. Die Einhaltung einer Genehmigungspflicht könnte ebenso durch eine Meldung des Registers an eine Aufsichtsbehörde, flankiert durch eine Regelung im Ordnungswidrigkeitengesetz sichergestellt werden.[522] Zwingende Gründe für die Einholung einer Genehmigung vor Eintragung einer SUP sind demzufolge nicht erkennbar.[523]

Der Rat hat in seiner allgemeinen Ausrichtung dennoch eine Ausnahme beschlossen. Soweit die „Genehmigung vor der Eintragung […] für die ordnungsgemäße Kontrolle der Ausübung bestimmter Tätigkeiten gemäß dem nationalen

---

518 Bundesrechtsanwaltskammer, Stellungnahme Nr. 31/2014, S. 7; Bundesrat, Beschluss v. 11.07.2014, BR-Drucks. 165/14, Zweiter Beschluss, S. 7 Ziff. 15.

519 Bundesrat, Beschluss v. 11.07.2014, BR-Drucks. 165/14, Zweiter Beschluss, S. 7 Ziff. 15.

520 Vgl. *Lehmann*, in MüKoBGB, 6. Aufl. 2015, Internationales Finanzmarktrecht, Rn. 261.

521 Vgl. *Fischer*, in Boos/Fischer/Schulte-Mattler, Kreditwesengesetz, 4. Aufl. 2012, § 43 Rn. 1.

522 *Teichmann*, in Lutter/Koch, Societas Unius Personae (SUP), 2015, S. 42.

523 Ebenso *Teichmann*, in Lutter/Koch, Societas Unius Personae (SUP), 2015, S. 42.

Recht unabdingbar"[524] ist, darf die Eintragung der SUP von der vorherigen Genehmigung abhängig gemacht werden.

Diese Ausnahme ist jedoch problematisch. Denn auch wenn der Ausnahmecharakter in der Vorschrift zum Ausdruck kommt, lässt sie doch einen weiten Interpretationsspielraum zu. Sobald eine ordnungsgemäße Kontrolle nach dem nationalen Recht ohne Ausnahme nicht möglich wäre, darf der Mitgliedsstaat die Eintragung von einer Genehmigung abhängig machen. Da sich zudem die genehmigungsabhängigen Tätigkeiten nach dem nationalen Recht richten, wäre es allein den Mitgliedsstaaten überlassen, eine vorherige Genehmigungspflicht zu begründen. Die Vorschrift würde daher je nach Mitgliedsstaat unterschiedlich intensiv eingesetzt und daher den Eintragungsvorgang erheblich verkomplizieren.

Darüber hinaus könnten die Mitgliedsstaaten durch die Einforderung einer vorherigen Genehmigung die Online-Eintragung in einigen Bereichen indirekt umgehen. Denn für die erforderliche Genehmigung wäre es nach dem Wortlaut der Ausnahme möglich, dass der Gründer im Eintragungsstaat vorstellig wird. Hierdurch könnten sich Mitgliedsstaaten veranlasst sehen, die genehmigungspflichtigen Tätigkeiten auszubauen.

Folglich ist die Ausnahme des Rates abzulehnen. Die etwaige Genehmigungspflicht einer Tätigkeit kann, wie eben gezeigt, ebenso gut nach der Eintragung durchgesetzt werden. Daher ist es vorzuziehen, wenn die Mitgliedsstaaten die Eintragung nicht von einer vorherigen Genehmigung abhängig machen dürfen.

### 4. *Offenlegung im Handelsregister*

In Art. 14 Abs. 6 S. 2 SUP-RL wird die Offenlegung im nationalen Handelsregister geregelt. Demnach sind sowohl die Eintragung der SUP, jegliche übermittelten Unterlagen und später vorgenommene Änderungen im Handelsregister zu veröffentlichen.

Zu beachten ist zudem, dass Art. 4a Abs. 2 Publizitäts-RL auf diese Informationen Anwendung findet, so dass diese europaweit zugänglich gemacht werden sollen.[525] Der deutsche Gesetzgeber hat diese Richtlinienvorgabe mit § 9b HGB bereits umgesetzt. Daher ergeben sich in Bezug auf Handelsregisterveröffentlichungen keine Änderungen für das deutsche Recht durch die SUP-RL.

Der Übersichtlichkeit wäre es dienlich, wenn die Regelung des Art. 14 Abs. 6 S. 2 SUP-RL einen eigenen Absatz erhalten würde und dieser neben Art. 14

524 SUP-RLE-Rat, Dok. 8811/15, Art. 14a Abs. 3 S. 1.
525 Erwägungsgrund 14 SUP-RL.

Abs. 2 SUP-RL, welcher die konstitutive Wirkung der Handelsregistereintragung festlegt, verortet würde.

### *5. Wegfall der notariellen Beratungs- sowie Filterfunktion*

Neben dem Wegfall der herkömmlichen notariellen Identifizierung[526] wird häufig kritisiert, dass bei einer Online-Eintragung auch die notarielle Beratung[527] der Gründer entfällt.[528] Insbesondere soweit es sich um junge Unternehmer handelt, wäre die notarielle Beratung ein idealer Begleiter einer Unternehmensgründung.[529] Zusätzlich würde das Entfallen der „Vorfilterfunktion" des Notars bzgl. der eingereichten Unterlagen generell zu deutlich verlängerten Eintragungsverfahren und einer höheren Fehleranfälligkeit der Register führen.[530]

Dabei wird jedoch der Beratungsbedarf des Gründers wegen der geringen Komplexität einer SUP überschätzt.[531] Denn die SUP hat nur einen Gesellschafter, ein geringes Mindestkapital, welches als Bareinlage aufzubringen ist,[532] und wird per Mustersatzung gegründet.[533] Auch ist zu bedenken, dass die SUP vorrangig als Tochtergesellschaft für die KMU eingeführt wird. Die Gesellschafter der KMU haben allerdings bereits eine Gesellschaftsgründung hinter sich, was eine ausführliche Beratung unnötig macht.[534] Dennoch bestehende Unklarheiten lassen sich durch ein Studium der Mustersatzung in Verbindung mit den voraussichtlich erscheinenden Merkblättern beseitigen.[535]

Gegen eine vorherige verpflichtende notarielle Beratung spricht darüber hinaus, dass sich deren Nutzen bei einer Gründung mit einer Mustersatzung in Grenzen hält. So erläutert der Notar lediglich knapp die grundsätzlichen Eigenschaften der Rechtsform.[536] Eine Beratung in Hinsicht auf eventuelle

---

526 Vgl. E. X. a. 2.).

527 Zu diesem Zweck des § 2 Abs. 1 S. 1 GmbHG vgl. bereits unter C. II.

528 *Ries*, NZG 2014, 569; *Eickelberg*, NZG 2015, 81, 85; *Drygala*, EuZW 2014, 491, 493.

529 *Robbers*, notar 2015, 213.

530 *Eickelberg*, NZG 2015, 81, 82; *Ries*, in Lutter/Koch, Societas Unius Personae (SUP), 2015, S. 67; *Robbers*, notar 2015, 213.

531 *Beurskens*, GmbHR 2014, 738, 745; *Schoenemann*, EWS 2014, 241, 242; wohl auch *Teichmann*, in Lutter/Koch, Societas Unius Personae (SUP), 2015, S. 41.

532 Vgl. dazu unter E. XI. b. 3.) (1).

533 Vg. auch *Beurskens*, GmbHR 2014, 738, 745.

534 *Schoenemann*, EWS 2014, 241, 242.

535 *Beurskens*, GmbHR 2014, 738, 745.

536 *Beurskens*, GmbHR 2014, 738, 745; vgl. auch *Wachter*, in Römermann, Münchener Anwaltshandbuch GmbH-Recht, 3. Aufl. 2014, A. § 4 Rn. 52.

Anpassungen einzelner Bestimmungen entfällt dagegen, da die Mustersatzung nicht geändert werden darf. Wenn der Notar deshalb die Verwendung einer individuellen Satzung vorschlagen würde, entfiele dadurch die Möglichkeit der Online-Gründung. Denn die Online-Gründung einer SUP ohne Verwendung der Mustersatzung ist nicht möglich, vgl. Art. 14 Abs. 4 SUP-RL.[537] Dem Verwender der Mustersatzung geht es jedoch gerade um die Möglichkeit der einfachen und schnellen Online-Gründung. Es wäre daher nicht gerechtfertigt, ihn zu einer notariellen Beratung zu verpflichten, deren Empfehlungen er zum Zeitpunkt der Gründung ohnehin nicht berücksichtigen kann.

Wünscht sich ein Gründer gleichwohl eine vorherige notarielle Beratung, steht es ihm frei, eine solche zu ersuchen, da diese weiterhin möglich bleibt. Lediglich die Initiativlast für eine Beratung geht auf den Gründer über.[538] Aufgrund dessen, dass die notarielle Beratung dem Schutz des Gründers selbst dient, ist es gerechtfertigt, ihm diese Entscheidungslast zu übertragen.[539]

Soweit schließlich auf eine „Vorfilterfunktion" des Notars verwiesen wird, ist diese aufgrund der Verwendung einer Mustersatzung nur eingeschränkt erforderlich.[540] Denn der Gesellschaftsgründer hat nur die bestehenden Lücken des Mustertextes auszufüllen. Eigene Reglungen, welche unzulässig sein könnten, oder überflüssige Informationen kann er auf diese Weise nicht einbringen. Dies ermöglicht eine schnelle Bearbeitung durch das entsprechende Registergericht.[541] Ist dennoch eine erhöhte Fehleranfälligkeit der Registergerichte zu befürchten,[542] könnte behördenintern der Registerprüfung eine notarielle Prüfung vorgeschaltet werden.[543] Zu einer Verlängerung des Eintragungsverfahrens, über die Drei-Tages-Frist hinaus, darf der Wegfall der notariellen Vorprüfung jedenfalls nicht führen.[544] Bei Bedarf müssten daher mehr Registerrichter eingestellt werden.

---

537 Vgl. hierzu bereits unter E. X. a.

538 *Hommelhoff*, in Lutter/Koch, Societas Unius Personae (SUP), 2015, S. 80.

539 *Hommelhoff*, in Lutter/Koch, Societas Unius Personae (SUP), 2015, S. 80 f.

540 *Schoenemann*, EWS 2014, 241, 242; anders aber *Ries*, in Lutter/Koch, Societas Unius Personae (SUP), 2015, S. 67.

541 So auch *Beurskens*, GmbHR 2014, 738, 739.

542 So *Ries*, in Lutter/Koch, Societas Unius Personae (SUP), 2015, S. 67; *Robbers*, notar 2015, 213.

543 *Seibert*, GmbHR 2014, R209, R210; *Hommelhoff*, in Lutter/Koch, Societas Unius Personae (SUP), 2015, S. 82.

544 Vgl. zu dieser bereits E. X. a. 1.).

Demzufolge ist nach der hier vertretenen Auffassung weder die obligatorische notarielle Gründerberatung noch die notarielle „Vorfilterfunktion" bei der Online-Gründung der SUP zwingend erforderlich.[545]

Ebenso wie die Mustersatzung,[546] hat der Rat auch das europaweit einheitliche Eintragungsformular durch ein bereitzustellendes nationales Formular ersetzt.[547] Diese Änderung geht spürbar zulasten der Attraktivität einer SUP, da besonders durch die Einheitlichkeit dieses Formulars die grenzüberschreitende Gründung einer SUP erheblich vereinfacht wurde.[548] Ein erneutes Nachdenken hierüber ist somit wünschenswert. Zusätzlich hat der Rat die Drei-Tages-Frist auf akzeptable fünf Arbeitstage verlängert.[549]

## b. Weitere Eintragungsarten

Als weitere Eintragungsarten kommen eine Eintragung aufgrund eines Umwandlungsbeschlusses und eine weitere, durch den nationalen Gesetzgeber fakultativ gestaltbare Eintragung in Betracht.

### *1. Eintragung nach einer formwechselnden Umwandlung*

Nach Art. 9 Abs. 1 SUP-RL haben die Mitgliedsstaaten sicherzustellen, dass eine SUP auch durch eine Umwandlung gegründet werden kann. Daher muss ein dementsprechendes Eintragungsverfahren angeboten werden, selbst wenn die Umwandlung keine ausdrückliche Erwähnung in den Art. 13 und 14 SUP-RL findet.

Die Möglichkeit der Online-Eintragung müssen die Mitgliedsstaaten dabei jedoch nicht bereitstellen. Dies folgt aus Art. 14 Abs. 3 SUP-RL, welcher nur für die Neugründung einer SUP die Variante der Online-Eintragung zwingend vorsieht. Dass mit Neugründung damit nur die „ex nihilo" Gründung und nicht auch die Umwandlung gemeint ist, folgt aus Erwägungsgrund 16.[550] Denn dieser spricht nur in Bezug auf eine „ex nihilo" Gründung von einer Neugründung. Die Eintragung aufgrund einer Umwandlung in eine SUP richtet sich vielmehr nach

545 Ebenso *Hommelhoff*, in Lutter/Koch, Societas Unius Personae (SUP), 2015, S. 80 ff.

546 Vgl. unter E. IX. a.

547 Vgl. SUP-RLE-Rat, Dok. 8811/15, Art. 13 Abs. 2.

548 Vgl. zum Entfallen der Mustervorlage bereits unter E. IX. a.; *Teichmann/Fröhlich*, Working Paper 11/2015, S. 15.

549 Vgl. SUP-RLE-Rat, Dok. 8811/15, Art. 14 Abs. 3 Unterabs. 2.

550 Vgl. *DAV*, NZG 2014, 1372, 1376 Rz. 44.

dem nationalen Recht der Mitgliedsstaaten.[551] Es steht diesen daher jedoch frei, eine nationale Online-Eintragung für diesen Fall vorzusehen.

Aus der Tatsache, dass die Mitgliedsstaaten keine Online-Eintragung zur Verfügung stellen müssen, folgt auch, dass die Verwendung der Mustersatzung nach Art. 11 Abs. 3 SUP-RL nicht zwingend ist. Für die Umwandlung hat der Gründer folglich die Wahl zwischen einer individuellen Satzung, soweit vom Mitgliedsstaat zugelassen, und der Mustersatzung.[552]

Das nationale Eintragungsverfahren hat dabei lediglich die allgemeinen Eintragungsvorschriften der Art. 13 und 14 SUP-RL zu beachten.[553] In Ermangelung einer expliziten Erwähnung der Umwandlung bei den betreffenden Vorschriften ist jedoch zu untersuchen, welche der Eintragungsvorschriften auch auf diese Gründungsart anzuwenden sind.

### *(1) Anwendbarkeit des Art. 13 SUP-RL*

Zunächst lässt sich der eindeutigen und allgemeinen Formulierung des Art. 13 Abs. 1 SUP-RL über die Eintragungsinformationen entnehmen, dass er für jedwede Eintragungsart einer SUP gelten soll.[554] Dementsprechend sind die dort abschließend aufgezählten Informationen[555] auch bei einer Gründung durch Umwandlung zu berücksichtigen.

Unterschiedliche Ansichten gibt es dagegen in Bezug auf das Eintragungsformular gem. Art. 13 Abs. 2 S. 1 SUP-RL. Zum Teil wird angenommen, dieses sei nur bei der Online-Gründung einer SUP zu verwenden.[556] Bei den weiteren Eintragungsverfahren stünde es den Mitgliedsstaaten daher frei, individuelle Anforderungen anhand der Vorgaben des Art. 13 Abs. 1 SUP-RL zu stellen. Diese Interpretation scheint darauf zu beruhen, dass die Eintragungsvorlage in Art. 14 Abs. 4 S. 2 lit. [b] SUP-RL ausdrücklich als Voraussetzung der Online-Eintragung genannt wird.[557]

---

551 Vgl. Erwägungsgrund 11 SUP-RL.

552 Vgl. hierzu E. IX. b.

553 S. *Jung*, GmbHR 2014, 579, 586.

554 *Teichmann*, in Lutter/Koch, Societas Unius Personae (SUP), 2015, S. 42; *S. Jung*, GmbHR 2014, 579, 586; *DAV*, NZG 2014, 1372, 1377 Rz. 46.

555 Vgl. E. X. a.

556 Vgl. *S. Jung*, GmbHR 2014, 579, 586; *DAV*, NZG 2014, 1372, 1377 Rz. 46; *Kalss/Klampfl*, in Dauses EU-Wirtschaftsrecht, 38. EL September 2015, E. III. 7. a) cc) eee) Rn. 489.

557 So *DAV*, NZG 2014, 1372, 1377 Rz. 46; *Kalss/Klampfl*, in Dauses EU-Wirtschaftsrecht, 38. EL September 2015, E. III. 7. a) cc) eee) Rn. 489.

Dieser Ansicht ist jedoch entgegen zu halten, dass der Wortlaut des Art. 13 Abs. 2 S. 1 SUP-RL eine solche Interpretation nicht zulässt. Danach legt die Kommission „eine Vorlage fest, die für die Eintragung von SUP in die Handelsregister der Mitgliedsstaaten im Einklang mit Absatz 1 zu verwenden ist“[558]. Der allgemeine Wortlaut spricht dafür, dass die Eintragungsvorlage bei jeder Eintragungsart zu verwenden ist. Dieses Verständnis wird zudem durch Erwägungsgrund 15 gestützt. Nach diesem sollten, im Interesse eines hohen Maßes an Einheitlichkeit und Online-Zugänglichkeit, die zur Eintragung verwendeten Unterlagen auf einer einheitlichen Vorlage beruhen.[559] Der wiederum neutrale Wortlaut spricht abermals für eine Anwendung auf alle Eintragungsarten. Schließlich findet sich unter den zulässigen Eintragungsinformationen auch der Umwandlungsbeschluss der Ausgangsgesellschaft, vgl. Art. 13 Abs. 1 lit. [h] SUP-RL. Gemäß Art. 13 Abs. 2 S. 1 SUP-RL wird die zur Verfügung gestellte Eintragungsvorlage der Kommission damit auch einen gegebenenfalls gefassten Umwandlungsbeschluss[560] behandeln.[561] Wenn aber in der Eintragungsvorlage Informationen über einen solchen gegebenenfalls gefassten Umwandlungsbeschluss angegeben werden können, so soll diese eindeutig auch für eine Eintragung aufgrund einer Umwandlung verwendet werden können.

Nach hier vertretener Ansicht ist daher auch bei einer Umwandlung die Eintragungsvorlage gem. Art. 13 Abs. 2 S. 1 SUP-RL zu benutzen[562] Im Sinne von möglichst umfassenden und einheitlichen Informationen in allen nationalen Handelsregistern ist dies zu begrüßen.

### *(2) Anwendbarkeit des Art. 14 SUP-RL*

Des Weiteren ist zu prüfen, welche Vorschriften des Art. 14 SUP-RL auf eine Eintragung nach einer Umwandlung in eine SUP anzuwenden sind.

---

558 Art. 13 Abs. 2 S. 1 SUP-RL; Englischer Wortlaut: „The Commission shall establish [...] a template to be used for the registration of SUPs in the registers of companies of the Member States in accordance with paragraph 1.“

559 Erwägungsgrund 15 SUP-RL.

560 Zu beachten ist, dass es sich hierbei nur um Informationen hinsichtlich des gefassten Umwandlungsbeschlusses handelt. Die Anforderungen an den zu fassenden Umwandlungsbeschluss ergeben sich dagegen aus dem jeweiligen nationalen Recht, vgl. E. VII. b. 2.) (1).

561 Vgl. zur Eintragungsvorlage unter E. X. a.

562 Im Ergebnis ebenso: *J. Schmidt*, in Lutter/Koch, Societas Unius Personae (SUP), 2015, S. 2; *Teichmann*, NJW 2014, 3561, 3563.

Zunächst sind Art. 14 Abs. 1 und 2 SUP-RL aufgrund ihrer allgemeinen Formulierung auf jegliche Eintragungsverfahren einer SUP anzuwenden.[563] Da die beiden Absätze mit dem Eintragungsmitgliedstaat und der konstitutiven Wirkung der Eintragung grundsätzliche Eigenschaften einer SUP regeln, ist dies konsequent.

Art. 14 Abs. 3 SUP-RL schreibt den Mitgliedsstaaten einzig die Schaffung der Online-Eintragung vor. Weitere Aussagen trifft dieser nicht, so dass er keine Auswirkungen auf die weiteren Eintragungsarten hat.

Etwas schwieriger gestaltet sich dagegen die Anwendbarkeit der übrigen Absätze des Art. 14 SUP-RL. So enthält Art. 14 Abs. 4 SUP-RL neben eindeutigen Regelungen für die Online-Eintragung, Satz 1 und 2, auch Vorschriften, welche auf jegliche Eintragungsverfahren anzuwenden sein könnten. Denn bei der auszustellenden Eintragungsbescheinigung, Satz 3, und bei der Drei-Tages-Frist, Satz 4, ergibt sich nicht direkt aus dem Wortlaut, für welches Verfahren sie Geltung beanspruchen sollen.[564] Aus der systematischen Stellung der beiden Regelungen im Anschluss an die Vorschriften zur Online-Eintragung in Art. 14 Abs. 4 S. 1 und 2 SUP-RL ergibt sich jedoch klar, dass sich diese Vorschriften ebenfalls nur auf die Online-Eintragung beziehen.[565] Diese Sichtweise wird darüber hinaus auch von der Kommission vertreten, da jene die Drei-Tages-Frist nur im Zusammenhang mit der elektronischen Eintragung sieht.[566] Erwägungsgrund 16 hat insofern nur erläuternde Bedeutung, wenn er die Anwendung der Drei-Tages-Frist mit der Begründung ablehnt, eine Umwandlung nehme „naturgemäß mehr Zeit in Anspruch"[567].[568]

Damit findet Art. 14 Abs. 4 SUP-RL auf ein Eintragungsverfahren nach einer Umwandlung in eine SUP keine Anwendung. Folglich ist von der Kommission auch keine Frist für ein derartiges Verfahren vorgegeben.

Dagegen könnte Art. 14 Abs. 5 SUP-RL jedoch Anwendung auf ein derartiges Eintragungsverfahren finden.

---

563 Vgl. auch *S. Jung*, GmbHR 2014, 579, 586 f.; vgl. dazu auch bereits unter E. X.

564 Weshalb *S. Jung*, GmbHR 2014, 579, 587 annimmt, zumindest die Bescheinigung wäre auf alle Verfahren anwendbar.

565 Im Ergebnis ebenso: *Hommelhoff*, in Lutter/Koch, Societas Unius Personae (SUP), 2015, S. 69; *Teichmann*, in Lutter/Koch, Societas Unius Personae (SUP), 2015, S. 43; *J. Schmidt*, in Lutter/Koch, Societas Unius Personae (SUP), 2015, S. 2; *Beurskens*, GmbHR 2014, 738, 739; *Drygala*, EuZW 2014, 491, 493.

566 Vgl. Begründung der Kommission zur Eintragung, COM (214) 212 final, S. 8.

567 Erwägungsgrund 16 SUP-RL.

568 Anders aber *S. Jung*, GmbHR 2014, 579, 587.

Zwar richtet sich die Eintragung aufgrund einer Umwandlung nach dem nationalen Recht,[569] so dass eine Identitätsfeststellung auch ohne den Art. 14 Abs. 5 Unterabs. 1 S. 1 SUP-RL vorgesehen werden kann und daher die Relevanz der Anwendbarkeit bezweifelt werden könnte. Für die ebenfalls geregelte Anerkennungspflicht von Ausweisen anderer Mitgliedsstaaten, Art. 14 Abs. 5 Unterabs. 1 S. 2 SUP-RL, ist die Anwendbarkeit jedoch entscheidend.

Dabei spricht für eine generelle Anwendung des Art. 14 Abs. 5 SUP-RL zunächst der neutrale Wortlaut der Vorschrift. Denn anders als in Erwägungsgrund 18 der Richtlinie, welcher sich ebenfalls mit der Möglichkeit eines Identifizierungsverfahrens beschäftigt, fehlt hier ein Bezug auf das elektronische Eintragungsverfahren. Darüber hinaus würde eine Nichtanwendbarkeit zu dem fragwürdigen Ergebnis führen, dass Ausweise anderer Mitgliedsstaaten nur im Falle der Online-Eintragung zu Identifizierungszwecken anerkannt werden müssen, vgl. Art. 14 Abs. 5 Unterabs. 1 S. 2 SUP-RL. Ein Grund für eine derartige Differenzierung gegenüber den anderen Eintragungsverfahren ist jedoch nicht auszumachen. Schließlich ist auch die Vorschrift der Anerkennungspflicht sprachlich allgemein formuliert worden, so dass angenommen werden kann, sie soll auf alle Eintragungsverfahren angewendet werden.

Daher findet Art. 14 Abs. 5 SUP-RL auf alle Eintragungsarten und folglich auch auf die Eintragung nach einer Umwandlung Anwendung.[570] Die Mitgliedsstaaten haben folglich, soweit sie Vorschriften zur Identitätsüberprüfung erlassen, auch Ausweise anderer Mitgliedsstaaten zu diesem Zweck anzuerkennen. Zu beachten ist darüber hinaus, dass im Gegensatz zur Online-Eintragung die Überprüfung nicht elektronisch erfolgen können muss. Dadurch kann in einem solchen Fall auch die herkömmliche notarielle Mitwirkung zum Einsatz kommen.[571]

Wünschenswert wäre es allerdings, dass ebenso wie bei der Möglichkeit der Online-Eintragung eine Identifizierung des Gründers bzw. der die SUP anmeldenden Person durch die Mitgliedsstaaten verpflichtend vorgeschrieben wird.[572]

Abschließend stellt sich die Frage der Anwendbarkeit des Art. 14 Abs. 6 SUP-RL.

---

569 Vgl. E. X. b. 1.).

570 *Kalss/Klampfl*, in Dauses EU-Wirtschaftsrecht, 38. EL September 2015, E. III. 7. a) cc) eee) Rn. 490; *Beurskens*, GmbHR 2014, 738, 745; *S. Jung*, GmbHR 2014, 579, 587.

571 *Kalss/Klampfl*, in Dauses EU-Wirtschaftsrecht, 38. EL September 2015, E. III. 7. a) cc) eee) Rn. 490; *S. Jung*, GmbHR 2014, 579, 587.

572 Vgl. dazu bereits unter E. X. a. 2.) (4).

Auch bei diesem ist der Wortlaut allgemeingültig formuliert. Zudem enthält Art. 14 Abs. 6 S. 2 SUP-RL mit der Verpflichtung, die Eintragung und alle während dieses Vorgangs eingereichten Dokumente sowie später hieran vorgenommen Änderungen im nationalen Handelsregister offenzulegen, eine Regelung, welche ihren Zweck nur erfüllt, soweit sie auf alle Eintragungsvorgänge anzuwenden ist. Denn die Anzahl und Aktualität der im Handelsregister einsehbaren Gesellschaftsdokumente kann nicht vom gewählten Eintragungsvorgang abhängen.

Folglich findet auch Art. 14 Abs. 6 SUP-RL auf jegliche Eintragungsart Anwendung.[573]

Die Anwendbarkeit des Art. 14 Abs. 6 S. 1 SUP-RL führt dazu, dass auch die Eintragung aufgrund einer Umwandlung in eine SUP nicht von einer vorherigen Genehmigung oder Lizenz abhängig gemacht werden darf. Zudem muss der Eintragungsstaat alle während des Eintragungsvorganges erhaltenen Informationen und spätere Änderungen hieran unverzüglich im nationalen Handelsregister veröffentlichen.

Zusammengefasst hat der nationale Gesetzgeber damit bei der Gestaltung der Eintragung aufgrund einer Umwandlung, neben der Verwendung der Eintragungsvorlage, Art. 13 Abs. 2 S. 1 SUP-RL, alle Vorgaben des Art. 14 SUP-RL, mit Ausnahme der Absätze 3 und 4, zu berücksichtigen.

### 2. *Individuell gestaltbare Eintragung*

Neben der Online-Eintragung und der Eintragung nach einer Umwandlung steht es dem nationalen Gesetzgeber frei, ein weiteres, nationales Eintragungsverfahren für die SUP anzubieten. Dies folgt aus Erwägungsgrund 19 der Richtlinie, welcher den Mitgliedsstaaten gestattet, neben der Online-Eintragung eine nationale Eintragungsform vorzusehen.[574]

Bezüglich der konkreten Ausgestaltung werden den nationalen Gesetzgebern dabei keine Vorgaben gemacht. Es sind lediglich wiederum die allgemeinen Eintragungsvorschriften der Art. 13 und 14 SUP-RL zu beachten.

Demzufolge haben die Mitgliedsstaaten auch bei einem solchen Verfahren zunächst die abschließenden Eintragungsinformationen des Art. 13 Abs. 1

573 Im Ergebnis ebenso: *J. Schmidt*, in Lutter/Koch, Societas Unius Personae (SUP), 2015, S. 3; *Teichmann*, in Lutter/Koch, Societas Unius Personae (SUP), 2015, S. 42.

574 *Beurskens*, GmbHR 2014, 738, 739; *Hommelhoff*, in Lutter/Koch, Societas Unius Personae (SUP), 2015, S. 70; *S. Jung*, GmbHR 2014, 579, 586.

SUP-RL zu berücksichtigen. Da diese auf alle Eintragungen Anwendung finden,[575] darf auch eine fakultativ gestaltbare Eintragung nicht darüber hinausgehen.

Fraglich ist aber, ob auch das Musterformular des Art. 13 Abs. 2 S. 1 SUP-RL zu verwenden ist. Neben dem eindeutigen Wortlaut, der bereits Gegenstand der entsprechenden Untersuchung bei einer Eintragung aufgrund einer Umwandlung war,[576] spricht zudem ein Vergleich mit der Mustersatzung für eine grundsätzliche Anwendbarkeit der Vorlage. Denn bei der Mustersatzung wird in Art. 11 SUP-RL keine allgemeine Anwendung vorgeschrieben. Entsprechend stellt auch Erwägungsgrund 19 der Richtlinie fest, dass die Verwendung der Mustersatzung nur im Falle der Online-Eintragung vorgeschrieben sein muss. Wäre bei der Eintragungsvorlage aus Art. 13 Abs. 2 S. 1 SUP-RL keine allgemeine Anwendbarkeit gewollt gewesen, hätte es ebenfalls einer dementsprechenden Klarstellung bedurft. Dies umso mehr, als dass in Art. 13 Abs. 2 S. 1 SUP-RL durch den Wortlaut gerade eine allgemeine Anwendbarkeit vorgeschrieben wird.

Folglich ist die Eintragungsvorlage des Art. 13 Abs. 2 S. 1 SUP-RL auf sämtliche Eintragungsarten anzuwenden, so dass es auch bei einem nationalen Verfahren zu verwenden ist.

Für die Eintragungsvorschriften des Art. 14 SUP-RL wurde die Anwendbarkeit auf die weiteren Eintragungsverfahren bereits untersucht.[577] Mit Ausnahme der Vorschriften für die Online-Eintragung, Art. 14 Abs. 3 und 4 SUP-RL, sind die Absätze des Art. 14 SUP-RL daher auf ein nationales Eintragungsverfahren anzuwenden.

Teilweise wird behauptet, die Mitgliedsstaaten könnten ebenso wie bei der Online-Eintragung auch bei einem national gestaltbaren Eintragungsverfahren keine notarielle Mitwirkung bei der Gründung vorsehen.[578]

Dieser Ansicht kann jedoch nicht zugestimmt werden. Denn nach Erwägungsgrund 19 richtet sich das nationale Eintragungsverfahren ausdrücklich nach dem nationalen Recht. Soweit die allgemeinen Vorschriften der Art. 13 und 14 SUP-RL bei diesem Verfahren anzuwenden sind, steht keine von diesen einer herkömmlichen notariellen Beurkundung entgegen. Nach Art. 14 Abs. 5 S. 1 SUP-RL wird eine Prüfung der Identität und der Unterlagen sogar ausdrücklich gestattet. Lediglich mit Bezug auf die Online-Eintragung stellt Erwägungsgrund 18 klar, dass im Falle der elektronischen Eintragung das gesamte Eintragungsverfahren trotz Überprüfung online abgewickelt werden können muss. Auf die

575 Vgl. hierzu E. X. b. 1.) (1).

576 Vgl. E. X. b. 1.) (1).

577 Vgl. E. X. b. 1.) (2).

578 *Drygala*, EuZW 2014, 491, 494.

weiteren Verfahren nach nationalem Recht findet diese Voraussetzung aber keine Anwendung, wie sich aus dem Kontext der Erwägungsgründe 18 und 19 ergibt. Daher braucht bei einem solchen Verfahren die Überprüfung sowohl der Identität als auch der eingereichten Unterlagen nicht elektronisch zu erfolgen. Schließlich ist diese Interpretation auch von der Kommission gewollt, da diese auf dem Standpunkt steht, dass eine notarielle Beurkundung im nationalen Eintragungsverfahren mit den Richtlinienvorschriften zu vereinbaren ist.[579]

Daher können die Mitgliedsstaaten bei der individuell gestaltbaren Eintragung der SUP auch eine notarielle Beurkundung der Unterlagen sowie eine Identitätsprüfung der Gründer zwingend vorsehen.[580]

Soweit die Mitgliedsstaaten ein dementsprechendes individuelles Eintragungsverfahren anbieten, haben die Gesellschaftsgründer wiederum die Wahl, ob sie zur Gründung die Mustersatzung der Kommission oder lieber eine individuelle Satzung verwenden möchten.[581]

Gerade um den Gründern einer SUP daher die Wahl zwischen den beiden Satzungsarten zu lassen, ist es wünschenswert, dass die nationalen Gesetzgeber eine solche individuelle Eintragungsart anbieten. Auf diese Weise ersparen sich diejenigen Gründer, welche von vorneherein individuelle Regelungen in ihrer Satzung benötigen, eine kostenaufwendige Satzungsänderung. Daneben ist das Bereitstellen einer individuellen Eintragungsmöglichkeit auch unerlässlich, um den Gründern die Gesellschaftsgründung mit Sacheinlagen anbieten zu können.[582]

### c. Zwischenresümee zur Eintragung

Die Einführung einer einheitlichen elektronischen Eintragungsmöglichkeit ist weitgehend positiv zu bewerten. Insbesondere durch die vorgegebene Eintragungsfrist sowie das dazugehörige Eintragungsformular soll diese Eintragungsvariante für die KMU sehr attraktiv ausgestaltet werden. Eine sichere Identifizierung des Gründers ist weiterhin möglich, muss jedoch ebenfalls elektronisch ausgestaltet werden. Schließlich ist auch die Zulässigkeit der weiteren Eintragungsarten einer SUP zu befürworten.

---

579 Vgl. Erwiderungsschreiben der EU-Kommission vom 25.09.2014, C (2014) 6855 final, S. 3; *Hommelhoff*, in Lutter/Koch, Societas Unius Personae (SUP), 2015, S. 70.

580 Ebenso; *Hommelhoff*, in Lutter/Koch, Societas Unius Personae (SUP), 2015, S. 70; *Beurskens*, GmbHR 2014, 738, 739.

581 Vgl. bereits unter E. IX. b.

582 Vgl. dazu sogleich unter E. XI. b. 3.) (2).

Um jedoch den Missbrauch mit einer SUP zu erschweren, sollte eine Identifizierung der beteiligten Personen den Mitgliedsstaaten verpflichtend aufgegeben werden.

## XI. Die Kapitalverfassung

Die Kapitalvorschriften für die SUP sind in den Artikeln 15–20 der Richtlinie zu finden.

### a. Gesellschaftsanteil

Nach Art. 15 Abs. 1 SUP-RL darf eine SUP nicht mehr als einen Gesellschaftsanteil ausgeben, welcher zudem auch nicht aufgeteilt werden darf. Dieser eine Anteil darf von der SUP weder selbst erworben werden noch in ihrem Eigentum stehen, Art. 15 Abs. 2 SUP-RL. Auch ein indirekter Erwerb bzw. eine indirekte Beteiligung sind nach der Richtlinie untersagt. Dies kann in der Praxis allerdings zu Schwierigkeiten führen. Beispielsweise wenn eine Tochtergesellschaft Anteile an der Muttergesellschaft, welche die Rechtsform einer SUP innehat, übernehmen möchte oder aber zwei SUP schlicht eine gegenseitige Beteiligung vereinbaren möchten. Wegen des Verbotes, eigene Anteile indirekt zu halten, würde dies in beiden Fällen zu einer zwangsweisen Umwandlung der SUP in eine andere Rechtsform führen, Art. 25 SUP-RL.[583] Aus Praktikabilitätsgründen sollte daher bei indirekten Beteiligungen eine Ausnahme für geringe Prozentsätze, wie etwa 15 oder 20 Prozent, gemacht werden.[584]

Nach Art. 15 Abs. 3 S. 1 SUP-RL können es die Mitgliedsstaaten gestatten, dass der einzige Anteil der SUP mehreren Personen zusteht. Die Berechtigten gelten jedoch in Verhältnis zur SUP als ein einziger Gesellschafter und haben ihre Rechte über einen Vertreter auszuüben, Art. 15 Abs. 3 S. 2 SUP-RL. Bis zur Nennung dieses gemeinsamen Vertreters an den Geschäftsführer ruhen die Gesellschafterrechte, Art. 15 Abs. 3 S. 3 SUP-RL. Dadurch wird die Möglichkeit eines Verzichts auf das Vertretererfordernis vermieden. Für Verbindlichkeiten, welche der Vertreter eingeht, haften die Anteilsberechtigten gesamtschuldnerisch, Art. 15 Abs. 3 S. 4 SUP-RL. Das deutsche GmbH-Recht kennt die Mitberechtigung an einem

583 *DAV*, NZG 2014, 1372, 1377 Rz. 50; näher dazu unter E. XIV.

584 *DAV*, NZG 2014, 1372, 1377 Rz. 50.

Gesellschaftsanteil in § 18 GmbHG. Folglich wird der einzige Gesellschaftsanteil einer SUP in Deutschland mehreren Personen zustehen können.[585]

Diese Möglichkeit der Mitberechtigung an dem einzigen Gesellschaftsanteil erlaubt insbesondere im Falle der Umwandlung einer Mehrpersonengesellschaft in eine SUP nach Art. 9 Abs. 1 SUP-RL oder eines Erbfalls mit mehreren Erben praktikable Lösungen.[586] Darüber hinaus ist hierdurch eine Mehrpersonengesellschaft denkbar, welche das Innenverhältnis durch eine schuldrechtliche Abrede zwischen den Beteiligten regelt.[587] In der Praxis dürfte jedoch in einem solchen Fall die Gründung einer KG, welche sodann als Gesellschafterin der SUP dient, näherliegen.[588]

## b. Kapitalaufbringung

Das Mindeststammkapital und Vorschriften über die Kapitalaufbringung werden in Art. 16 und 17 SUP-RL behandelt.

### *1. Mindeststammkapital*

Das Stammkapital einer SUP muss mindestens einen Euro betragen.[589] In Unionsstaaten außerhalb der Euro-Zone soll als Äquivalent eine Einheit der jeweiligen Landeswährung herangezogen werden.[590] Den Mitgliedsstaaten ist es dabei nicht gestattet, ein höheres Mindeststammkapital zu verlangen.[591] Ein Maximalwert hinsichtlich des Stammkapitals ist ebenfalls nicht zulässig, vgl. Art. 16 Abs. 3 SUP-RL. Der Gesellschafter kann somit in der Satzung ein beliebig hohes Stammkapital festlegen, um die SUP als Schuldnerin attraktiv für Gläubiger zu machen.

Anders als in der UG (haftungsbeschränkt)[592] gestattet die Richtlinie auch keine Thesaurierungspflicht durch die Mitgliedsstaaten, Art. 16 Abs. 4 S. 1 SUP-RL. Gleichzeitig ist es dem Gesellschafter aber unbenommen, freiwillig Rücklagen zu

---

585 Ebenso *Grunewald*, in FS Müller-Graff, 2015, 290, 291; *Lanfermann/Maul*, BB 2014, 1283, 1292; *Omlor*, NZG 2015, 665, 668; *Ders.*, GPR 2015, 158, 159.

586 *Grunewald*, in FS Müller-Graff, 2015, 290, 292; *Omlor*, NZG 2015, 665, 668; *Ders.*, GPR 2015, 158, 159; *Beurskens*, GmbHR 2014, 738, 743; *S. Jung*, GmbHR 2014, 579, 587.

587 *Grunewald*, in FS Müller-Graff, 2015, 290, 292; *Schoenemann*, EWS 2014, 241, 246; *DAV*, NZG 2014, 1372, 1377 Rz. 51.

588 Vgl. zu dieser Möglichkeit bereits unter E. VII. a.

589 Art. 16 Abs. 1 S. 1 SUP-RL.

590 Art. 16 Abs. 1 S. 2 SUP-RL.

591 *DAV*, NZG 2014, 1372, 1378 Rz. 55; *S. Jung*, GmbHR 2014, 579, 587.

592 Vgl. § 5a Abs. 3 GmbHG.

bilden, Art. 16 Abs. 4 S. 2 SUP-RL. Auch hierdurch soll eine unattraktive Umsetzung der SUP-RL durch die Mitgliedsstaaten, etwa in Form der Unzulässigkeit statutarischer Rücklagen, unterbunden werden.

Eine SUP kann folglich praktisch ohne Kapital gegründet und auch betrieben werden. Problematisch ist, ob dies dem notwendigen Gläubigerschutz gerecht wird.[593] Teilweise wird hierfür ein deutlich höheres Mindeststammkapital bei der Gründung einer SUP gefordert.[594] Hiergegen spricht jedoch zunächst, dass sich dies aufgrund des unterschiedlichen Bruttoinlandsprodukts in den Mitgliedsstaaten unterschiedlich auswirken würde.[595] Ein einheitliches Mindeststammkapital würde daher zu unterschiedlich hohen Hürden für Gründer, abhängig vom Mitgliedsstaat führen. Würde den Mitgliedsstaaten dagegen eine individuelle Festlegung freigestellt, so würde die Einheitlichkeit der SUP hierfür aufgegeben. Ziel des Vorschlags ist jedoch, dass in allen Mitgliedsstaaten dieselben Vorschriften bzgl. der SUP gelten.[596] Eine Möglichkeit, nach der das Mindeststammkapital individuell durch die Mitgliedsstaaten festgelegt werden kann, ist deshalb abzulehnen.

Im Übrigen stellen auch 8.000 EUR, wie bei der SPE[597] als Kompromiss vorgeschlagen, keinen effektiven Gläubigerschutz dar. Denn zum einen besagt das Stammkapitalerfordernis nicht, dass die aufgebrachte Summe zu einem späteren Zeitpunkt noch in der Gesellschaft vorhanden ist.[598] Daher lassen sich beispielsweise Finanzinstitute zumeist weitere Sicherheiten von den Unternehmen bestellen.[599] Zum anderen wären auch 8.000 EUR nur eine symbolische Summe, ohne wirklichen Gläubigerschutz.[600] So sind Verpflichtungen über diese geringe Höhe schnell eingegangen. Höher wird man das Kapitalerfordernis jedoch auch nicht festlegen können, möchte man die SUP für die KMU attraktiv ausgestalten.[601]

---

593 Kritisch hierzu Bundesrat, Beschluss v. 11.07.2014, BR-Drucks. 165/14, Zweiter Beschluss, S. 7 Ziff. 16; *Ries*, NZG 2014, 569, 570.

594 *Ries*, NZG 2014, 569, 570.

595 *J. Schmidt*, in Lutter/Koch, Societas Unius Personae (SUP), 2015, S. 8; *Beurskens*, GmbHR 2014, 738, 742.

596 COM(2014) 212 final, S. 3.

597 *Hennrichs*, NZG 2009, 921, 925; Änderungsvorschlag 33 des EU-Parlaments zum SPE-Verordnungsentwurf.

598 *Grunewald*, Gesellschaftsrecht, 9. Aufl. 2013, § 13 Rn. 8; *Grunewald/Noack*, GmbHR 2005, 189.

599 Vgl. *Renner/Hesselbarth*, JuS 2014, 11, 12.

600 *J. Schmidt*, in Lutter/Koch, Societas Unius Personae (SUP), 2015, S. 8; *Beurskens*, GmbHR 2014, 738, 742.

601 Was gerade das Ziel des Richtlinienvorschlags ist, vgl. COM(2014) 212 final, S. 3.

Denn gerade kleine Unternehmen könnten durch ein zu hohes Kapitalerfordernis von der Gründung einer SUP absehen.[602] Gestützt wird diese Annahme durch den erfolgreichen Start der UG (haftungsbeschränkt) in Deutschland.[603] Über einhunderttausend Gesellschaften existieren bereits von dieser Rechtsformvariante der GmbH, welche erst im November 2008 eingeführt wurde.[604] Hauptmerkmal der UG (haftungsbeschränkt) ist dabei, dass sie bereits mit einem minimalen Stammkapital von nur einem Euro gegründet werden kann, vgl. § 5a Abs. 1 GmbHG.[605] Zwar greift nach Gründung ein Thesaurierungsgebot, vgl. § 5a Abs. 3 GmbHG, hierfür muss die Gesellschaft jedoch erst einmal Gewinne schreiben.[606] Mit Bezug auf die UG (haftungsbeschränkt) ist daher generell fraglich, mit welchen Argumenten Deutschland für ein höheres Mindeststammkapital bei der SUP eintreten sollte, wenn es doch selbst Gesellschaften mit einem Euro zulässt.

Schließlich ist die Bedeutung des Mindeststammkapitals für den Gläubigerschutz nicht unumstritten.[607] Denn es ist zu bezweifeln, dass es ein Mindeststammkapital geben kann, welches für alle Gesellschaften, gleichgültig welches Risiko diese eingehen, berechtigt ist.[608] Das Stammkapital einer Gesellschaft muss vielmehr auf ihre Größe und das spezifische Tätigkeitsfeld zugeschnitten sein. Diesem Ansatz folgt auch der Vorschlag der Kommission, indem er Gesellschaften ein individuelles Stammkapital festlegen lässt, jene das Stammkapital aber im Rechtsverkehr angeben müssen.[609] Die Gläubiger einer SUP haben es damit in der Hand zu entscheiden, welche Stammkapitalziffer ihnen für welche Gesellschaftstätigkeit ausreicht. Einem Seriositätsindikator wird eine solche sofort erkennbare Stammkapitalziffer viel eher gerecht als ein festes Mindestkapital.[610]

---

602 *Grunewald/Noack*, GmbHR 2005, 189, 190; *Eidenmüller/Grunewald/Noack*, in ZGR-Sonderheft 17 (2006), 17, 28; *J. Schmidt*, in Lutter/Koch, Societas Unius Personae (SUP), 2015, S. 8; *Conac*, ECFR 2015, 139, 149.

603 Vgl. bereits unter C. II.

604 Vgl. unter C. II.

605 *Wachter*, in Römermann, Münchener Anwaltshandbuch GmbH-Recht, 3. Aufl. 2014, A. § 4 Rn. 1.

606 *H.-F. Müller*, ZGR 2012, 81, 102; *Grunewald*, Gesellschaftsrecht, 9. Aufl. 2013, § 13 Rn. 126.

607 *Eidenmüller/Grunewald/Noack*, ZGR-Sonderheft 17 (2006), 17, 19 ff.; *Grunewald/Noack*, GmbHR 2005, 189; *Conac*, ECFR 2015, 139, 169; *Hansen*, ECFR 2015, 177, 182 ff.

608 *Merkt*, ZGR 2004, 305, 317; *Grunewald/Noack*, GmbHR 2005, 189, 190; *Conac*, ECFR 2015, 139, 149; *Hansen*, ECFR 2015, 177, 185.

609 Vgl. dazu sogleich unter E. XI. b. 2.).

610 Zur eingeschränkten Tauglichkeit eines festen Mindeststammkapitals als Seriositätsindikator *Grunewald/Noack*, GmbHR 2005, 189, 190.

Wichtiger als ein hohes Mindeststammkapital ist für einen umfassenden Gläubigerschutz vielmehr die effektive Regulierung der Ausschüttungen an den Gesellschafter.[611] Denn dadurch werden die finanziellen Abflüsse aus der Gesellschaft zugunsten der Gläubiger kontrolliert. Dementsprechend werden Ausschüttungen zugunsten des Gesellschafters auch in der SUP-RL geregelt.[612]

Wird der Gläubigerschutz folglich auf andere Weise gewährleistet, kann dieser nicht gegen ein Mindeststammkapital von nur einem Euro eingewandt werden.[613] Gegen ein Mindeststammkapital von einem Euro ist daher nichts einzuwenden.

Soweit die Kommission ein Mindeststammkapital von einem Euro als ausreichend ansieht, ist es konsequent, den Mitgliedsstaaten die Möglichkeit einer Thesaurierungspflicht zu untersagen.[614] Denn andernfalls könnten diese durch eine hohe Schwelle, bis zu der die Pflicht gilt, indirekt ein höheres Mindeststammkapital vorschreiben.[615] Darüber hinaus würde eine mögliche Thesaurierungspflicht, welche nur in einigen Mitgliedsstaaten umgesetzt würde, wiederum die gewünschte Einheitlichkeit[616] der SUP unterlaufen. Eine durch die Richtlinie festgelegte Thesaurierungspflicht hätte dagegen wiederum, abhängig von der Wirtschaftskraft des Standortes, unterschiedliche Auswirkungen. Da Ausschüttungen zudem reguliert werden, verbleibt der Rest des Kapitals zwangsläufig in der Gesellschaft. Eine Thesaurierungspflicht wäre daher für die Rechtsform der SUP nicht zu begrüßen und ist im Übrigen für einen Gläubigerschutz auch nicht zwingend erforderlich.[617]

Das Stammkapital der SUP muss bei Stellung des Eintragungsantrages in voller Höhe gezeichnet und aufgebracht sein, vgl. Art. 16 Abs. 2 und. Art. 17 Abs. 1 SUP-RL. Dies unterscheidet sie von der GmbH, bei der nach § 7 Abs. 2 GmbHG die Erbringung der Hälfte des Mindeststammkapitals für die Anmeldung ausreichend ist. Da der Gesellschafter einer SUP das Stammkapital jedoch frei wählen kann, entstehen hierdurch in der Praxis keine Aufbringungsschwierigkeiten.

---

611 *Teichmann/Fröhlich*, 21 Maastricht Journal of European and Comperative Law 3 (2014) 536, 539.

612 Vgl. unter E. XI. c. 1.).

613 *Drygala*, EuzW 2014, 491, 496; *Teichmann/Fröhlich*, 21 Maastricht Journal of European and Comperative Law 3 (2014) 536, 539.

614 Ebenso *Hansen*, ECFR 2015, 177, 187; kritisch aber der Bundesrat, Beschluss v. 11.07.2014, BR-Drucks. 165/14, Zweiter Beschluss, S. 7 Ziff. 16.

615 *S. Jung*, GmbHR 2014, 579, 587.

616 COM(2014) 212 final, S. 3.

617 *J. Schmidt*, in Lutter/Koch, Societas Unius Personae (SUP), 2015, S. 9.

## 2. *Publizität der Stammkapitalziffer*

Die Richtlinie möchte dennoch, dass der Stammkapitalziffer eine Funktion als Seriositätsindikator zukommt. Hierfür setzt sie einen Anreiz, dass der Gesellschafter einer SUP das Stammkapital freiwillig erhöht.[618] So muss nach Art. 16 Abs. 5 S. 1 SUP-RL das gezeichnete Kapital in allen Geschäftsbriefen und Auftragsformularen der SUP angegeben werden. Daneben muss das Stammkapital auch auf der Website der SUP veröffentlicht werden, soweit eine solche existiert, vgl. Art. 16 Abs. 5 S. 2 SUP-RL.

Potenzielle Gläubiger können sich folglich sehr einfach ein Bild über das Stammkapital und damit die Seriosität der Gesellschaft machen. Inzwischen betreibt beinahe jedes Unternehmen zwecks Präsenz beim Kunden eine Website, so dass ein Besuch dort ausreicht, um das jeweilige Stammkapital in Erfahrung zu bringen. Weist eine SUP dann lediglich ein Stammkapital von einem Euro auf, wird sich der Rechtsverkehr gut überlegen, ob er Geschäftsbeziehungen mit dieser eingeht. Zumindest Aufträge mit höheren Volumina dürften ausbleiben. Der Kapitalziffer einer SUP kommt dadurch die Bedeutung eines Qualitätsmerkmales zu.[619]

Kritisch wird gegen die Angabe des Stammkapitals angemerkt, dass das juristisch nicht geschulte Zielpublikum der Fehlvorstellung unterliegen würde, es handele sich hier um einen unantastbaren Haftungsfond zugunsten der Gesellschaftsgläubiger.[620] Dem ist jedoch entgegenzuhalten, dass dieses Publikum überhaupt nicht nach der Stammkapitalziffer suchen dürfte. Wird es dann durch Zufall doch auf sie aufmerksam, so ist die Bedeutung durch einfachste Recherche herauszufinden. Zudem darf bezweifelt werden, dass die Betroffenen sich die Vorstellung eines Haftungsfonds machen. Denn der Wortlaut „Stammkapital" legt eine solche Interpretation nicht nahe. Darüber hinaus dürften sich seit dem zahlreichen Auftreten der UG (haftungsbeschränkt) sowie auch der englischen Limited in den letzten Jahren die meisten Betroffenen über die Bedeutung und Risiken des Stammkapitals informiert haben. Dementsprechend ist die genannte Fehlvorstellung auch nicht empirisch belegt.[621] Der übrige Rechtsverkehr dürfte sich durch die Publizität der Ziffer schnell an die Bedeutung gewöhnen.

618 Zur Kapitalerhöhung vgl. unter E. XI. b. 5.)

619 *Schoenemann*, EWS 2014, 241, 243.

620 *Omlor*, NZG 2014, 1137, 1140; *Grunewald/Noack*, GmbHR 2005, 189, 190.

621 *Kindler*, ZHR 179 (2015), 330, 350.

Schließlich ist nach Art. 5 der Publizitäts-RL bereits jetzt eine Angabe des Kapitals zugelassen und wird in Frankreich sowie Italien auch praktiziert.[622] Im Sinne eines einheitlichen europäischen Rechts und eines größtmöglichen Gläubigerschutzes ist es daher zu begrüßen, dass die Stammkapitalziffer bei der SUP anzugeben ist.[623]

Durch die Publizität des Stammkapitals werden seriöse Gesellschaften entweder bereits bei Eintragung oder jedenfalls nach kurzer Zeit ein höheres Stammkapital wählen. Bei den übrigen Gesellschaften steht es dem Rechtsverkehr frei, ob er mit diesen Verträge schließt, gerade in dem Wissen, dass kein Stammkapital als Gläubigerschutz vorhanden ist.

### 3. *Zulässige Arten der Kapitalaufbringung*

Für die Art der Kapitalaufbringung ist zwischen der Online-Eintragung und den sonstigen Eintragungen zu unterscheiden.

#### *(1) Online-Eintragung*

Bei der einzuführenden Online-Eintragung[624] ist die Kapitalaufbringung lediglich in Form einer Bareinlage zulässig. Das folgt aus dem Wortlaut, dass die Leistung auf das Bankkonto der SUP eingezahlt sein muss, Art. 17 Abs. 2 S. 1 SUP-RL.[625]

Die Einschränkung der Kapitalaufbringung auf Bareinlagen liegt dabei in der anzuwendenden Drei-Tages-Frist[626] bei der Online-Eintragung begründet. Denn innerhalb dieses dreitägigen Zeitraumes wäre eine umfangreiche Prüfung der eingebrachten Sacheinlagen durch die Mitgliedsstaaten kaum möglich.[627] Demzufolge ist zu begrüßen, dass nur eine Bareinlage zulässig sein soll. Möchte der Gründer eine SUP dagegen mit einer Sacheinlage gründen, ist er auf die anderen Eintragungsmöglichkeiten beschränkt.[628]

---

622 *Omlor*, NZG 2014, 1137, 1140; *Kindler*, ZHR 179 (2015), 330, 350; *J. Schmidt*, in Lutter/Koch, Societas Unius Personae (SUP), 2015, S. 10.

623 *Kindler*, ZHR 179 (2015), 330, 350; *Schoenemann*, EWS 2014, 241, 243; ebenfalls die Nachteile relativierend *J. Schmidt*, in Lutter/Koch, Societas Unius Personae (SUP), 2015, S. 10.

624 Vgl. zur Online-Eintragung bereits E. X. a.

625 *Beurskens*, GmbHR 2014, 738, 742; *S. Jung*, GmbHR 2014, 579, 588; *J. Schmidt*, in Lutter/Koch, Societas Unius Personae (SUP), 2015, S. 11; *Conac*, ECFR 2015, 139, 166.

626 Zu dieser vgl. E. X. a. 1.).

627 So auch *Drygala*, EuzW 2014, 491, 493; *Schoenemann*, EWS 2014, 241, 242.

628 *Drygala*, EuzW 2014, 491, 494.

### (2) *Weitere Eintragungsarten*

Bei den weiteren Eintragungsarten, namentlich der Umwandlung, sowie der herkömmlichen Eintragungsart findet nationales Recht Anwendung, Art. 7 Abs. 4 SUP-RL. Der nationale Gesetzgeber kann folglich sowohl Bareinlagen wie auch Sacheinlagen zulassen.[629] Weitere Einlageformen sind ebenfalls möglich.[630] Die Drei-Tages-Frist findet bei diesen Eintragungsarten keine Anwendung,[631] so dass der nationale Gesetzgeber die Einlagen nach eigenem Ermessen überprüfen kann.[632]

Dieses Ermessen ist jedoch problematisch. Soll sich der Rechtsverkehr auf die angegebene Stammkapitalziffer verlassen können und soll dieser Stammkapitalziffer darüber hinaus die Bedeutung eines Qualitätsmerkmales zukommen, erscheint es unerlässlich, dass die Einlagen überprüft werden. Dies ist aufgrund der zulässigen Sitztrennung[633] umso erforderlicher, als eine SUP ihren Verwaltungssitz überall in der Union einnehmen kann. Andernfalls würden SUP mit einer unterschiedlich streng- oder sogar überhaupt keiner durchgeführten Werteprüfung in demselben Mitgliedsstaat aktiv. In der Folge würde die publizierte Kapitalziffer jegliche Bedeutung für die Gläubiger verlieren.

Gegen die Notwendigkeit einer obligatorischen Werteprüfung durch die Mitgliedsstaaten könnte jedoch die Verpflichtung der SUP zur Aufstellung eines Jahresabschlusses nach der Bilanz-RL[634] sprechen. Denn bei der anschließenden Prüfung des Jahresabschlusses durch einen Abschlussprüfer, gem. Art. 34 Abs. 1 Bilanz-RL, würde eine Überbewertung der Einlagen offenkundig und müsste berichtigt werden. Diese Prüfungspflicht findet allerdings bei kleinen Kapitalgesellschaften keine Anwendung, vgl. Art. 34 Abs. 1 Bilanz-RL. Gerade eine SUP wird aber häufig mangels Erfüllung der Kriterien in Art. 3 Abs. 1 und 2 Bilanz-RL ein solches kleines Unternehmen sein, so dass eine Abschlussprüferprüfung entfällt. Darüber hinaus vergehen bis zur Offenlegung des ersten Jahresabschlusses durch die SUP bis zu zwölf Monate, vgl. Art. 30 Abs. 1 Bilanz-RL. Im Umkehrschluss

---

629 *Schoenemann*, EWS 2014, 241, 243.

630 Vgl. dazu unter E. XI. b. 5.).

631 *S. Jung*, GmbHR 2014, 579, 587; *Drygala*, EuzW 2014, 491, 493.

632 *Lanfermann/Maul*, BB 2014, 1283, 1292.

633 Zu dieser unter E. VIII.

634 *Richtlinie 2013/34/EU des Europäischen Parlaments und des Rates vom 26. Juni 2013 über den Jahresabschluss, den konsolidierten Abschluss und damit verbundene Berichte von Unternehmen bestimmter Rechtsformen und zur Änderung der Richtlinie 2006/43/EG des Europäischen Parlaments und des Rates und zur Aufhebung der Richtlinien 78/660/EWG und 83/349/EWG des Rates*, Amtsblatt EU Nr. L 182.

wären die Gläubiger einer SUP in den ersten zwölf Monaten in Ungewissheit, ob die Einlagen des Gesellschafters ordnungsgemäß erbracht wurden. Demgemäß müssten Gläubiger auf die Dauer des Bestehens einer SUP achten, um die Zuverlässigkeit der angegebenen Stammkapitalziffer beurteilen zu können. Dies wäre für die Akzeptanz der umzusetzenden Rechtsform im Geschäftsverkehr äußerst hinderlich.

Folglich kann die Prüfung des Jahresabschlusses einer SUP nicht die Werteprüfung der Einlagen durch die Mitgliedsstaaten bei Gesellschaftsgründung ersetzen. In der Richtlinie sollte daher die Überprüfung der Kapitaleinlagen durch die Mitgliedsstaaten zwingend vorgegeben werden, um die Bedeutung der Stammkapitalziffer zu erhalten.

### 4. *Nachweis über die Erbringung der Bareinlage*

Art. 17 Abs. 3 SUP-RL ordnet an, dass die Mitgliedsstaaten die Einzahlung auf ein Bankkonto der SUP als Nachweis über die Erbringung der Bareinlage ausreichen lassen müssen. Anderweitige Kontrollen sind den Mitgliedsstaaten demnach nicht gestattet.[635] Als Zahlungsempfänger haben sie darüber hinaus jede in der Europäischen Union tätige Bank anzuerkennen.

Wie der Nachweis über die Einzahlung bei einer Bank zu erbringen ist, regelt die Richtlinie hingegen nicht.[636] Es ist daher dem nationalen Gesetzgeber überlassen, im Einklang mit der Stammkapitalziffer gem. Art. 13 Abs. 1 lit. [f] SUP-RL einen Nachweis über die Erbringung ebenjener zu verlangen.[637] Dies kann beispielsweise durch Übersendung eines Kontoauszuges geschehen. Auch andere Arten sind denkbar, müssen jedoch im Falle der Online-Eintragung elektronisch erbracht werden können.

Art. 17 Abs. 3 SUP-RL gilt ausweislich seines Wortlautes sowohl für die Gesellschaftsgründung wie auch eine spätere Kapitalerhöhung. Zudem gilt die Vorschrift für jegliche Eintragungsarten.[638]

### 5. *Kapitalerhöhung*

Auch eine spätere Erhöhung des Stammkapitals der SUP ist möglich. Dies folgt aus Art. 17 Abs. 2 S. 2 SUP-RL. Danach wird den Mitgliedsstaaten vorgegeben,

---

635 S. *Jung*, GmbHR 2014, 579, 588.

636 *Beurskens*, GmbHR 2014, 738, 742; S. *Jung*, GmbHR 2014, 579, 588.

637 Nach *Beurskens* sind entsprechende Nachweisdokumente nicht durch Art. 13 Abs. 1 SUP-RL abgedeckt, vgl. *Beurskens* GmbHR 2014, 738, 742.

638 S. *Jung*, GmbHR 2014, 579, 588.

dass unabhängig vom gewählten Eintragungsvorgang eine spätere Kapitalerhöhung der SUP mindestens in bar und als Sachleistung zulässig sein muss.[639]

Auf den ersten Blick wirkt das Wort „mindestens“ in der Vorschrift überflüssig.[640] Bei näherer Betrachtung wird jedoch klar, dass die Kommission den Mitgliedsstaaten vielmehr freistellen möchte, weitere Einlageformen bei einer Kapitalerhöhung zuzulassen.[641] Beispielsweise können Dienstleistungen durch den Gesellschafter oder das Einbringen von Know-How in die SUP als Einlageform akzeptiert werden.[642] Ob diese Möglichkeiten zulässig sind, ist den Mitgliedsstaaten überlassen. Verpflichtend ist lediglich die Möglichkeit der Kapitalerhöhung durch Bar- und Sacheinlage.[643]

Weitere Vorgaben bezüglich einer Erhöhung des Stammkapitals macht die Richtlinie nicht, so dass nationales Recht Anwendung findet.[644]

Wie bei der Eintragung sollte die Richtlinie jedoch auch bei der Kapitalerhöhung den Mitgliedsstaaten eine Werteprüfung vorschreiben. Gerade die Möglichkeit der Zulassung von Know-How und Dienstleistungen als Einlageform eröffnet andernfalls dem Missbrauch Tür und Tor.

### c. Kapitalerhaltung

Vorschriften zur Kapitalerhaltung in der SUP finden sich in Art. 2 Abs. 3 SUP-RL und in Art. 18 SUP-RL. Art. 2 Abs. 3 SUP-RL definiert zunächst die Gewinnausschüttung, während Art. 18 SUP-RL anschließend deren Zulässigkeit regelt.

#### *1. Gewinnausschüttungen*

Nach Art. 2 Abs. 3 SUP-RL ist eine Gewinnausschüttung „jeder finanzielle Vorteil, den der einzige Gesellschafter aufgrund des einzigen Anteils direkt oder indirekt aus der SUP zieht, einschließlich einer Übertragung von Geld oder Immobilien. Gewinnausschüttungen können in Form einer Dividende, durch Immobilienerwerb oder -verkauf oder auf jedem anderen Wege erfolgen“. Wie bereits dargestellt, beruht das Wort „Immobilien“ auf einem Übersetzungsfehler

---

639 *Beurskens* GmbHR 2014, 738, 742; *S. Jung*, GmbHR 2014, 579, 588; *J. Schmidt*, in Lutter/Koch, Societas Unius Personae (SUP), 2015, S. 11.

640 So *DAV*, NZG 2014, 1372, 1378 Rz. 60.

641 *S. Jung*, GmbHR 2014, 579, 588, *J. Schmidt*, in Lutter/Koch, Societas Unius Personae (SUP), 2015, S. 11.

642 *S. Jung*, GmbHR 2014, 579, 588.

643 *Schoenemann*, EWS 2014, 241, 243.

644 *J. Schmidt*, in Lutter/Koch, Societas Unius Personae (SUP), 2015, S. 12.

aus dem Englischen.[645] Gemeint sind vielmehr alle sonstigen Vermögenswerte neben Geld.

Aus der umfassenden Definition des „direkten oder indirekten" Vorteils, der auch „auf jedem anderen Wege erfolgen" kann, ergibt sich, dass grundsätzlich jede Leistung der Gesellschaft an den Gesellschafter umfasst ist.[646] Auch Austauschgeschäfte fallen folglich unter den Ausschüttungsbegriff.[647] Um Austauschbeziehungen zwischen Gesellschaft und Gesellschafter dennoch zu ermöglichen, wird die Definition dadurch eingeschränkt, dass die Ausschüttung „aufgrund des einzigen Anteils", also der Gesellschafterstellung erfolgen muss.[648] Dies ist dann der Fall, wenn der Leistung der Gesellschaft keine äquivalente und vollwertige Gegenleistung gegenübersteht.[649]

Um zu untersuchen, ob der Leistung eine äquivalente Gegenleistung gegenübersteht, ist ein sogenannter Drittvergleich durchzuführen.[650] Hätte die Gesellschaft das spezifische Geschäft zu denselben Konditionen auch mit einem Dritten abgeschlossen, ist von einer äquivalenten Gegenleistung auszugehen.[651] Dann liegt kein Vorteil aufgrund der Gesellschafterstellung vor, so dass auch keine Ausschüttung i.S.d. Art. 2 Abs. 3 SUP-RL gegeben ist.

Liegt demnach eine Gewinnausschüttung nach Art. 2 Abs. 3 SUP-RL vor, bedarf es für die Zulässigkeit der Voraussetzungen nach Art. 18 SUP-RL.[652] Hat das Geschäft dagegen zu marktüblichen Bedingungen stattgefunden, so ist es ohne weitere Voraussetzungen zulässig.

Ausschüttungen bzw. Geschäfte zwischen den Organen der SUP und der Gesellschaft werden dagegen in der Richtlinie nicht geregelt. Für diese findet das nationale Recht der Mitgliedsstaaten Anwendung.[653]

---

645 Vgl. dazu bereits unter E. IV.

646 *Knapp*, ECFR 2015, 191, 192; *Beurskens* GmbHR 2014, 738, 742; *DAV*, NZG 2014, 1372, 1378 Rz. 62.

647 *Hommelhoff*, GmbHR 2014, 1065, 1072; *Knapp*, ECFR 2015, 191, 192.

648 *Drygala*, EuZW 2014, 1065, 1072; *Kalss/Klampfl*, in Dauses EU-Wirtschaftsrecht, 38. EL September 2015, E. III. 7. a) cc) eee) Rn. 493.

649 *Schoenemann*, EWS 2014, 241, 243; *DAV*, NZG 2014, 1372, 1378 Rz. 62.

650 *Ekkenga*, in MüKoGmbHG, 2. Aufl. 2015, § 30 Rn. 236; *Fleischer*, in Henssler/Strohn, Gesellschaftsrecht, 2. Aufl. 2014, GmbHG, § 30 Rn. 25.

651 *Fleischer*, in Henssler/Strohn, Gesellschaftsrecht, 2. Aufl. 2014, GmbHG, § 30 Rn. 25.

652 *Schoenemann*, EWS 2014, 241, 243.

653 *Lanfermann/Maul*, BB 2014, 1283, 1292.

## 2. Zulässigkeit der Ausschüttungen

Art. 18 SUP-RL regelt die Voraussetzungen, unter denen eine Ausschüttung an den Gesellschafter der SUP zulässig ist. Für einen entsprechenden Ausschüttungsbeschluss des Gesellschafters gem. Art. 21 Abs. 2 Unterabs. 1 lit. [b] SUP-RL bedarf es zunächst einer entsprechenden Empfehlung des Geschäftsführers.[654] Zuvor hat dieser hierfür sowohl einen Bilanztest, Art. 18 Abs. 2 SUP-RL, als auch einen Solvenztest, Art. 18 Abs. 3 SUP-RL, durchzuführen. Zusätzliche Beschränkungen bezüglich der Ausschüttungen einer SUP dürfen die Mitgliedsstaaten nicht aufstellen, vgl. Erwägungsgrund 19 SUP-RL.[655]

### (1) Bilanztest

Für eine Ausschüttung bedarf es zunächst eines Bilanztests nach Art. 18 Abs. 2 SUP-RL.[656] Danach darf eine Gewinnausschüttung nicht vorgenommen werden, wenn das im Jahresabschluss ausgewiesene Nettovermögen der SUP den Betrag des Stammkapitals zuzüglich der nach der Satzung ausschüttungsgesperrten Rücklagen unterschreitet oder durch eine solche Gewinnausschüttung unterschreiten würde.[657] Eine Ausschüttung darf daher nur erfolgen, wenn das Nettovermögen der Gesellschaft auch nach der Ausschüttung mindestens ebenso hoch ist wie die Summe aus Stammkapital und satzungsmäßigen Rücklagen. Die satzungsmäßigen Rücklagen der Gesellschaft werden auf diese Weise in den Kapitalschutz mit einbezogen.[658] Dies ist aufgrund des geringen Mindeststammkapitals zugunsten des Gläubigerschutzes begrüßenswert.[659] Gleichzeitig steht dem Alleingesellschafter frei, die Satzung hinsichtlich der zu bildenden Rücklagen jederzeit zu ändern, so dass sich das Ausschüttungspotential entsprechend erhöht.[660]

Der Berechnung wird dabei der letzte festgestellte Jahresabschluss der Gesellschaft zugrunde gelegt.[661] Hinsichtlich der Rechnungslegung ist nationales Recht anzuwenden.[662] Je nach Mitgliedsstaat entspricht dies dem durch die Bilanz-RL

654 Vgl. Art. 18 Abs. 1 SUP-RL.
655 *S. Jung*, GmbHR 2014, 579, 588.
656 *Drygala*, EuZW 2014, 491, 495; *Knapp*, ECFR 2015, 191, 193 f.
657 Vgl. Art. 18 Abs. 2 S. 1 SUP-RL.
658 *DAV*, NZG 2014, 1378, 1373 Rz. 64.
659 Ebenso *DAV*, NZG 2014, 1378, 1373 Rz. 64.
660 *DAV*, NZG 2014, 1378, 1373 Rz. 64.
661 Vgl. Art. 18 Abs. 2 S. 2 SUP-RL; *Schoenemann*, EWS 2014, 241, 243.
662 *Lanfermann/Maul*, BB 2014, 1283, 1293.

harmonisierten nationalen Recht oder den internationalen Rechnungslegungsgrundsätzen (IFRS).[663]

Anders als bei dem heranzuziehenden letzten festgestellten Jahresabschluss, sind Veränderungen der Stammkapitalziffer oder der nicht ausschüttbaren Rücklagen bei Durchführung des Bilanztestes zu berücksichtigen.[664] Es ist folglich bei diesen Werten die aktuelle Höhe zum Ausschüttungszeitpunkt anzusetzen. Die unterschiedliche Handhabung ist mit dem damit verbundenen Aufwand begründbar. Denn der Wert des Stammkapitals und der nicht ausschüttbaren Rücklagen ist leicht zu ermitteln, wohingegen die Aktualisierung einer Bilanz ungleich mehr Aufwand von einem Unternehmen erfordert.

Dennoch wird an den Vorgaben des Bilanztestes kritisiert, dass der letzte festgestellte Jahresabschluss erhebliche Zeit zurückliegen könne und daher als Berechnungsgrundlage für Ausschüttungen nicht aktuell genug sei.[665] Zumindest sollten die Vermögensentwicklungen betreffenden Umstände, welche bis zum Zeitpunkt der tatsächlichen Ausschüttung bekannt sind, zu berücksichtigen sein.[666]

Dabei wird jedoch außer Acht gelassen, dass die SUP gerade für kleine Unternehmen eine attraktive Gesellschaftsform sein soll.[667] Von diesen kann jedoch nicht vor jeder Ausschüttung die Erstellung einer Zwischenbilanz gefordert werden. Denn bei einer Einpersonengesellschaft sind Personalressourcen oft knapp und der einzige Geschäftsführer ist kaum entbehrlich. Aber auch für größere Konzerngesellschaften wäre es unangemessen aufwendig. Denn durch die laufenden Austauschbeziehungen, welche häufig keinem Drittvergleich standhalten würden,[668] wären die einzelnen Konzerngesellschaften gezwungen, ständig eine aktualisierte Bilanz aufzustellen. In der Praxis wäre dies nur äußerst mühsam machbar. Dass die aktuelle Vermögensentwicklung der Gesellschaft dennoch wichtig ist, ist der Kommission bewusst. Der Bilanztest wird deshalb durch einen durchzuführenden Solvenztest[669], vgl. Art. 18 Abs. 3 SUP-RL, flankiert. Dieser berücksichtigt die aktuellen Entwicklungen der Gesellschaft. Daher reicht der letzte festgestellte Jahresabschluss für den Bilanztest aus.

---

663 *DAV*, NZG 2014, 1372, 1378 Rz. 63, *Hommelhoff*, GmbHR 2014, 1065, 1072.

664 Vgl. Art. 18 Abs. 2 S. 3 SUP-RL.

665 *Schoenemann*, EWS 2014, 241, 243.

666 *DAV*, NZG 2014, 1372, 1378 Rz. 65.

667 COM(214) 212 final, S. 3; Erwägungsgrund 7 SUP-RL.

668 *Hommelhoff*, GmbHR 2014, 1065, 1072.

669 Dazu sogleich unter E. XI. c. 2.) (2).

Ein Nachteil des Bilanztests soll zudem sein, dass er durch ein minimales Stammkapital von einem Euro und einem Mangel an statutarischen Rücklagen weitgehend ausgehebelt werden könne.[670] Dem ist zuzugeben, dass sich das geringe Mindeststammkapital hier zum Nachteil der Gläubiger auswirkt. Es zeigt sich daher erneut, dass ein höheres Stammkapital ein Seriositätsmerkmal einer SUP darstellen kann und Gläubiger diesem folglich Beachtung schenken sollten. Überflüssig ist der Bilanztest jedoch auch in einem solchen Fall nicht. Denn der Bilanztest schützt die Gläubiger weiterhin bei einer bestehenden Unterbilanz in der SUP vor einer Ausschüttung. Somit kann nicht gefolgert werden, dass dieser durch den Gesellschafter weitgehend ausgehebelt werden kann.

#### *(2) Solvenztest*

Neben dem Bilanztest ist Voraussetzung der Ausschüttung ein sogenannter Solvenztest durch den Geschäftsführer, vgl. Art. 18 Abs. 3 SUP-RL.[671] Dieser soll die Liquidität der Gesellschaft im Geschäftsverkehr sichern.[672]

Hierzu sind die Geschäfte und Geschäftsaussichten der SUP umfassend zu prüfen. Kommt der Geschäftsführer bei dieser Prüfung zu der begründeten Auffassung, dass die SUP in dem auf die Gewinnausschüttung folgenden Jahr in der Lage sein wird, ihre Schulden zu begleichen, hat er dies schriftlich zu bestätigen, sogenannte Solvenzbescheinigung.[673]

Es sind folglich die flüssigen Finanzmittel zuzüglich der voraussichtlichen Einnahmen der Gesellschaft mit den fällig werdenden Verbindlichkeiten zu vergleichen.[674] In die Prognose, welche nach der Richtlinie ein Jahr zu umfassen hat, sind dabei alle gewöhnlichen und vorhersehbaren Geschäfte einzustellen.[675] Außergewöhnliche Ereignisse sowie ungewöhnliche Geschäfte braucht der Geschäftsführer demzufolge nicht zu berücksichtigen. Mangels Vorhersehbarkeit dieser Ereignisse ist dies konsequent.

Gelangt der Geschäftsführer bei dieser Prüfung zu dem Ergebnis, dass er eine entsprechende Solvenzbescheinigung ausstellen kann, so hat er diese zu unterzeichnen und 15 Tage vor einer eventuellen Beschlussfassung über die

---

670 *Kindler*, ZHR 179 (2015), 330, 351; *Omlor*, NZG 2014, 1137, 1141.

671 Zur Diskussion des Solvenztestes bei der SPE vgl. *Freudenberg*, NZG 2010, 527; *Anzinger*, BB 2009, 2606.

672 *Hommelhoff*, GmbHR 2014,1065, 1072.

673 Vgl. Art. 18 Abs. 3 S. 2 SUP-RL.

674 Zum Solvenztest in der SPE: *S. Jung*, Die Kapitalverfassung der Societas Privata Europaea (SPE), 2014, S. 213 ff.; *Schoenemann*, EWS 2014, 241, 243.

675 Vgl. Art. 18 Abs. 3 S. 2 SUP-RL.

Ausschüttung dem Gesellschafter in Kopie vorzulegen.[676] Hinsichtlich der Schriftlichkeit der Bescheinigung ist, wie bei Art. 5 Abs. 1 SUP-RL, eine europäisch-autonome Auslegung geboten, so dass die Textform i.S.d. § 126b BGB ausreichend ist.[677]

Wie sich darüber hinaus aus dem Wortlaut des Art. 18 Abs. 3 S. 3 SUP-RL ergibt, enthält die ausgestellte Solvenzbescheinigung dabei nur das Ergebnis der vorangegangenen Prüfung.[678] Eine Begründung braucht der Geschäftsführer demnach nicht beizufügen.

Innerhalb der 15 Tage soll der Gesellschafter wiederum die Gelegenheit bekommen, die Solvenzbescheinigung und die Aussichten der Gesellschaft zu überprüfen, um anschließend eine informierte Entscheidung treffen zu können.[679] Kommt auch der Gesellschafter zu dem Ergebnis, dass eine Ausschüttung die Solvenz der Gesellschaft nicht gefährdet, kann er den entsprechenden Beschluss fassen, Art. 21 Abs. 2 Unterabs. 1 lit. [b] SUP-RL. Das vorherige Abwarten der 15 Tage ist jedoch obligatorisch. Sollte der Gesellschafter weitere Informationen bezüglich der erteilten Solvenzbescheinigung oder deren Begründung benötigen, hat er den Geschäftsführer zu konsultieren.

Die Forderung nach der Vorlage einer ausführlich begründeten Solvenzbescheinigung ist dagegen abzulehnen.[680] Zum einen würde eine detailreiche Dokumentation aller aufkommenden Verbindlichkeiten einschließlich voraussichtlicher Einnahmen der Gesellschaft das Aufwandserfordernis des Geschäftsführers deutlich erhöhen. Dies wiegt umso schwerer, als vor jeder Ausschüttung eine Solvenzbescheinigung erstellt werden muss, vgl. Art. 18 Abs. 3 S. 3 SUP-RL. Zum anderen wäre dies auch problematisch, da der Gesellschafter versuchen könnte, auf einzelne Positionen einzuwirken, um das Ergebnis zu seinen Gunsten zu ändern oder schlicht auf die Geschäftsaussichten der SUP Einfluss zu nehmen.[681] Wird dem Gesellschafter dagegen nur das Ergebnis vorgelegt, so verbleibt dem Geschäftsführer mehr Raum für eine autonome Entscheidung. Eine

676 Vgl. Art. 18 Abs. 3 S. 3 SUP-RL.

677 Vgl. hierzu bereits unter E. IV.; *J. Schmidt*, in Lutter/Koch, Societas Unius Personae (SUP), 2015, S. 14 Fn. 69.

678 *Schoenemann*, EWS 2014, 241, 243; siehe auch *Kalss/Klampfl*, in Dauses EU-Wirtschaftsrecht, 38. EL September 2015, E. III. 7. a) cc) eee) Rn. 493, welche ebenfalls nur von einer „Erklärung“ des Leitungsorgans sprechen.

679 *J. Schmidt*, in Lutter/Koch, Societas Unius Personae (SUP), 2015, S. 14; *DAV*, NZG 2014, 1372, 1379 Rz. 69.

680 So aber *DAV*, NZG 2014, 1372, 1379 Rz. 69.

681 *Schoenemann*, EWS 2014, 241, 243.

ausführliche Dokumentationspflicht in der dem Gesellschafter vorgelegten Solvenzbescheinigung ist daher nicht sachgerecht.[682]

Schließlich ist die Solvenzbescheinigung auf der Website des Unternehmens zu veröffentlichen, vgl. Art. 18 Abs. 4 SUP-RL. Da wiederum nur das Ergebnis des Solvenztests öffentlich wird, bestehen keine Bedenken im Hinblick auf Geschäftsgeheimnisse der Gesellschaft. Gläubiger der Gesellschaft können allerdings aus dem Ergebnis ableiten, dass die Gesellschaft voraussichtlich in der Lage sein wird, die aufkommenden Verbindlichkeiten zu bedienen. Daneben ergibt sich aus dem Zusammenhang des Art. 18 Abs. 1 SUP-RL mit Art. 18 Abs. 3 S. 3 SUP-RL, dass der Geschäftsführer die Solvenzbescheinigung nur vorzulegen braucht, wenn der Bilanztest nach Art. 18 Abs. 2 SUP-RL positiv ausgefallen ist. Denn andernfalls kann der Gesellschafter keinen späteren Beschluss über die Gewinnausschüttung fassen. Aus Gründen der Kohärenz kann nichts anderes für die Offenlegung nach Art. 18 Abs. 4 SUP-RL gelten. Auch für den Gläubigerschutz ist das zu begrüßen. Denn veröffentlicht die SUP eine Solvenzbescheinigung, bedeutet dies, dass die Gesellschaft weiterhin über ihr Stammkapital zuzüglich ihrer nicht ausschüttbaren Rücklagen verfügt. Dies kann im Falle einer höheren Stammkapitalziffer eine bedeutende Information zugunsten der Gläubiger sein und bestätigt erneut die Annahme, dass das Stammkapital ein bedeutendes Qualitätskriterium der SUP darstellen kann.

Nicht geregelt ist dagegen der Veröffentlichungszeitpunkt der Solvenzbescheinigung.[683] Diesen kann der nationale Gesetzgeber festlegen.[684] Soweit jedoch eine Veröffentlichung vor dem tatsächlichen Ausschüttungsbeschluss gefordert wird[685], kann dem nicht zugestimmt werden. Denn der Gesellschafter soll die Solvenzbescheinigung vor seinem Beschluss nochmals prüfen können. Erst danach entscheidet er, ob er tatsächlich eine Ausschüttung veranlassen möchte. Wird die Bescheinigung allerdings bereits vor dem Beschluss veröffentlicht, bleibt dem Rechtsverkehr verschlossen, ob tatsächlich eine Ausschüttung erfolgt ist. Daher sollte die Bescheinigung erst veröffentlicht werden, wenn eine Ausschüttung beschlossen ist.

Eine weitere Ausgestaltung des Solvenztests durch den nationalen Gesetzgeber oder die betriebswirtschaftliche Praxis ist möglich.[686] Hierzu zählt beispielsweise der erforderliche Sorgfaltsmaßstab bei der Zukunftsprognose oder wie

---

682 Ebenso: *Schoenemann*, EWS 2014, 241, 243.

683 *DAV*, NZG 2014, 1372, 1379 Rz. 70.

684 *DAV*, NZG 2014, 1372, 1379 Rz. 70.

685 So *DAV*, NZG 2014, 1372, 1379 Rz. 70.

686 *DAV*, NZG 2014, 1372, 1379 Rz. 67.

konkretisiert kommende Ausgaben bzw. Einnahmen bereits sein müssen, um berücksichtigt werden zu müssen. Zu praktischen Beschränkungen in Bezug auf die Ausschüttung dürfen diese Ausgestaltungen jedoch nicht führen. Denn weitere Beschränkungen neben Bilanz- und Solvenztest werden in der Richtlinie ausdrücklich untersagt.[687]

Nach der allgemeinen Ausrichtung des Rates ist es den Mitgliedsstaaten überlassen, Mechanismen vorzusehen, um Gewinnausschüttungen einer SUP zu kontrollieren.[688] Bilanz-, sowie Solvenztest stellen hierfür lediglich mögliche Optionen für den Umsetzungsgesetzgeber dar.[689] Damit bleibt es Gläubigern nicht erspart, weiterhin das jeweilige nationale Recht zu beachten, um die Strenge der Ausschüttungsvoraussetzungen beurteilen zu können. Der dadurch divergierende Gläubigerschutz wird sich zudem in einem unterschiedlichen Image der SUP, je nach Mitgliedsstaat, auswirken. Attraktiver wird die SUP dadurch nicht, weshalb diese Änderung zu bedauern ist.

### *3. Haftung für unzulässige Ausschüttungen*

Für unzulässige Ausschüttungen in der SUP ordnet Art. 18 Abs. 5 SUP-RL eine persönliche Haftung des Geschäftsführers sowie des Gesellschafters an. Hierdurch soll die notwendige Sorgfalt bei der Prüfung der Ausschüttungsvoraussetzungen durch jene garantiert werden. Darüber hinaus wird hierdurch der Gläubigerschutz wesentlich gestärkt.

#### *(1) Haftung des Geschäftsführers*

Zunächst haftet nach Art. 18 Abs. 5 S. 1 SUP-RL der Geschäftsführer für die Empfehlung oder die spätere Anordnung von Ausschüttungen, wenn er wusste oder im Anbetracht der Umstände hätte wissen müssen, dass eine Ausschüttung nicht mit Art. 18 Abs. 2 oder Abs. 3 SUP-RL vereinbar ist.

Verstößt der Geschäftsführer folglich bewusst oder fahrlässig gegen den angeordneten Bilanz- oder Solvenztest, haftet er persönlich auf Schadensersatz.[690] Die Beweislast für einen solchen Verstoß obliegt dabei der Gesellschaft.[691] Diese

---

687 Erwägungsgrund 19 SUP-RL; vgl. auch *S. Jung*, GmbHR 2014, 579, 588.

688 Vgl. SUP-RLE-Rat, Dok. 8811/15, Art. 18 Abs. 1.

689 Vgl. SUP-RLE-Rat, Dok. 8811/15, Art. 18 Abs. 2.

690 *Beurskens* GmbHR 2014, 738, 743; *J. Schmidt*, in Lutter/Koch, Societas Unius Personae (SUP), 2015, S. 16; *Drygala*, EuZW 2014, 491, 496.

691 *J. Schmidt*, in Lutter/Koch, Societas Unius Personae (SUP), 2015, S. 16; *Drygala*, EuZW 2014, 491, 496; *Kindler*, ZHR 179 (2015), 330, 355.

kenntnisabhängige Haftung mit Beweislast zulasten der Gesellschaft erscheint zwar zunächst schwach,[692] ist jedoch vor dem Hintergrund, dass eine Solvenzprognose immer mit vielen Unabwägbarkeiten verbunden ist, verständlich.

Der Geschäftsführer haftet dabei für alle adäquat zurechenbaren Schäden durch die unzulässige Ausschüttungsempfehlung.[693] Dies folgt aus einem Umkehrschluss des Art. 19 SUP-RL, welcher die gegenständliche Rückführungspflicht regelt,[694] und daneben aus einer Klarstellung in der verabschiedeten allgemeinen Ausrichtung des Rates.[695] Die Haftung aus Art. 18 Abs. 5 SUP-RL. kann folglich über die Vermögensausschüttung hinausgehen.[696]

Es stellt sich die Frage, wem gegenüber die Haftung besteht. Die derzeitige Systematik der Vorschrift legt eine Innenhaftung gegenüber der Gesellschaft nahe.[697] Allerdings finden sich auch gute Gründe, welche für eine Außenhaftung gegenüber den Gläubigern der Gesellschaft sprechen. So lässt sich beispielsweise mit der Veröffentlichungspflicht der Solvenzbescheinigung eine Außenhaftung begründen.[698] Zudem ginge eine Innenhaftung, aufgrund des notwendigen Umwegs über die Gesellschaft zulasten eines effektiven Gläubigerschutzes.[699]

Andererseits haftet der Gesellschafter nach Art. 18 Abs. 5 S. 2 SUP-RL wie ein Geschäftsführer. Dann könnte jedoch eine Haftung gegenüber den Gläubigern der begrenzten Haftung nach Art. 7 Abs. 2 SUP-RL widersprechen.[700] Darüber hinaus ist eine Innenhaftung auch dogmatisch sauberer, da die Finanzen der Gesellschaft entzogen werden und demzufolge bei dieser der Schaden eintritt.[701]

---

692 *Kindler*, ZHR 179 (2015), 330, 355.

693 *DAV*, NZG 2014, 1372, 1379 Rz. 72; *Schoenemann*, EWS 2014, 241, 244; *J. Schmidt*, in Lutter/Koch, Societas Unius Personae (SUP), 2015, S. 16.

694 Vgl. dazu sogleich unter E. XI. c. 4.).

695 SUP-RLE-Rat, Dok. 8811/15, Art. 18 Abs. 7.

696 *Schoenemann*, EWS 2014, 241, 244; *J. Schmidt*, in Lutter/Koch, Societas Unius Personae (SUP), 2015, S. 16.

697 *J. Schmidt*, in Lutter/Koch, Societas Unius Personae (SUP), 2015, S. 15; *Omlor*, GPR 2015, 158, 161; a. A. *DAV*, NZG 2014, 1372, 1379 Rz. 71; *Beurskens* GmbHR 2014, 738, 743.

698 *Beurskens* GmbHR 2014, 738, 743; *Kalss/Klampfl*, in Dauses EU-Wirtschaftsrecht, 38. EL September 2015, E. III. 7. a) cc) eee) Rn. 493.

699 *DAV*, NZG 2014, 1372, 1378 Rz. 71; vgl. hinsichtlich der Existenzvernichtungshaftung in der GmbH *Bitter*, in Scholz, GmbHG, 11. Aufl. 2012, § 13 Rn. 159; *Altmeppen*, in Roth/Altmeppen, GmbHG, 8. Aufl. 2015, § 13 Rn. 108; *Ders.*, NJW 2007, 2657, 2660.

700 *DAV*, NZG 2014, 1372, 1378 Rz. 71.

701 Zur Problematik in der GmbH vgl. *Fastrich*, in Baumbach/Hueck, GmbHG, 20. Aufl. 2013, § 13 Rn. 59; *Altmeppen*, in Roth/Altmeppen GmbHG, 8. Aufl. 2015, § 13 Rn. 77 f.; *Ders.*, ZIP 2008, 1201, 1204 f.

Schließlich spricht der Insolvenzfall einer SUP für eine Innenhaftung gegenüber der Gesellschaft. Denn hierdurch wird die Gleichbehandlung aller Insolvenzgläubiger sichergestellt, wohingegen bei einer Außenhaftung der zuerst kommende Gläubiger begünstigt wäre.[702] Zusammengenommen sollte die aufgrund der Systematik der Vorschrift bestehende Innenhaftung daher bestehen bleiben.

Dass der Europäische Rat in seiner allgemeinen Ausrichtung diese Frage dagegen dem nationalen Recht überlassen möchte[703], ist kritisch zu sehen. Denn dann würde die Haftung in jedem Mitgliedsstaat anders ausgestaltet. Dann hängt es jedoch vom Zufall ab, ob der Gläubiger einen direkten Anspruch gegen den Gesellschafter hat oder zunächst gegen die Gesellschaft vorgehen muss. Im Sinne möglichst einheitlicher Regelungen zugunsten der SUP wäre dies zu bedauern.

##### *(2) Haftung des Gesellschafters*

Nach Art. 18 Abs. 5 S. 2 SUP-RL gilt die Haftung des Geschäftsführers auch für den einzigen Gesellschafter der SUP. Hatte dieser beim Ausschüttungsbeschluss gem. Art. 21 Abs. 2 Unterabs. 1 lit. [b] SUP-RL von einem Verstoß gegen den Bilanz- oder Solvenztest Kenntnis oder fahrlässige Unkenntnis, haftet er wie der Geschäftsführer. Da der Gesellschafter vor seinem Ausschüttungsbeschluss 15 Tage Zeit hat, die Solvenzbescheinigung zu prüfen und zudem in einer Einpersonengesellschaft großen Einfluss auf den Geschäftsführer hat, ist es konsequent, dass der Gesellschafter der Haftung ebenfalls unterliegt.[704] Beweispflichtig ist wiederum die Gesellschaft.

Haften sowohl Geschäftsführer wie auch Gesellschafter für unzulässige Ausschüttungen, so ist den Mitgliedsstaaten das Verhältnis der beiden Ansprüche überlassen.[705]

### *4. Rückforderung der Ausschüttung*

Neben der Haftung aus Art. 18 Abs. 5 SUP-RL regelt Art. 19 SUP-RL die Rückführung der zu Unrecht vorgenommenen Ausschüttungen an die Gesellschaft.

---

702 Vgl. zur Thematik bei § 11 GmbHG *Fastrich*, in Baumbach/Hueck, GmbHG, 20. Aufl. 2013, § 11 Rn. 29; *Schäfer*, in Henssler/Strohn, Gesellschaftsrecht, 2. Aufl. 2014, GmbHG, § 11 Rn. 30; zu § 92 InsO *Haas/Kolmann/Pauw*, in Gottwald, Insolvenzrechts-Handbuch, 5. Aufl. 2015, § 92 Rn. 532; *Brandes/Gehrlein*, MüKoInsO, 3. Aufl. 2013, § 93 Rn. 1.

703 SUP-RLE-Rat, Dok. 8811/15, Art. 18 Abs. 7.

704 Anders hingegen *DAV*, NZG 2014, 1372, 1379 Rz. 72.

705 *Schoenemann*, EWS 2014, 241, 244; *S. Jung*, GmbHR 2014, 579, 589; *Kalss/Klampfl*, in Dauses EU-Wirtschaftsrecht, 38. EL September 2015, E. III. 7. a) cc) eee) Rn. 494.

Es wird folglich die gegenständliche Rückführung der Ausschüttung gewährleistet.[706] Denn werden der Gesellschaft wichtige Betriebsmittel durch eine Ausschüttung entzogen, so reicht eine Kompensation über einen Schadensersatzanspruch nach Art. 18 Abs. 5 SUP-RL zumeist nicht aus. Damit ist die gegenständliche Rückführungspflicht gerade nicht überflüssig.[707] Die Mitgliedsstaaten haben demnach sicher zu stellen, dass der SUP der entzogene Gegenstand wieder zurückgewährt wird.

Allerdings ist auch der Rückgewähranspruch kenntnisabhängig mit Beweislast der Gesellschaft ausgestaltet.[708] Die Rückführungsverpflichtung besteht, wenn der Alleingesellschafter einen Verstoß gegen Art. 18 Abs. 2 oder 3 SUP-RL positiv kannte oder fahrlässig in Unkenntnis war.[709] Dies gilt, anders als im deutschen Recht, vgl. § 31 GmbHG, sogar für den Fall der Insolvenz der SUP.[710]

Dadurch ist der Kapitalschutz der SUP in Bezug auf die gegenständliche Rückführungspflicht bei unrechtmäßigen Ausschüttung sehr schwach ausgeprägt.[711] Insbesondere bei einer Ausschüttung, welche zur Insolvenz der Gesellschaft führt, dürfte dies zu unbefriedigenden Ergebnissen führen, wenn dem Alleingesellschafter keine Fahrlässigkeit nachgewiesen werden kann.

Zwar wäre die jetzige kenntnisabhängige Rückzahlungspflicht des Gesellschafters systemkohärent, da Art. 18 Kapital-RL ebenso ausgestaltet ist.[712] Dabei darf jedoch nicht der entscheidende Unterschied zwischen einer SUP und einer Aktiengesellschaft übersehen werden. In einer Aktiengesellschaft haben die Aktionäre keinen Einblick in die Zulässigkeit einer Gewinnausschüttung.[713] Dagegen ist es für den Alleingesellschafter einer SUP leicht, bestens über sein Unternehmen informiert zu sein.[714] Vor der Ausschüttung wird ihm eine Solvenzbescheinigung zur Prüfung vorgelegt, vgl. Art. 18 Abs. 3 S. 3 SUP-RL, und anschließend hat er den Ausschüttungsbeschluss selbst zu fassen, Art. 21 Abs. 2 Unterabs. 1

---

706 *Beurskens* GmbHR 2014, 738, 743; *S. Jung*, GmbHR 2014, 579, 589.

707 Den Sinn der Regelung in Frage stellend: *DAV*, NZG 2014, 1372, 1379 Rz. 74.

708 *Drygala*, EuZW 2014, 491, 496; *J. Schmidt*, in Lutter/Koch, Societas Unius Personae (SUP), 2015, S. 16.

709 *J. Schmidt*, in Lutter/Koch, Societas Unius Personae (SUP), 2015, S. 16.

710 *Drygala*, EuZW 2014, 491, 496; *DAV*, NZG 2014, 1372, 1379 Rz. 75.

711 *Drygala*, EuZW 2014, 491, 496; *J. Schmidt*, in Lutter/Koch, Societas Unius Personae (SUP), 2015, S. 16.

712 *J. Schmidt*, in Lutter/Koch, Societas Unius Personae (SUP), 2015, S. 16.

713 *Cahn*, in Spindler/Stilz Aktiengesetz, 3. Aufl. 2015, § 62 Rn. 25; *Kindler*, ZHR 179 (2015), 330, 355.

714 *Kindler*, ZHR 179 (2015), 330, 355.

lit. [b] SUP-RL. Einen Grund für die Einschränkung der Rückzahlung zugunsten des gutgläubigen Gesellschafters der SUP besteht daher nicht.[715] Demzufolge ist es auch zu begrüßen, dass der Europäische Rat in seiner allgemeinen Ausrichtung die Rückzahlungspflicht kenntnisunabhängig ausgestaltet hat.[716]

Die Verjährung des Rückzahlungsanspruches der Gesellschaft regelt die Richtlinie nicht. Somit kommt das nationale Recht des jeweiligen Mitgliedsstaates zur Anwendung.[717] Auf eine deutsche SUP finden damit die Verjährungsregeln des § 31 GmbHG Anwendung, so dass der Anspruch einer Verjährungsfrist von 10 Jahren unterliegt, vgl. § 31 Abs. 5 S. 1 GmbHG.[718]

### d. Kapitalherabsetzung

Art. 20 SUP-RL befasst sich mit dem Kapital- und Gläubigerschutz im Falle einer Kapitalherabsetzung. Eine Kapitalherabsetzung in der SUP richtet sich, mangels Regelung in der Richtlinie, überwiegend nach dem nationalen Recht.[719] Nach Art. 20 SUP-RL haben die Mitgliedsstaaten jedoch sicherzustellen, dass eine Kapitalherabsetzung, welche zu einer späteren Gewinnausschüttung an den Gesellschafter führt, mit Art. 18 Abs. 2 und 3 SUP-RL vereinbar ist. Damit ist eine ähnliche Unterscheidung wie im deutschen Recht getroffen, je nachdem ob die Kapitalherabsetzung zur Verlustdeckung oder zur Ausschüttung an den Gesellschafter führen soll.[720] Soll die Kapitalherabsetzung zur Ausschüttung führen, so sind nach der Richtlinie die erhöhten Anforderungen gem. Art. 18 Abs. 2 und 3 SUP-RL einzuhalten. Ist die Kapitalherabsetzung zur Ausschüttung nicht mit diesen Vorschriften zu vereinbaren, so hat diese zu unterbleiben. Erfolgt sie dennoch, so finden die Haftungsvorschriften des Art. 18 Abs. 5 und Art. 19 SUP-RL Anwendung.

Soweit behauptet wird, bei Art. 20 SUP-RL handele es sich um einen enumerativen Verweis auf Art. 18 Abs. 2 und 3 SUP-RL,[721] kann dem nicht zugestimmt

---

715 *Kindler*, ZHR 179 (2015), 330, 356.

716 SUP-RLE-Rat, Dok. 8811/15, Art. 18 Abs. 6.

717 Vgl. Art. 7 Abs. 4 SUP-RL.

718 *Fleischer*, in Henssler/Strohn, Gesellschaftsrecht, 2. Aufl. 2014, GmbHG, § 31 Rn. 39 ff.; generell zu § 31 GmbHG vgl. *Ekkenga*, in MüKoGmbHG, 2. Aufl. 2015, § 31.

719 *S. Jung*, GmbHR 2014, 579, 589; *DAV*, NZG 2014, 1372, 1379 Rz. 76; *J. Schmidt*, in Lutter/Koch, Societas Unius Personae (SUP), 2015, S. 20.

720 Vgl. *Grunewald*, Gesellschaftsrecht, 9. Aufl. 2013, § 13 Rn. 148 ff.; *Zöllner/Haas*, in Baumbach/Hueck GmbHG, 20. Aufl. 2013, § 58 Rn. 2.

721 So *S. Jung*, GmbHR 2014, 579, 589; *DAV*, NZG 2014, 1372, 1378 Rz. 76; *J. Schmidt*, in Lutter/Koch, Societas Unius Personae (SUP), 2015, S. 20.

werden. Denn Art. 20 SUP-RL besagt lediglich, dass die Gewinnherabsetzung im Einklang mit Art. 18 Abs. 2 und 3 SUP-RL zu erfolgen hat. Mit den Wörtern „im Einklang" spricht bereits der Wortlaut der Vorschrift gegen einen enumerativen Verweis auf Art. 18 Abs. 2 und 3 SUP-RL.[722] Weiterhin kann auch ein Vergleich mit Art. 18 Abs. 1 SUP-RL fruchtbar gemacht werden. Auch dieser verweist darauf, dass eine Gewinnausschüttung nur vorgenommen werden darf, wenn „sie mit den Absätzen 2 und 3 im Einklang steht". Folglich hat Art. 18 Abs. 1 SUP-RL denselben Wortlaut wie Art. 20 SUP-RL, ohne dass bei Art. 18 Abs. 1 SUP-RL die Anwendbarkeit der übrigen Absätze des Art. 18 SUP-RL in Frage steht. Die Verwendung desselben Wortlautes legt jedoch nahe, dass die Kommission die beiden Verweise gleich ausgelegt haben möchte. Eine anderweitige Interpretation hat keinen Niederschlag in der Richtlinie gefunden. Es wäre zudem unverständlich, weshalb die Kommission sowohl die Veröffentlichungspflicht der Solvenzbescheinigung als auch die Haftungspflichten bei einer Ausschüttung durch eine Kapitalherabsetzung nicht angewandt wissen möchte.[723]

Somit handelt es sich bei Art. 20 SUP-RL nicht um einen enumerativen Verweis auf Art. 18 Abs. 2 und 3 SUP-RL, so dass die Offenlegungspflicht gem. Art. 18 Abs. 4 SUP-RL, die Haftungsvorschrift des Art. 18 Abs. 5 und Art. 19 SUP-RL Anwendung finden.

Erfreulicherweise hat die allgemeine Ausrichtung des Rates Art. 20 SUP-RL gänzlich in Art. 18 SUP-RL integriert, so dass es keinen Interpretationsspielraum über die Anwendbarkeit der verschiedenen Absätze mehr geben kann.[724]

### e. Exkurs Cash-Pooling

Für die Akzeptanz der neuen Gesellschaftsform in der Praxis dürfte insbesondere von Bedeutung sein, ob innerhalb von Konzernen das Cash-Pooling möglich ist.[725] Hierbei handelt es sich um ein beliebtes Finanzierungssystem zwischen konzernabhängigen Unternehmen.[726] Dabei wird das Geschäftskonto einer Gesellschaft täglich auf null gesetzt, indem entweder zulasten oder zugunsten eines

---

722 *S. Jung* möchte insofern den Wortlaut der Richtlinie uminterpretieren, vgl. *S. Jung*, GmbHR 2014, 579, 589.

723 Insoweit zutreffend *S. Jung*, GmbHR 2014, 579, 589.

724 SUP-RLE-Rat, Dok. 8811/15, Art. 18 Abs. 6.

725 Für einen allgemeinen Überblick und zu den verschiedenen Arten des Cash-Poolings vgl. *Strohn*, DB 2014, 1535; *Altmeppen*, NZG 2010, 361 f.; *Johnen*, Cash Pooling in faktischen Unternehmenszusammenschlüssen, 2014, S. 22 ff.

726 *Johnen*, Cash Pooling in faktischen Unternehmenszusammenschlüssen, 2014, S. 23 f.; *Strohn*, DB 2014, 1535.

Zielkontos Geld ab- oder hinzugebucht wird.[727] Auf diese Weise ist die gesamte Liquidität des Konzerns auf dem Zielkonto zusammengefasst, so dass die einzelnen Gesellschaften seltener Fremdkredite benötigen und daneben Zinsvorteile erzielt werden können.[728]

Für die Zulässigkeit dieses Systems ist zunächst zu untersuchen, ob in der Überweisung des Guthabens auf das Zielkonto eine Gewinnausschüttung nach Art. 2 Abs. 3 SUP-RL liegt. Ein finanzieller Vorteil der Konzernmutter liegt in der erhaltenen Liquidität und den damit ersparten Fremdkosten.[729] Weiterhin ist erforderlich, dass die Ausschüttung aufgrund der Gesellschafterstellung erfolgt. Nach dem oben Gesagten[730] darf der Vermögensverschiebung zugunsten des einzigen Gesellschafters daher keine äquivalente und vollwertige Gegenleistung gegenüberstehen.

Teilweise wird angenommen, dass es auf die Gegenleistung nicht ankäme, da der vertragliche Beitritt zu einem Cash-Pool bereits immer wegen der Gesellschafterstellung der Muttergesellschaft erfolge.[731] Dieser Ansicht kann jedoch nicht gefolgt werden. Denn für den Ausschüttungsbegriff i.S.d. Art. 2 Abs. 3 SUP-RL kommt es auf den Zeitpunkt des Verfügungsgeschäftes, nicht auf den Abschluss des Rahmenvertrages an.[732] Erst durch den tatsächlichen Verlust des Vermögens, ist der Ausschüttungstatbestand erfüllt.[733] Folglich ist auf die Abbuchung des Geldbetrages auf dem Konto der SUP abzustellen. Zu diesem Zeitpunkt muss die Ausschüttung aufgrund der Gesellschafterstellung der Muttergesellschaft erfolgen.

Somit hängt das Vorliegen einer Ausschüttung davon ab, ob der gewährte Gegenanspruch zugunsten der SUP äquivalent und vollwertig ist bzw. einem Drittvergleich standhält.[734] Hierfür ist beim Cash-Pooling erforderlich, dass das

---

727 *Strohn*, DB 2014, 1535; *Altmeppen*, NZG 2010, 361; *Johnen*, Cash Pooling in faktischen Unternehmenszusammenschlüssen, 2014, S. 25 f.

728 *Johnen*, Cash Pooling in faktischen Unternehmenszusammenschlüssen, 2014, S. 32 ff.; *Hommelhoff*, ZHR 173 (2009), 255, 273.

729 *Hommelhoff*, ZHR 173 (2009), 255, 274; *S. Jung*, Die Kapitalverfassung der Societas Privata Europaea (SPE), 2014, S. 296 ff.

730 Vgl. E. XI. c. 1.).

731 *Hommelhoff*, ZHR 173 (2009), 255, 274.

732 So auch *Ekkenga* zur deutschen Parallelproblematik, in MüKoGmbHG, 2. Aufl. 2015, § 30 Rn. 187; *Drygala/Staake/Szalai*, Kapitalgesellschaftsrecht, 2012, § 8 Rn. 27.

733 Vgl. auch *Ekkenga*, in MüKoGmbHG, 2. Aufl. 2015, § 30 Rn. 131.

734 Im Ergebnis ebenso: *Schoenemann*, EWS 2014, 241, 243; *S. Jung*, Die Kapitalverfassung der Societas Privata Europaea (SPE), 2014, S. 297 f.

Darlehen der SUP angemessen verzinst wird,[735] die Risikoverteilung entsprechend gewürdigt wird und Informations- sowie Kündigungsrechte zugunsten der Gesellschaft bestehen.[736] Zusätzlich hat der Geschäftsführer der SUP die Bonität der Muttergesellschaft ständig zu beobachten und gegebenenfalls den Vertrag zu kündigen.[737]

Soweit diese Merkmale eingehalten werden, liegt eine äquivalente und vollwertige Gegenleistung vor. Folglich wäre keine Ausschüttung i.S.d. Art. 2 Abs. 3 SUP-RL gegeben, so dass ein solches Cash-Pool System ohne weiteres mit der Richtlinie zu vereinbaren ist.

Fraglich ist jedoch, wie es sich verhält, wenn der SUP kein entsprechender Gegenanspruch gewährt wird. In diesem Falle liegt eine Ausschüttung an den einzigen Gesellschafter aufgrund dessen Gesellschafterstellung gem. Art. 2 Abs. 3 SUP-RL vor.

Erforderlich wäre daher vor jeder Zahlung auf das gemeinsame Zielkonto die Durchführung eines Bilanz- sowie Solvenztestes. Die daraus folgend notwendige tägliche Aktualisierung des Bilanz- und Solvenztests durch den Geschäftsführer wäre praktisch jedoch nur unter hohen Aufwendungen erreichbar. Soweit dieses theoretisch noch machbar erscheint, scheitert ein solches System spätestens an der Vorlage der Solvenzbescheinigung, gem. Art. 18 Abs. 3 S. 3 SUP-RL. Denn eine Vorlage an den Alleingesellschafter 15 Tage vor dem Ausschüttungsbeschluss ist nicht durchführbar. Ein bewusstes Übergehen der Frist oder der Vorlage kommt ebenfalls nicht in Betracht. Denn auch wenn sich die Rechtsfolgen des Nichteinhaltens der 15-Tages-Frist mangels Regelung in der Richtlinie nach dem nationalen Recht richten, müssen die Mitgliedsstaaten hierfür wirksame und abschreckende Sanktionen festlegen, Art. 28 SUP-RL. Eine bewusste Nichtbeachtung der Frist scheidet daher aus.

Folglich kann ein Cash-Pooling System, welches zu Ausschüttungen an den Gesellschafter i.S.d. Art. 2 Abs. 3 SUP-RL führt, nicht mit einer SUP betrieben werden. Da jedoch auch im deutschen GmbH-Recht für den Betrieb eines

---

735 Soweit die SUP selbst innerhalb des Systems auf zinslose Kredite zurückgreifen kann, soll ein Zins nicht erforderlich sein, vgl. *Altmeppen*, in Roth/Altmeppen, GmbHG, 8. Auflage 2015, § 30 Rn. 119.

736 *Ekkenga*, in MüKoGmbHG, 2. Aufl. 2015, § 30 Rn. 188; *Brüninghaus*, in Vögele/Borstell/Engler Verrechnungspreise, 4. Aufl. 2015, 5. Teil, Kapitel P, IV. Rn. 127; *S. Jung*, Die Kapitalverfassung der Societas Privata Europaea (SPE), 2014, S. 297 f.

737 *Strohn*, DB 2014, 1535, 1540; *Altmeppen*, NZG 2010, 401, 406.

Cash-Pools ein äquivalenter und vollwertiger Gegenanspruch erforderlich ist,[738] ist dagegen nichts einzuwenden.

Damit steht die SUP einem konzernweiten Cash-Pooling System nicht entgegen.

### f. Zwischenresümee zur Kapitalverfassung

Die Richtlinie hat eine detailreiche Ausgestaltung in Bezug auf die Kapitalverfassung bekommen. Positiv sind das geringe Mindeststammkapital sowie die Publizität der Stammkapitalziffer. Des Weiteren sind auch die einheitlichen Regelungen hinsichtlich der Ausschüttungen zu begrüßen. So soll die Kapitalerhaltung durch einen Bilanz- sowie Solvenztest in Kombination mit strengen Haftungsvorschriften im Falle der Unzulässigkeit einer Ausschüttung ausreichend gesichert werden.[739]

Nachbesserung bedarf der Richtlinienvorschlag hingegen in Hinblick auf eine kenntnisunabhängige Haftung für unzulässige Ausschüttungen und daneben für eine obligatorische Überprüfung der Gesellschaftereinlagen.

Konträr zum Richtlinienvorschlag der Kommission überlässt die allgemeine Ausrichtung des Rates die Ausgestaltung der Kapitalverfassung, insbesondere die Ausschüttungsvoraussetzungen, überwiegend dem nationalen Recht. In Bezug auf einen einheitlichen Gläubigerschutz liegt hierin folglich ein erheblicher Rückschritt im Vergleich zum Kommissionvorschlag.[740]

## IX. Die Organisationsverfassung

Die Vorschriften hinsichtlich der Organisation einer SUP werden im siebten Kapitel der Richtlinie, genauer in den Artikeln 21- 25 geregelt. Aus diesen ergibt sich auch, dass eine SUP mindestens aus zwei Organen besteht, nämlich dem Alleingesellschafter, Art. 21 SUP-RL, und dem Leitungsorgan, Art. 22 SUP-RL. Darüber hinaus kann, je nach anwendbarem Recht, noch ein Aufsichtsrat hinzukommen, Art. 22 Abs. 3 SUP-RL.

---

738 *Fastrich*, in Baumbach/Hueck, GmbHG, 20. Aufl. 2013, § 30 Rn. 54; *Fleischer*, Henssler/Strohn, Gesellschaftsrecht, 2. Aufl. 2014, GmbHG, § 30 Rn. 8; *Schoenemann*, EWS 2014, 241, 243.

739 Im Ergebnis ebenso: *Drygala*, EuZW 2014, 491, 496; *Conac*, ECFR 2015, 139, 169; *Knapp*, ECFR 2015, 191, 201.

740 Ebenso *Teichmann/Fröhlich*, Working Papier 11/2015, S. 19 f.

### a. Beschlüsse des einzigen Gesellschafters

Die Kompetenzausübung des Alleingesellschafters erfolgt, wie im deutschen Recht,[741] durch die Fassung eines Gesellschafterbeschlusses, vgl. Art. 21 Abs. 1 S. 1 SUP-RL. Die dabei gefassten Beschlüsse hat der Gesellschafter gegenüber der Gesellschaft, vertreten durch ihren Geschäftsführer, offenzulegen.[742] Dies soll dem Umstand Rechnung tragen, dass der Alleingesellschafter jederzeit einen Gesellschafterbeschluss fassen kann, ohne hierfür eine Gesellschafterversammlung einberufen zu müssen.[743] Neben dem Schriftlichkeitsgebot[744] soll insbesondere durch diese Offenlegung ein hohes Maß an Transparenz gewährleistet werden.[745]

Die weiteren Anforderungen an die Beschlussfassungsbefugnis des Gesellschafters ergeben sich aus Art. 21 SUP-RL.

#### *1. Schriftliche Niederschrift*

So sind nach Art. 21 Abs. 1 S. 1 SUP-RL sämtliche Gesellschafterbeschlüsse vom Alleingesellschafter schriftlich niederzulegen. Welche konkreten Modalitäten dabei an die Schriftlichkeit gestellt werden, ist mangels Regelung in der Richtlinie dem nationalen Umsetzungsgesetzgeber überlassen. Zu beachten ist, dass mit Schriftform i.S.d. Art. 21 Abs. 1 S. 1 SUP-RL wiederum nur die Textform des § 126b BGB gemeint ist.[746] Der deutsche Gesetzgeber könnte es folglich bei der Regelung des § 48 Abs. 3 GmbHG belassen.[747] Nach diesem muss im Anschluss an die Beschlussfassung unverzüglich eine Niederschrift aufgenommen und unterschrieben werden.[748] Da der Alleingesellschafter einer SUP naturgemäß jeden Gesellschafterbeschluss alleine fällen kann, ist diese Form der Transparenz für den Gläubigerschutz zwingend erforderlich und die Regelung demnach zu begrüßen.

---

741 Vgl. *Zöllner*, in Baumbach/Hueck, GmbHG, 20. Aufl. 2013, § 47 Rn. 1 ff.

742 Vgl. Erwägungsgrund 21 S. 2 SUP-RL.

743 Vgl. Art. 21 Abs. 3 S. 1 SUP-RL.

744 Dazu sogleich unter E. XII. a. 1.).

745 Erwägungsgrund 21 S. 1 SUP-RL.

746 Vgl. hierzu bereits oben unter E. IV.; zudem *J. Schmidt*, in Lutter/Koch, Societas Unius Personae (SUP), 2015, S. 4.

747 *Beurskens*, GmbHR 2014, 738, 743; *Schoenemann*, EWS 2014, 241, 244; *J. Schmidt*, in Lutter/Koch, Societas Unius Personae (SUP), 2015, S. 4.

748 Vgl. hierzu *Roth*, in Roth/Altmeppen, GmbHG, 8. Aufl. 2015, § 48 Rn. 41 ff.; *Zöllner*, in Baumbach/Hueck, GmbHG, 20. Aufl. 2013, § 48 Rn. 46 ff.

Wie bei Art. 5 Abs. 1 SUP-RL werden die Rechtsfolgen bei Nichteinhaltung des Schriftlichkeitsgebotes durch die Richtlinie nicht geregelt.[749] Es ist daher wiederum den Mitgliedsstaaten überlassen, ob die Einhaltung der schriftlichen Niederschrift Ordnungsvorschrift oder Wirksamkeitserfordernis ist. Vorzuziehen wäre die Umsetzung als Ordnungsvorschrift, so dass sich der Alleingesellschafter nicht, unter Berufung auf den Formmangel, der Selbstbindung eines Gesellschafterbeschlusses entziehen kann.[750] Denn das Schriftlichkeitserfordernis von Gesellschafterbeschlüssen eines Alleingesellschafters soll gerade nicht den Gesellschafter im Innenverhältnis, sondern vielmehr die Gläubiger der Gesellschaft im Außenverhältnis schützen.[751] Dementsprechend wurde auch die bisherige Vorgängerregelung, Art. 4 Abs. 2 RL 2009/102/EG, in Deutschland in § 48 Abs. 3 GmbHG als Ordnungsvorschrift umgesetzt.[752] Es ist daher zu erwarten, dass der deutsche Umsetzungsgesetzgeber auch dieses Mal die Regelung als Ordnungsvorschrift ausgestalten wird.

Gleichwohl haben die Mitgliedsstaaten nach Art. 28 SUP-RL wiederum wirksame Sanktionen bei Verstößen gegen die Vorschrift vorzusehen. Mit Bezug auf die Gesellschafterbeschlüsse könnte dies beispielsweise dadurch geschehen, dass sich nur Dritte, nicht jedoch der Alleingesellschafter, auf den Gesellschafterbeschluss berufen können und gegebenenfalls Schadensersatzansprüche der Gesellschaft gegen den Gesellschafter bestehen.[753] Ein ersatzfähiger Schaden läge beispielsweise dann vor, wenn sich die SUP, aufgrund mangelnder Dokumentation, nicht auf eine außerordentliche Kündigung des Anstellungsvertrages des Geschäftsführers berufen kann.[754] Auch eine Sanktionierung durch das Ordnungswidrigkeitengesetz käme wiederrum in Betracht.

Ganz generell ist aber zu beachten, dass es sich bei der Anordnung in Art. 21 Abs. 1 S. 1 SUP-RL um eine unnötige Wiederholung innerhalb der Richtlinie handelt. Denn Art. 4 Abs. 2 SUP-RL statuiert bereits im allgemeinen Teil der Richtlinie,

---

749 Vgl. hierzu bereits E. IV.

750 *Roth*, in Roth/Altmeppen, GmbHG, 8. Aufl. 2015, § 48 Rn. 44; *Hillmann*, in Henssler/Strohn, Gesellschaftsrecht, 2. Aufl. 2014, GmbHG § 48 Rn. 32.

751 Vgl. *Liebscher*, in MüKoGmbHG, 2. Aufl. 2016, § 48 Rn. 192.

752 *Grunewald*, Gesellschaftsrecht, 9. Aufl. 2013, § 13 Rn. 96; *Roth*, in Roth/Altmeppen, GmbHG, 8. Aufl. 2015, § 48 Rn. 44; *Zöllner*, in Baumbach/Hueck, GmbHG, 20. Aufl. 2013, § 48 Rn. 48.

753 Zur Auffassung im deutschen Recht *Liebscher*, in MüKoGmbHG, 2. Aufl. 2016, § 48 Rn. 195; *Roth*, in Roth/Altmeppen, GmbHG, 8. Aufl. 2015, § 48 Rn. 44 f.; *Seibt*, in Scholz, GmbHG, 11. Aufl. 2014, § 48 Rn. 73.

754 *Liebscher*, in MüKoGmbHG, 2. Aufl. 2016, § 48 Rn. 195.

dass Gesellschafterbeschlüsse in allen Einpersonengesellschaften schriftlich niederzulegen sind.[755] Die nahezu identisch lautende Formulierung der beiden Vorschriften lässt zudem keinen unterschiedlichen Anwendungsbereich zu.[756] Die Regelung in Art. 21 Abs. 1 S. 1 SUP-RL ist daher überflüssig und sollte getilgt werden. An dem Erfordernis der schriftlichen Niederlegung ändert sich dadurch nichts.

### 2. *Aufbewahrungspflicht*

Weiterhin ordnet Art. 21 Abs. 1 S. 2 SUP-RL an, dass die Niederschriften der gefassten Beschlüsse mindestens fünf Jahre lang aufzubewahren sind. Aus dem Wortlaut ergibt sich, dass es sich hierbei um einen Mindeststandard handelt. Die Mitgliedsstaaten dürfen daher zwar keine kürzere Aufbewahrungsfrist der Niederschriften vorsehen, es bleibt ihnen jedoch unbenommen, eine längere Aufbewahrung vorzuschreiben.

Auch hierbei handelt es sich nicht um eine Wirksamkeitsvoraussetzung für den Gesellschafterbeschluss, die Einhaltung muss jedoch von den Mitgliedsstaaten sichergestellt werden.

Entgegen dem Erfordernis der schriftlichen Niederlegung der Beschlüsse findet sich deren fünfjährige Aufbewahrungsverpflichtung nicht im allgemeinen Teil der Richtlinie. Folglich findet diese nur bei der SUP Anwendung, nicht jedoch bei anderen Einpersonengesellschaften. Zugunsten einer einheitlichen Aufbewahrungspflicht wäre es jedoch zu begrüßen, wenn dieses Erfordernis auf alle Einpersonengesellschaften Anwendung fände.[757] Dieses Ziel hat auch der Rat, wenn er in seiner allgemeinen Ausrichtung die Aufbewahrungspflicht in den allgemeinen Teil verschieben möchte.[758]

### 3. *Unzulässigkeit weiterer Formalia*

Den Mitgliedsstaaten ist es darüber hinaus nicht gestattet, neben der Schriftlichkeit und der fünfjährigen Aufbewahrungspflicht weitere formale Anforderungen an einen Gesellschafterbeschluss des Alleingesellschafters zu stellen.[759] Dies folgt

---

755 Vgl. zum allgemeinen Teil der Richtlinie unter E. IV.

756 Anders. aber *S. Jung*, welche aus der Wiederholung in Art. 21 Abs. 1 S. 1 SUP-RL auf einen weiteren Anwendungsbereich als den in Art. 4 Abs. 2 SUP-RL schließen möchte, vgl. *S. Jung*, GmbHR 2014, 579, 590.

757 Ebenso *S. Jung*, GmbHR 2014, 579, 590.

758 Vgl. SUP-RLE-Rat, Dok. 8811/15, Art. 4 Abs. 2.

759 *J. Schmidt*, in Lutter/Koch, Societas Unius Personae (SUP), 2015, S. 4; *Beurskens*, GmbHR 2014, 738, 743; *Schoenemann*, EWS 2014, 241, 244; *Kalss/Klampfl*, in Dauses EU-Wirtschaftsrecht, 38. EL September 2015, E. III. 7. a) cc) fff) Rn. 495.

aus Art. 21 Abs. 3 SUP-RL, welcher es dem Gesellschafter erlaubt, Beschlüsse ohne die Einberufung einer Gesellschafterversammlung zu fassen und darüber hinaus formale Vorgaben in Bezug auf die Beschlussfassungsbefugnis, den Ort oder den Zeitpunkt untersagt.

Die in Deutschland erforderliche notarielle Mitwirkung bei einem satzungsändernden Beschluss gem. § 53 Abs. 2 S. 1 GmbHG ist mit den Richtlinienanforderungen daher nicht vereinbar.[760] Denn hierin läge eine unzulässige formale Anforderung an den Gesellschafterbeschluss. Dementsprechend wird die Vorgabe der Richtlinie vereinzelt kritisch gesehen und gefordert, der nationale Gesetzgeber solle weiterhin Formerfordernisse an Gesellschafterbeschlüsse stellen können, insbesondere in Form einer notariellen Beurkundung.[761]

Diese Kritik geht jedoch fehl. So bedarf es zunächst des Beurkundungserfordernisses des § 53 Abs. 2 S. 1 GmbHG in einer SUP nicht. Denn die Form des § 53 Abs. 2 S. 1 GmbHG soll neben der Beweissicherung über das Zustandekommen des Änderungsbeschlusses[762] zumindest auch der materiellen Zulässigkeit der Änderungen dienen.[763] Eine SUP besitzt allerdings nur einen Gesellschafter, welcher zugleich ständig beschlussfähig ist.[764] Aufgrund dieser alleinigen, jederzeitigen Beschlusskompetenz sind gesellschaftsinterne Streitigkeiten hinsichtlich des Beschlusses, ebenso wie Zweifel über ein wirksames Zustandekommen, ausgeschlossen. Dem Interesse des Rechtsverkehrs wird hingegen durch das Dokumentationsgebot des Art. 21 Abs. 1 S. 1 SUP-RL[765] sowie durch die konstitutive Wirkung der Handelsregistereintragung[766] genügt.

Eine materielle Zulässigkeit der Satzungsänderung ist daneben bereits durch das zuständige Registergericht sicherzustellen.[767] Wegen der Maßgeblichkeit des nationalen Rechts stehen einer dementsprechenden Prüfung auch keine

---

760 *Beurskens*, GmbHR 2014, 738, 743; *Kalss/Klampfl*, in Dauses EU-Wirtschaftsrecht, 38. EL September 2015, E. III. 7. a) cc) fff) Rn. 495; *DAV*, NZG 2014, 1372, 1376 Rz. 42.

761 Bundesrat, Beschluss v. 11.07.2014, BR-Drucks. 165/14, Zweiter Beschluss, S. 16 Ziff. 37 f.; *DAV*, NZG 2014, 1372, 1380 Rz. 82.

762 *Zöllner/Noack*, in Baumbach/Hueck, GmbHG, 20. Aufl. 2013, § 53 Rn. 71; *Harbarth*, in MüKoGmbHG, 2. Aufl. 2016, § 53 Rn. 68; *Bayer*, in Lutter/Hommelhoff, GmbHG, 18. Aufl. 2012, § 53, Rn. 16.

763 *Roth*, in Roth/Altmeppen, GmbHG, 8. Aufl. 2015, § 53 Rn. 21; *Wicke*, GmbHG, 3. Aufl. 2016, § 53 Rn. 13.

764 Vgl. Art. 21 Abs. 3 SUP-RL.

765 Zur Niederschrift vgl. E. XII. a. 1.).

766 Vgl. zu dieser E. IX. c.

767 *Priester*, in Scholz, GmbHG, 11. Aufl. 2015, § 54 Rn. 34 ff.; *Harbarth*, in MüKoGmbHG, 2. Aufl. 2016, § 53 Rn. 65 ff.

zeitlichen Vorgaben entgegen.[768] Auch einer zusätzlichen inhaltlichen Kontrolle des Änderungsbeschlusses durch den Notar bedarf es daher nicht.[769]

Gleichzeitig wird durch die Unzulässigkeit nationaler Anforderungen an einen Gesellschafterbeschluss die Verwaltung von Unternehmensgruppen erheblich vereinfacht. Denn es entfällt für die Muttergesellschaft der Zwang, vor jedem Beschluss i.S.d. Art. 21 Abs. 2 S. 1 SUP-RL Informationen über die nationalen Anforderungen des jeweiligen Mitgliedsstaates einzuholen. Erst recht braucht eine eventuell obligatorische Reise in diesen Mitgliedsstaat, beispielsweise zwecks Beurkundung, nicht angetreten zu werden. Stände es den Mitgliedsstaaten dagegen frei, nationale Formanforderungen an den Gesellschafter zu stellen, wäre durch die europaweit einheitliche Online-Gründung einer SUP wenig gewonnen. Denn die Mitgliedsstaaten könnten jegliche, auch die nicht in Art. 21 Abs. 2 S. 1 SUP-RL genannten, Beschlüsse des Alleingesellschafters speziellen Erfordernissen unterwerfen. In der Folge wäre die SUP für grenzüberschreitende Aktivitäten nicht besser geeignet als die bisherigen nationalen Gesellschaftsformen.

Insgesamt ist es daher zu befürworten, dass bei der Beschlussfassung in einer SUP neben Schriftlichkeit und Aufbewahrungspflicht keine weiteren Formalia beachtet werden müssen.[770]

Fraglich ist aber, ob die Einreichung zur Eintragung in öffentlich beglaubigter Form, § 54 Abs. 1 S. 1 GmbHG i.V.m. § 12 Abs. 1 S. 1 HGB, mit der Richtlinie zu vereinbaren ist. Denn hierfür hat die Übermittlung des Beschlusses an das Registergericht durch einen Notar zu erfolgen.[771] Demzufolge wäre der Alleingesellschafter weiterhin auf eine notarielle Mitwirkung bei Eintragung der gefassten Beschlüsse in das Handelsregister angewiesen. Entscheidend für die Zulässigkeit formaler Anforderungen an die Eintragung ist, ob die Richtlinie nur den Gesellschafterbeschluss selbst oder auch einen gegebenenfalls erforderlichen Eintragungsvorgang ohne zusätzliche Anforderungen ausgestaltet wissen will.

---

768 Vgl. zur Satzungsänderung unter E. IX. c.

769 Ebenso *Zöllner/Noack*, in Baumbach/Hueck, GmbHG, 20. Aufl. 2013, § 53 Rn. 71; *Harbarth*, in MüKoGmbHG, 2. Aufl. 2016, § 53 Rn. 68; *Bayer*, in Lutter/Hommelhoff, GmbHG, 18. Aufl. 2012, § 53, Rn. 16; anders dagegen BGH Beschluss vom 24.10.1988 – II ZB 7/88, BGHZ 105, 324 (338) = NJW 1989, 295; *Wicke*, GmbHG, 3. Aufl. 2016, § 53 Rn. 13.

770 Ebenso *Schoenemann*, EWS 2014, 241, 244; *S. Jung*, GmbHR 2014, 579, 590; *Conac*, ECFR 2015, 139, 162.

771 *Preuß*, in Oetker, HGB, 4. Aufl. 2015, § 12 Rn. 61; *Hopt*, in Baumbach/Hopt, Handelsgesetzbuch, 36. Aufl. 2014, § 12 Rn. 1; *Wamser*, in Henssler/Strohn, 2. Aufl. 2014, § 12 HGB Rn. 7.

Mehrere Erwägungen sprechen dabei dafür, dass die Kommission zusätzliche Formalia nur hinsichtlich des Gesellschafterbeschlusses untersagen möchte. So bezieht sich zunächst der Wortlaut des Art. 21 Abs. 3 S. 2 SUP-RL explizit nur auf die Beschlussfassungsbefugnis des Gesellschafters. Eine zusätzliche Anwendung auf den Eintragungsvorgang wäre daher besonders begründungsbedürftig.

Weiterhin hat der Gesellschafter zwar Beschlüsse über eine Satzungsänderung[772] oder Umwandlung[773] zu fassen, die anschließende Satzungsänderung bzw. Umwandlung selbst richtet sich jedoch nach dem nationalen Recht, vgl. Art. 12 Abs. 1 S. 1 SUP-RL und Art. 25 Abs. 1 S. 1 SUP-RL. Daraus kann einerseits geschlossen werden, dass der Richtliniengeber zwischen beiden Vorgängen bewusst differenziert, weshalb in Art. 21 Abs. 3 S. 2 SUP-RL beabsichtigt nur die Beschlussfassungsbefugnis genannt wird. Andererseits wäre unklar, wie nationales Recht auf die Satzungsänderung bzw. das Umwandlungsverfahren Anwendung finden soll, wenn zugleich sämtlichen formalen Anforderungen untersagt sein sollen. Denn selbst die Anmeldung zur Eintragung durch eine E-Mail wäre eine formale Anforderung und demzufolge unzulässig.

Schließlich ist eine Interpretation, nach welcher sich Art. 21 Abs. 3 S. 2 SUP-RL nur auf die Beschlussfassung bezieht, auch kein Widerspruch zur bezweckten Vereinfachung derselben. Denn danach unterliegen nur diejenigen Beschlüsse, welche einer Eintragung in das nationale Register bedürfen, zu ihrer Wirksamkeit weiteren Anforderungen. Alle übrigen Beschlüsse sind ohne zusätzliche Formalia sofort wirksam.

Daher bezieht sich das Verbot weiterer formaler Anforderungen, Art. 21 Abs. 3 S. 2 SUP-RL, ausschließlich auf die Beschlussfassungsbefugnis des Alleingesellschafters.[774] Den Mitgliedsstaaten ist es damit erlaubt, an die Einreichung zur Eintragung weitere Anforderungen zu stellen. Der in Deutschland vorgesehene Notarbesuch zwecks Identifizierung des Anmelders[775] ist folglich zulässig.

Dennoch wäre es vorzugswürdig, wenn der deutsche Umsetzungsgesetzgeber auf die bekannte notarielle Mitwirkung bei der Einreichung der Unterlagen, gem. § 54 Abs. 1 S. 1 GmbHG i.V.m. § 12 Abs. 1 S. 1 HGB, verzichten würde. Denn um ein kohärentes System im Zusammenhang mit der elektronischen Eintragung zu schaffen und um grenzüberschreitende Tätigkeiten zu erleichtern, sollte auch die Einreichung einer Satzungsänderung ausschließlich elektronisch

---

772 Vgl. Art. 21 Abs. 2 Unterabs. 1 lit. [k] SUP-RL.

773 Vgl. Art. 21 Abs. 2 Unterabs. 1 lit. [i] SUP-RL.

774 Wohl ebenso *Beurskens*, GmbHR 2014, 738, 743; *S. Jung*, GmbHR 2014, 579, 590; *Schoenemann*, EWS 2014, 241, 244; *Conac*, ECFR 2015, 139, 162.

775 Zum Zweck der notariellen Mitwirkung bei der Anmeldung vgl. unter E. X. a. 2.) (5).

möglich sein.[776] Für die Identifizierung des Anmelders kann hierbei das bereits für die Eintragung einer SUP geschaffene elektronische Identifizierungsverfahren herangezogen werden. Darüber hinaus wäre die Übermittlung der einzureichenden Unterlagen an das zuständige Register auch weiterhin durch einen Notar möglich. Dieser könnte zudem vorab die Zulässigkeit der gewünschten Satzungsänderung prüfen. Hierfür müssten die entsprechenden Dokumente lediglich zuvor durch den Anmelder an den Notar übersendet werden.

Eine solche einfache und kostengünstige Möglichkeit der Satzungsänderung käme insbesondere auch einer SUP mit einem ausländischen Verwaltungssitz entgegen, so dass die deutsche SUP zusätzliche Attraktivität gewänne.

### *4. Beschlussgegenstände des Alleingesellschafters*

In Art. 21 Abs. 2 S. 1 SUP-RL werden einzelne Beschlussgegenstände aufgelistet, über welche der Alleingesellschafter zu entscheiden hat.

Hierzu zählen die Genehmigung des Jahresabschlusses, Gewinnausschüttungen, Erhöhung oder Herabsetzung des Stammkapitals, Bestellung oder Entlassung des Geschäftsführers, Vergütung des Geschäftsführers, Satzungssitzverlegung, Bestellung oder Entlassung des Wirtschaftsprüfers, Umwandlung oder Auflösung der SUP und die Satzungsänderung.

Es ist dem Alleingesellschafter dabei ausdrücklich untersagt, die Befugnis, über diese Beschlussgegenstände zu entscheiden an das Leitungsorgan zu übertragen, Art. 21 Abs. 2 S. 2 SUP-RL.

Gerade deshalb ist auch der Forderung entgegenzutreten, welche Geschäfte zwischen der SUP und ihrem Geschäftsführer in die Aufzählung aufnehmen möchte.[777] Denn dann wäre der Alleingesellschafter hierfür zwingend zuständig und könnte selbst unbedeutende Geschäfte dem Geschäftsführer nicht gestatten. Die Befreiung von einem Insichgeschäft gem. § 181 BGB wäre damit unmöglich. Diese Entscheidung sollte aber dem Alleingesellschafter vorbehalten sein.[778] Ebenso verhält es sich mit der Geltendmachung von Ansprüchen gegenüber dem Geschäftsführer. Da eine SUP gem. Art. 22 Abs. 1 SUP-RL mehrere Geschäftsführer haben kann, muss es bei Pluralität in der Geschäftsführung möglich sein,

---

776 Das sogenannte „*company highjacking*“ oder „*corporate fraud*“ wird durch diese Möglichkeit nicht begünstigt, da keine physischen Papierunterlagen ungeprüft in das Register übernommen werden. Vgl. hierzu E. X. a. 2.) (5).

777 So aber *DAV*, NZG 2014, 1372, 1380 Rz. 79.

778 Vgl. etwa zur der Möglichkeit in einer GmbH *Zöllner/Noack*, in Baumbach/Hueck, GmbHG, 20. Aufl. 2013, § 35 Rn. 132.

dass einem Geschäftsführer die Geltendmachung von Ansprüchen gegenüber dem anderen Geschäftsführer übertragen wird.

Zu beachten ist hierbei insbesondere, dass es dem Alleingesellschafter auch ohne eine zwingende Zuständigkeit jederzeit möglich ist, weitere Beschlussgegenstände an sich zu ziehen.[779] So soll er explizit auch andere Beschlüsse, als die in der Richtlinie genannten, fassen können.[780] Konträr dazu besitzt der Geschäftsführer lediglich eine subsidiäre Zuständigkeit für Befugnisse, welche gerade nicht vom Alleingesellschafter ausgeübt werden, vgl. Art. 22 Abs. 3 SUP-RL. Abgesichert wird die umfassende Zuständigkeit des Gesellschafters schließlich durch das Weisungsrecht[781] gegenüber dem Geschäftsführer, vgl. Art. 23 SUP-RL.[782] Aufgrund dieser dadurch möglichen Allzuständigkeit bedarf es keiner weiteren zwingenden Beschlussgegenstände des Alleingesellschafters in Art. 21 Abs. 2 S. 1 SUP-RL.

Fraglich ist aber, ob die Unzulässigkeit der Übertragung nur gegenüber dem Geschäftsführer gilt, oder ob der Ausschluss jedweden Dritten betrifft. Nach dem Wortlaut des Art. 21 Abs. 2 S. 2 SUP-RL ist lediglich eine Übertragung an das Leitungsorgan ausgeschlossen, so dass eine Übertragung an einen gegebenenfalls bestehenden Aufsichtsrat möglich wäre.[783] Von Interesse ist dies insbesondere für die Bestellung und die Abberufung des Geschäftsführers, Art. 21 Abs. 2 Unterabs. 1 lit. [e] SUP-RL. In Deutschland wäre hierfür in einer mitbestimmten GmbH der Aufsichtsrat zuständig, vgl. § 31 MitbestG.[784]

Aus der grundsätzlichen Bedeutung der in Art. 21 Abs. 2 SUP-RL genannten Angelegenheiten ergibt sich jedoch, dass jedwede Delegation durch den Alleingesellschafter auf ein anderes Organ ausgeschlossen sein soll.[785] Gerade in Bezug auf die Bestellung oder Entlassung des Geschäftsführers wird dies darüber hinaus durch Art. 22 Abs. 5 S. 1 SUP-RL bestätigt. Denn dieser weist dem Alleingesellschafter ausdrücklich die Kompetenz zu, den Geschäftsführer jederzeit durch Beschluss entlassen zu können. Demzufolge ist der Alleingesellschafter für die Beschlüsse in Art. 21 Abs. 2 SUP-RL zwingend selbst zuständig.[786] Der Wortlaut

---

779 *S. Jung*, GmbHR 2014, 579, 590.

780 COM (2014) 212 final, S. 9.

781 Zum Weisungsrecht vgl. sogleich unter E. XII. b.

782 *S. Jung*, GmbHR 2014, 579, 590.

783 So *Schoenemann*, EWS 2014, 241, 244.

784 *Beurskens*, GmbHR 2014, 738, 743.

785 *Beurskens*, GmbHR 2014, 738, 743; *S. Jung*, GmbHR 2014, 579, 590.

786 Ebenso *Beurskens*, GmbHR 2014, 738, 743; *S. Jung*, GmbHR 2014, 579, 590; *Kalss/Klampfl*, in Dauses EU-Wirtschaftsrecht, 38. EL September 2015, E. III. 7. a) cc) fff) Rn. 495; *Teichmann*, in Lutter/Koch, Societas Unius Personae (SUP), 2015, S. 48.

des Art. 21 Abs. 2 S. 2 SUP-RL sollte entsprechend angepasst werden. Im Übrigen ist es zu begrüßen, dass dem Gesellschafter allein die Kompetenz zur Bestellung und Abberufung des Geschäftsführers zukommt. Gerade in grenzüberschreitenden Sachverhalten ist dies ein effektives Instrument, um auf die Geschäftsführung einwirken zu können. Wären weitere Organe, je nach nationalem Recht, an der Entscheidung zu beteiligen, müssten zunächst diesbezüglich Erkundigungen eingeholt und anschließend Verhandlungen geführt werden.[787] Dies würde die wünschenswerte Einheitlichkeit der SUP maßgeblich negativ beeinflussen.

Alle weiteren, nicht in Art. 21 Abs. 2 SUP-RL genannten Beschlussgegenstände kann der Gesellschafter nach seinem Belieben an das Leitungsorgan übertragen, soweit dies mit nationalem Recht vereinbar ist.[788] Aufgrund seiner umfassenden Kompetenz bzgl. der weiteren Befugnisse[789] kommt auch eine Delegation an den gegebenenfalls bestehenden Aufsichtsrat in Betracht.

Das Delegationsverbot für grundsätzliche Beschlussgegenstände ist jedoch im Sinne einer europaweit einheitlichen Kompetenzabgrenzung zwischen Alleingesellschafter und Geschäftsführer zu befürworten.[790]

In der Ausrichtung des Rates ist Art. 21 SUP-RL ersatzlos weggefallen. Damit steht es den Mitgliedsstaaten offen, zusätzliche formale Anforderungen an sämtliche Gesellschafterbeschlüsse zu stellen. Darüber hinaus fällt auch die klare Kompetenzzuweisung zugunsten des Alleingesellschafters weg, so dass die Zuständigkeit je nach nationalem Recht divergieren kann. Eine wünschenswerte Erleichterung der grenzüberschreitenden Konzernführung geht damit nicht einher.

### b. Das Weisungsrecht des Alleingesellschafters

Der Alleingesellschafter soll über ein Weisungsrecht gegenüber dem Leitungsorgan verfügen, Art. 23 Abs. 1 SUP-RL. Diese Weisungsbefugnis gilt der Richtlinie nach unbeschränkt, so dass es dem Gesellschafter freisteht, beliebig oft in die Geschäftsführung einzugreifen.[791] Die dabei erteilten Weisungen sind für den Geschäftsführer grundsätzlich bindend.[792] Eingeschränkt wird diese

787 Vgl. *Teichmann*, NJW 2014, 3561, 3564.

788 COM (2014) 212 final, S. 9.

789 Vgl. COM (2014) 212 final, S. 9.

790 So auch *Teichmann*, in Lutter/Koch, Societas Unius Personae (SUP), 2015, S. 48.

791 Art. 23 Abs. 1 SUP-RL; vgl. auch *Kalss/Klampfl*, in Dauses EU-Wirtschaftsrecht, 38. EL September 2015, E. III. 7. a) cc) fff) Rn. 497.

792 Erwägungsgrund 23 SUP-RL.

Bindungswirkung lediglich dann, wenn ergangene Weisungen gegen die Satzung der Gesellschaft oder das anwendbare nationale Recht verstoßen, vgl. Art. 23 Abs. 2 SUP-RL. In einem solchen Fall braucht der Geschäftsführer die Weisungen nicht zu befolgen.[793] Demnach ist es dem Gesellschafter unbenommen, sein Weisungsrecht in der Satzung der SUP näher auszugestalten.[794] Ein gänzlicher Ausschluss des Weisungsrechts in der Satzung wäre aber mit der Vorgabe in Art. 23 Abs. 1 SUP-RL nicht vereinbar.[795] Für die Schranken, welche sich darüber hinaus aus dem nationalen Recht ergeben können, ist das Recht des Registersitzes der SUP, nicht dasjenige der Muttergesellschaft entscheidend.[796]

Insbesondere durch dieses Weisungsrecht soll die SUP nach dem Willen der Kommission auch für größere Konzerne interessant sein.[797]

Grundsätzlich ist der Kommission darin beizupflichten, dass ein einheitliches Weisungsrecht für Konzerne, welche länderübergreifend operieren möchten, ein attraktives Instrument zugunsten einer effektiven Konzernführung ist.[798] Dies insbesondere deshalb, weil in den verschiedenen Mitgliedsstaaten die Vorschriften für eine einheitliche Konzernleitung entweder sehr unterschiedlich ausgeprägt sind oder sogar gänzlich fehlen.[799]

Art. 23 SUP-RL beseitigt die hierbei bestehenden Hindernisse jedoch nur teilweise und wird dementsprechend überwiegend kritisch gesehen.[800] Zwar normiert Art. 23 Abs. 1 SUP-RL zunächst ein umfangreiches Weisungsrecht zugunsten der Konzernmutter gegenüber der Tochtergesellschaft. Allerdings

793 Vgl. Art. 23 Abs. 2 SUP-RL.

794 So auch *Schoenemann*, EWS 2014, 241, 244.

795 Anders aber *Schoenemann*, EWS 2014, 241, 244.

796 Erwägungsgrund 23 SUP-RL.

797 Erwägungsgrund 23 SUP-RL; *Beurskens*, GmbHR 2014, 738, 744.

798 *Teichmann*, in Lutter/Koch, Societas Unius Personae (SUP), 2015, S. 49 ff.; *Hommelhoff*, GmbHR 2014, 1065, 1070; *Conac*, ECFR 2015, 139, 162; Drygala, EuZW 2014, 491, 495; auch jüngst wurde vom Forum Europaeum on Company Groups wieder ein einheitliches Weisungsrecht gefordert, vgl. ZGR 2015, 507, 511.

799 *Schubel*, FS Müller-Graff, 2015, 305, 306; *Emmerich/Habersack*, Konzernrecht, 10. Aufl. 2013, § 1 Rn. 42 f.; *Teichmann*, in Lutter/Koch, Societas Unius Personae (SUP), 2015, S. 49 f.; zu den unterschiedlichen Regelungen in den Mitgliedsstaaten *Teichmann*, AG 2013, 184, 191 ff.; *Weller/Bauer*, in ZEuP 2015, 6, 10 ff.; *Kindler*, in ZHR 179 (2015), 331, 359 ff.

800 Vgl. *Mülbert*, ZHR 179 (2015), 645, 667; *Drygala*, EuZW 2014, 491, 494 f.; *Hommelhoff*, GmbHR 2014, 1065, 1071; *Teichmann*, in Lutter/Koch, Societas Unius Personae (SUP), 2015, S. 50; *J. Schmidt*, GmbHR 2014, R129, R130; *Weller/Bauer*, ZEuP 2015, 6, 28; *Teichmann/Fröhlich*, MJ Bd. 21 (2014), 3, 536, 541.

wird dieses daraufhin durch Art. 23 Abs. 2 SUP-RL doch wieder Ausübungsschranken in Form des jeweiligen mitgliedsstaatlichen Rechts unterworfen. Für länderübergreifende Konzerne bleibt es folglich weiterhin bei einer sehr unübersichtlichen und vor allem unterschiedlichen Rechtslage bzgl. des Weisungsrechts. So attraktiv, wie sich die Kommission das Weisungsrecht für Konzerne vorgestellt hat, ist dieses in der aktuellen Ausgestaltung daher nicht.[801]

Entgegen mancher Forderung[802] ist es jedoch nicht zu erwarten, dass die Weisungsbefugnis durch eine Normierung der Prävalenz des Gruppeninteresses in der Richtlinie gestärkt wird.[803] Näher liegt eine solche Normierung zugunsten der Konzernmütter in einer separaten Richtlinie.[804] Eine dementsprechende Initiative wurde von der Kommission auch bereits angekündigt.[805] Attraktiv erscheint eine solche Regelung außerhalb der SUP-RL insbesondere in Hinblick auf ein homogenes europäisches Unternehmensrecht. Denn eine separate Regelung würde voraussichtlich nicht nur für die SUP, sondern für sämtliche Kapitalgesellschaften der Mitgliedsstaaten gelten.

Trotz der Einschränkung des Weisungsrechts, durch entgegenstehendes nationales Recht, ist Art. 23 Abs. 1 SUP-RL nicht überflüssig. Denn eine faktische Einflussnahme auf die Geschäftsführer der Konzerntöchter, durch die Möglichkeit der jederzeitigen Abberufung,[806] ist bereits gängige Praxis.[807] Die ausdrückliche Normierung des Weisungsrechts, einschließlich seiner Grenzen, ist daher sowohl im Sinne der Geschäftsführer, als auch im Sinne des Rechtsverkehrs begrüßenswert.[808] Dies gilt gerade für Mitgliedsländer, in denen ein Weisungsrecht bisher

801 Ebenso *Teichmann*, in Lutter/Koch, Societas Unius Personae (SUP), 2015, S. 50; *DAV*, NZG 2014, 1372, 1381, Rz. 90; *Weller/Bauer*, ZEuP 2015, 6, 28 f.; *Hommelhoff*, GmbHR 2014, 1065, 1071.

802 So *Hommelhoff*, GmbHR 2014, 1065, 1071; *Teichmann*, in Lutter/Koch, Societas Unius Personae (SUP), 2015, S. 52; *Drygala*, EuZW 2014, 491, 495.

803 *Conac*, ECFR 2015, 139, 163; *Teichmann*, ECFR 2015, 202 229.

804 *Bayer/J. Schmidt*, BB 2015, 1731, 1734; *Conac*, ECFR 2015, 139, 163.

805 Europäische Kommission, Aktionsplan: Europäisches Gesellschaftsrecht und Corporate Governance – ein moderner Rechtsrahmen für engagiertere Aktionäre und besser überlebensfähige Unternehmen, Brüssel, 12.12.2012, COM(2012) 740/2, S. 17; zu diesem Vorhaben: *Forum Europaeum on Company Groups*, ZGR 2015, 507, 508 f.; *Schubel*, FS Müller-Graff, 2015, 305 ff.

806 Zur jederzeitigen Abberufungskompetenz in einer SUP vgl. E. XII. c.

807 *Hommelhoff*, GmbHR 2014, 1065, 1070; *Schoenemann*, EWS 2014, 241, 244.

808 Vgl. *Mülbert*, ZHR 179 (2015), 645, 658; *Schoenemann*, EWS 2014, 241, 244; *Hommelhoff*, GmbHR 2014, 1065, 1070.

gänzlich fehlte.[809] Nicht zuletzt könnten durch die ausdrückliche Normierung des Weisungsrechts auch positive Impulse für eine europäische Regelung zugunsten einer Anerkennung des Gruppeninteresses ausgehen.[810] Dies insbesondere durch die Mitgliedsländer, welche bisher noch kein Weisungsrecht kannten, so dass in ihnen über entsprechende Schranken diskutiert werden muss.[811]

Unabhängig davon besteht für Konzerne bereits nach der derzeitigen Richtlinie eine Möglichkeit, das Weisungsrecht des Art. 23 SUP-RL einheitlich und effektiv auszugestalten. Dafür müssen diese lediglich von der möglichen Sitzaufspaltung[812] Gebrauch machen und den Satzungssitz für alle Tochtergesellschaften in einem Mitgliedsstaat bündeln.[813] Dadurch wäre das anwendbare nationale Recht für alle Konzerngesellschaften identisch, so dass sich auch einheitliche Schranken für das Weisungsrecht ergeben würden. Eine einheitlich und verlässliche Konzernleitung wäre somit ermöglicht.[814]

Schließlich wäre auch bei einer herkömmlichen Wahl des Registersitzes von Tochtergesellschaften in verschiedenen Mitgliedsstaaten das Weisungsrecht ein hilfreiches Instrument. Denn selbst wenn der Geschäftsführer gemäß nationalem Recht stets im Interesse der Gesellschaft zu handeln hat, verbleibt dem Alleingesellschafter ein Spielraum für Weisungen.[815] So beispielsweise bzgl. der Dienstwagen[816], der Geschäftsräume, aber auch hinsichtlich der Unternehmensstrategie, soweit mehrere gleichwertige Strategien zur Auswahl vorliegen. Zu beachten ist darüber hinaus, dass bei der Umsetzung des Weisungsrechts der *„effet utile"* beachtet werden muss, so dass trotz etwaiger Schranken durch das nationale Recht ein Anwendungsbereich verbleiben muss.[817] Ist es dem Geschäftsführer nach dem anwendbaren Recht dagegen gestattet, das Konzerninteresse zu

809 Dazu *Conac*, ECFR 2015, 139, 163; *Teichmann* in Lutter/Koch, Societas Unius Personae (SUP), 2015, S. 49 f.

810 Ähnlich *Conac*, ECFR 2015, 139, 163.

811 *Teichmann* bemängelt, dass Staaten ohne bisheriges Weisungsrecht auch keine entsprechenden Grenzen im nationalen Recht kennen, vgl. *Teichmann* in Lutter/Koch, Societas Unius Personae (SUP), 2015, S. 50.

812 Zur Möglichkeit der Sitzaufspaltung vgl. E. VIII.

813 *Weller/Bauer*, ZEuP 2015, 6, 29; *Hommelhoff*, GmbHR 2014, 1065, 1074.

814 *Weller/Bauer*, ZEuP 2015, 6, 29; *Hommelhoff*, GmbHR 2014, 1065, 1074.

815 *Teichmann*, NJW 2014, 3561, 3564; *Ders.*, in Lutter/Koch, Societas Unius Personae (SUP), 2015, S. 51; *Schoenemann*, EWS 2014, 241, 244; *Omlor*, NZG 2015, 665, 668.

816 Zu diesem Beispiel vgl. *Teichmann*, NJW 2014, 3561, 3564.

817 Zum *„effet utile"* vgl. unter E. II. b.; ebenso *Schoenemann*, EWS 2014, 241, 244; *Omlor*, NZG 2015, 665, 668.

berücksichtigen, so ermöglicht die ausdrückliche Weisungsbefugnis des Alleingesellschafters eine verlässliche Konzernführung.

Auch das Weisungsrecht zugunsten des Alleingesellschafters ist in der allgemeinen Ausrichtung des Rates ersatzlos weggefallen.[818] Die Differenzen der Mitgliedsstaaten hierüber waren offensichtlich zu groß.[819] Die Möglichkeit der Weisungsbefugnis hängt damit weiterhin vom Willen der einzelnen Mitgliedsstaaten ab. Dementsprechend wäre der Gesellschafter häufig darauf angewiesen, seinen Einfluss faktisch, durch seine Abberufungskompetenz zulasten des Geschäftsführers, geltend zu machen.[820] Insgesamt würden hierunter sowohl die Einheitlichkeit der SUP wie auch die Leitungsmöglichkeit des Gesellschafters deutlich leiden, so dass die Attraktivität als Konzerntochter deutlich gemindert wäre.[821] Daher sollte der Rat seine Position bezüglich des Weisungsrechts noch einmal überdenken.

### c. Das Leitungsorgan

Die Vorschriften zum Leitungsorgan einer SUP sind in den Artikeln 22 und 24 SUP-RL zu finden.

Nach Art. 22 Abs. 1 SUP-RL wird die Gesellschaft von einem oder mehreren Geschäftsführern geleitet. Die konkrete Anzahl der Geschäftsführer muss dabei in der Satzung der SUP angegeben werden, Art. 22 Abs. 2 SUP-RL. Grundsätzlich kommen als Geschäftsführer nur natürliche Personen in Betracht, solange das jeweilige nationale Recht nicht auch juristische Personen hierfür zulässt, Art. 22 Abs. 4 S. 1 SUP-RL. Da in einer deutschen GmbH nur natürliche Personen als Geschäftsführer zugelassen sind, vgl. § 6 Abs. 2 S. 1 GmbHG, ist davon auszugehen, dass in Deutschland auch der Geschäftsführer einer SUP eine natürliche Person sein muss. Dabei kann auch der Alleingesellschafter selbst der Geschäftsführer sein, Art. 22 Abs. 4 S. 3 SUP-RL. Soweit es sich bei dem Alleingesellschafter jedoch um eine juristische Person handelt, müsste dies wiederum durch das mitgliedstaatliche Recht zugelassen sein.[822]

Das Leitungsorgan hat als Pendant zum umfangreichen Weisungsrecht des Gesellschafters nur eine subsidiäre Aufgabenzuweisung für Befugnisse, welche

818 SUP-RLE-Rat, Dok. 8811/15, Art. 23; *Mülbert*, ZHR 179 (2015), 645, 667.

819 Wohl ebenso *Teichmann/Fröhlich*, Working Paper 11/2015, S. 21 f.

820 Kritisch zu dieser Möglichkeit *Teichmann* in Lutter/Koch, Societas Unius Personae (SUP), 2015, S. 50.

821 *Bayer/J. Schmidt*, BB 2015, 1731, 1734.

822 *S. Jung*, GmbHR 2014, 579, 590.

weder dem Gesellschafter, noch von einem eventuell bestehenden Aufsichtsrat[823] zukommen, Art. 22 Abs. 3 SUP-RL.[824] Der Kompetenzbereich des Geschäftsführers kann folglich durch die Satzung, im Einklang mit dem nationalen Recht, beliebig ausgestaltet werden.

Die Geschäftsführer werden nach der Richtlinie auf unbestimmte Zeit bestellt, Art. 22 Abs. 4 S. 2 SUP-RL. Allerdings ist es dem Alleingesellschafter möglich, hiervon in der Satzung oder bei der konkreten Bestellung des Geschäftsführers abzuweichen.[825] Darüber hinaus kann der Gesellschafter den Geschäftsführer jederzeit durch einen Beschluss abberufen, Art. 22 Abs. 5 S. 1 SUP-RL. Ein Grund oder eine Begründung seitens des Gesellschafters braucht es hierfür nach der Richtlinie nicht.[826] Die Beschränkung in einer mitbestimmten GmbH auf einen wichtigen Grund, vgl. § 84 Abs. 3 AktG, ist hiermit folglich nicht vereinbar.[827] Durch die Abberufung verliert der Geschäftsführer sodann automatisch die Befugnis, für die Gesellschaft zu handeln.[828]

Grundsätzlich ist die unbedingte Abberufungskompetenz des Alleingesellschafters als wichtiges und effektives Instrument der Unternehmensführung zu begrüßen.[829] Denn neben dem Weisungsrecht kann der Gesellschafter insbesondere hierdurch die Gesellschaft nach seinem Willen führen.[830] Problematisch könnte dagegen sein, dass durch die Abberufung sonstige Rechte und Pflichten begründet durch nationales Recht unberührt bleiben, Art. 22 Abs. 5 S. 3 SUP-RL. Ein Widerruf der Bestellung könnte daher Schadensersatzforderungen und andere Ansprüche nach dem nationalen Recht mit sich bringen.[831] Einzelne Mitgliedsstaaten könnten daher versucht sein, durch hohe Schadensersatzforderungen die Ausübung des Widerrufes unattraktiv zu machen. Soweit allerdings der Zweck einer Regelung überwiegend darauf abzielt, die Hürde für den Widerruf

---

823 Zum Aufsichtsrat vgl. unter E. XII. d.

824 *S. Jung*, GmbHR 2014, 579, 590; *Kalss/Klampfl*, in Dauses EU-Wirtschaftsrecht, 38. EL September 2015, E. III. 7. a) cc) fff) Rn. 496.

825 Art. 22 Abs. 4 S. 2 SUP-RL.

826 Vgl. auch *S. Jung*, GmbHR 2014, 579, 590.

827 Für die deutsche GmbH vgl. *Stephan/Tieves*, in MüKoGmbHG, 2. Aufl. 2016, § 38 Rn. 11.

828 Art. 22 Abs. 5 S. 2 SUP-RL; *Teichmann*, in Lutter/Koch, Societas Unius Personae (SUP), 2015, S. 49.

829 *Teichmann*, in Lutter/Koch, Societas Unius Personae (SUP), 2015, S. 49.

830 *Hommelhoff*, GmbHR 2014, 1065, 1070; *Emmerich/Habersack*, Konzernrecht, 10. Aufl. 2013, S. 61.

831 *S. Jung*, GmbHR 2014, 579, 590.

zu erhöhen, wäre diese mit dem europäischen „*effet utile*“[832] nicht vereinbar. Dem Missbrauchspotenzial sind daher Grenzen gesetzt.

Darüber hinaus ist es aber auch notwendig, dass die jeweiligen nationalen Rechtsfolgen unberührt bleiben. Denn es sollte dem nationalen Gesetzgeber nicht genommen sein, dem Geschäftsführer gewisse Rechte im Falle eines plötzlichen Widerrufes zu gewähren. Beispielhaft kann hier auf das deutsche Recht verwiesen werden, in welchem der Widerruf der Organstellung getrennt von einem bestehenden Anstellungsverhältnis und der daraus resultierenden Ansprüche betrachtet wird.[833] Insgesamt ist es folglich zu begrüßen, dass der Widerruf nach Art. 22 Abs. 5 SUP-RL die weiteren Rechte und Pflichten aus dem nationalen Recht unberührt lässt.

Die Geschäftsführerpflichten und die Folge von Verstößen dagegen werden in der Richtlinie hingegen nicht geregelt. Diese richten sich somit nach dem jeweiligen nationalen Recht.[834] Auch wenn eine Vereinheitlichung hier wünschenswert gewesen wäre, so wäre diese aufgrund der sehr differenzierten Ausgestaltung der Geschäftsführerpflichten in den einzelnen Mitgliedsstaaten wohl ebenso wenig konsensfähig wie bei der SPE gewesen.[835]

### *1. Vertretungsbefugnis*

Da dem Geschäftsführer die Aufgabe zukommt die SUP zu leiten, besitzt er folglich die Befugnis, die SUP bei Vereinbarungen mit Dritten und vor Gericht zu vertreten, Art. 24 Abs. 1 SUP-RL. Anders als im deutschen Recht sieht die Richtlinie im Falle mehrerer Geschäftsführer allerdings die Alleinvertretungsmacht als Grundsatz vor, Art. 24 Abs. 2 S. 1 SUP-RL.[836] Bei Bedarf kann der Gesellschafter jedoch abweichend hiervon die Gesamtvertretung durch alle Geschäftsführer in der Satzung festschreiben.[837]

---

832 Vgl. E. II. b.

833 Zum deutschen Trennungsprinzip: *Jaeger*, MüKoGmbHG, 2. Aufl. 2016, § 35 Rn. 391; *U. H. Schneider/S. H. Schneider*, in Scholz, GmbHG, 11. Aufl. 2014, § 38 Rn. 33; *Altmeppen*, in Roth/Altmeppen, GmbHG, 8. Aufl. 2015, § 38 Rn. 5.

834 *Hommelhoff*, GmbHR 2014, 1065, 1074; *Kalss/Klampfl*, in Dauses EU-Wirtschaftsrecht, 38. EL September 2015, E. III. 7. a) cc) fff) Rn. 496.

835 Vgl. diesbezüglich zur SPE *Lutter/Bayer/J. Schmidt*, EuropUR, 5. Aufl. 2012, § 43 Rn. 152.

836 *Omlor*, NZG 2015, 665, 667.

837 Art. 24 Abs. 2 S. 1 SUP-RL.

Weitere Gestaltungsmöglichkeiten in Bezug auf das Leitungsorgan, neben Allein- oder Gesamtvertretungsmacht, sind nach der Richtlinie nicht zulässig.[838] Dies lässt sich der Formulierung[839] des Art. 24 Abs. 2 S.1 SUP-RL entnehmen, nach welcher entweder jeder Geschäftsführer alleine oder aber alle Geschäftsführer zusammen die Vertretung einer SUP wahrnehmen. Weder eine unechte Gesamtvertretung, bei welcher ein Geschäftsführer die SUP nur zusammen mit einem Prokuristen vertreten kann,[840] noch die Festlegung einer Mindestanzahl von Geschäftsführern, die zusammen die Vertretung wahrnehmen müssen,[841] ist demnach zulässig.[842]

### *(1) Unbeschränkbarkeit der Vertretungsmacht*

Über die mögliche Festschreibung der Gesamtvertretung hinaus lässt sich die Vertretungsmacht eines SUP-Geschäftsführers im Außenverhältnis nicht beschränken.[843] Denn weder eine Beschränkung in der Satzung noch ein beschränkender Gesellschafterbeschluss oder eine entsprechende Geschäftsführerentscheidung können Dritten entgegengehalten werden.[844] Dies gilt sogar dann, wenn die Einschränkung der Vertretungsmacht offengelegt wurde.[845] Neu sind diese Bestimmungen jedoch nicht, galten sie bisher doch bereits nach Art. 10 Publizitäts-RL.[846] Allerdings schreibt Art. 24 Abs. 2 S. 3 SUP-RL zusätzlich vor, dass auch bei positiver Kenntnis des Dritten vom Unternehmensgegenstand der SUP die Vertretungsmacht des Geschäftsführers nicht auf diesen begrenzt werden kann. Art. 10 Abs. 1 Unterabs. 2 Publizitäts-RL gestattete dagegen bei positiver

---

838 Vgl. Bundesrat, Beschluss v. 11.07.2014, BR-Drucks. 165/14, Zweiter Beschluss, S. 18 Ziff. 39.

839 Deutscher Wortlaut: „*…von einem Geschäftsführer allein vertreten werden, sofern in der Satzung nicht die gemeinsame Vertretung vorgesehen ist.*“; Englischer Wortlaut: „*Directors may represent the SUP individually […] unless the articles of association provide for joint representation.*“

840 Zur unechten Gesamtvertretung: *Stephan/Tieves*, in MüKoGmbHG, 2. Aufl. 2016, § 35 Rn. 124 ff.; *Kleindiek*, in Lutter/Hommelhoff, GmbHG, 18. Aufl. 2012, § 35 Rn. 39.

841 Vgl. zu dieser Konstellation *Oetker*, in Henssler/Strohn, Gesellschaftsrecht, 2. Aufl. 2014, GmbHG, § 35 Rn. 49; *U. H. Schneider/S. H. Schneider*, in Scholz, GmbHG, 11. Aufl. 2014, § 35 Rn. 107.

842 Vgl. *Schoenemann*, EWS 2014, 241, 246.

843 Ebenso bereits in der der SPE vgl. *Lutter/Bayer/J. Schmidt*, EuropUR, 5. Aufl. 2012, § 43 Rn. 146.

844 Art. 24 Abs. 2 S. 2 SUP-RL.

845 Art. 24 Abs. 2 S. 2 SUP-RL.

846 *Beurskens*, GmbHR 2014, 738, 744.

Kenntnis des Geschäftspartners noch eine Ausnahme. Die Unbeschränkbarkeit der Vertretungsmacht ist in der SUP-RL folglich nochmals gestärkt worden.[847]

Ein derart weiter Schutz des Rechtsverkehrs ist jedoch weder erforderlich noch zielführend.[848] Denn wieso ein Geschäftspartner, der in Kenntnis der Überschreitung des Unternehmensgegenstandes durch den Geschäftsführer mit diesem einen Vertrag schließt, schutzwürdig sein soll, ist nicht nachvollziehbar. Darüber hinaus ist bei der derzeitigen Formulierung des Art. 24 Abs. 2 SUP-RL die Anwendbarkeit der Grundsätze über den Missbrauch der Vertretungsmacht, in den Fällen der Evidenz oder der Kollusion,[849] sehr fragwürdig.[850] Es kann jedoch, wie bei Art. 10 der Publizitätsrichtlinie,[851] nicht davon ausgegangen werden, dass die Kommission nationale Vorschriften bzgl. des Missbrauchs der Vertretungsmacht unterbinden möchte, ohne zugleich eigene einzuführen. Denn andernfalls wäre einer kollusiven Zusammenarbeit zwischen dem Geschäftsführer mit beliebigen Dritten keinerlei Grenzen gesetzt.

Soweit die Kommission aber demnach die nationalen Missbrauchsgrundsätze angewendet wissen möchte, würde dies die Rechtssicherheit konterkarieren. Denn dadurch, dass Verstöße gegen den Unternehmensgegenstand seitens des Geschäftsführers für den Dritten sogar bei Kenntnis unschädlich sind, müssten sich zahlreiche dieser Geschäfte auf ein kollusives Zusammenwirken überprüfen lassen. Es käme daher zu einer vermehrten Überprüfung der Rechtsgeschäfte anhand der nationalen Missbrauchsgrundsätze. Dies kann jedoch nicht im Sinne der Kommission sein. Verstärkt wird die Problematik zusätzlich dadurch, dass nicht einmal in Deutschland Einigkeit bezüglich der Voraussetzungen und Folgen eines sanktionswürdigen Missbrauchs herrscht.[852] Kommen die

---

847 Vgl. *Beurskens*, GmbHR 2014, 738, 744.

848 Im Ergebnis ebenso *Beurskens*, GmbHR 2014, 738, 744.

849 Zu diesen *Dauner-Lieb*, in Henssler/Strohn, Gesellschaftsrecht, 2. Aufl. 2014, AktG, § 82 Rn. 9 ff.; *Fleischer*, in Spindler/Stilz, Aktiengesetz, 3. Aufl. 2015, § 82 Rn. 12 ff.; *Spindler*, in MüKoAktG, 4. Aufl. 2014, § 82 Rn. 59 ff.

850 Die Anwendbarkeit ablehnend: Bundesrat, Beschluss v. 11.07.2014, BR-Drucks. 165/14, Zweiter Beschluss, S. 18 Ziff. 39; zweifelnd *Beurskens*, GmbHR 2014, 738, 744.

851 Zur Argumentation dort vgl. *Spindler*, in MüKoAktG, 4. Aufl. 2014, § 82 Rn. 57 f.; *Fleischer*, in Spindler/Stilz, Aktiengesetz, 3. Aufl. 2015, § 82 Rn. 17; *Lutter/Bayer/J. Schmidt*, EuropUR, 5. Aufl. 2012, § 19 Rn. 77.

852 Vgl. *Stephan/Tieves*, in MüKoGmbHG, 2. Aufl. 2016, § 37 Rn. 172 ff.; *Fleischer*, in Spindler/Stilz, Aktiengesetz, 3. Aufl. 2015, § 82 Rn. 13 ff.; *Ders.*, NZG 2005, 529, 530.

Besonderheiten der anderen Mitgliedsstaaten hinzu, kann von Rechtssicherheit im grenzüberschreitenden Geschäftsverkehr keine Rede mehr sein.

Erschwerend kommt hinzu, dass der Rechtsverkehr dadurch bei einer SUP einen deutlich höheren Schutz genießt, als bei anderen Gesellschaftsformen, auf welche die Publizitätsrichtlinie Anwendung findet. Geschäftspartner müssten je nach Gesellschaft dem Unternehmensgegenstand Beachtung schenken, oder könnten ihn getrost ignorieren. Im Sinne einheitlicher europäischer Vorschriften für Geschäftsführer wäre dies zu bedauern.

Insgesamt sollte die Kommission daher die Sätze zwei und drei des Art. 24 Abs. 2 SUP-RL streichen, so dass die einheitlichen, der Praxis bereits bekannten Vorschriften der Publizitätsrichtlinie auch auf die SUP Anwendung finden.

*(2) Erteilung einer Prokura oder Handlungsvollmacht*

Nach Art. 24 Abs. 3 S. 1 SUP-RL kann der Geschäftsführer schließlich berechtigt werden, die Vertretungsbefugnis zu delegieren. Gemeint ist damit die Erteilung einer Prokura oder Handlungsvollmacht an Dritte.[853] Die Berechtigung hierfür muss dem Geschäftsführer jedoch zuvor in der Satzung erteilt werden.[854] Zusätzlich zur Erteilung der Befugnis können auch beliebige Ausübungsgrenzen gezogen werden, wie aus der Formulierung „soweit dies nach der Satzung zulässig ist“ deutlich wird.

Die Reichweite der Handlungsvollmacht richtet sich dabei, anders als die Vertretungsmacht des Geschäftsführers, nach dem nationalen Recht. Denn Art. 24 Abs. 2 S. 2 SUP-RL spricht in Bezug auf die Unbeschränkbarkeit explizit nur vom Geschäftsführer. Soweit es daher nach dem mitgliedsstaatlichen Recht zulässig ist, kann die Handlungsvollmacht beliebig eingeschränkt werden. Ebenso verhält es sich mit den Rechtsfolgen einer etwaigen Überschreitung der Handlungsvollmacht durch den Bevollmächtigten. Auch diese richten sich mangels einer Regelung nach dem nationalen Recht.

Ausdrücklich unzulässig ist schließlich die Bevollmächtigung Dritter zur Stellung des Insolvenzantrages, Art. 24 Abs. 3 S. 2 SUP-RL. Der Insolvenzantragspflicht hat der Geschäftsführer einer SUP selbst nachzukommen. Dies entspricht der geltenden Regelung im deutschen Recht, nach welcher nur bestellte

853 Vgl. *Beurskens*, GmbHR 2014, 738, 744; *Schoenemann*, EWS 2014, 241, 246.
854 Art. 24 Abs. 3 S. 1 SUP-RL.

Mitglieder des Vertretungsorgans, nicht aber Prokuristen und sonstige Bevollmächtigte antragsberechtigt sind.[855]

## 2. *Inhabilität*

Art. 22 Abs. 6 SUP-RL regelt den Fall der Unzulässigkeit einer natürlichen Person als Geschäftsführer einer SUP.

Demnach darf eine natürliche Person nicht als Geschäftsführer einer SUP tätig werden, wenn sie nach dem nationalen Recht, einer Gerichts- oder einer Verwaltungsentscheidung dafür ungeeignet ist.[856] Abzustellen ist dabei jeweils auf den Eintragungsmitgliedsstaat.[857]

Ist der Geschäftsführer dagegen durch eine Gerichts- oder Verwaltungsentscheidung in einem anderen Mitgliedsstaat für ungeeignet erklärt worden, ist dies bei Eintragung der Gesellschaft dem Register offenzulegen.[858] Einzige Voraussetzung ist, dass die Entscheidung des anderen Mitgliedsstaates rechtskräftig ist.[859] Basierend auf dieser gegebenenfalls offengelegten Ungeeignetheitsentscheidung ist der Eintragungsmitgliedsstaat daraufhin berechtigt, die Eintragung der SUP abzulehnen, Art. 22 Abs. 6 Unterabs. 1 S. 3 SUP-RL. Wie sich dabei aus dem Wortlaut ergibt, kommt den Mitgliedsstaaten hierbei ein Ermessen zu.[860] So können die Mitgliedsstaaten selber entscheiden, welche Hürde sie an eine Ungeeignetheit stellen und welche Entscheidungen anderer Mitgliedsstaaten sie berücksichtigen möchten.[861] Die Einräumung dieses Ermessens ist dabei positiv zu bewerten.[862]

Fragwürdig ist dagegen, weshalb nach der Richtlinie nur die Eintragung der Gesellschaft bei einer entsprechenden Ungeeignetheitserklärung verweigert werden kann. Dies bedeutet, dass ein fragwürdiger Geschäftsführer nur bei einer Gesellschaftsgründung verhindert werden kann.[863] Bei einem späteren Geschäftsführerwechsel wäre der Mitgliedsstaat nicht mehr berechtigt, die Eintragung des Geschäftsführers zu verweigern. Es wäre wesentlich zweckmäßiger,

---

855 Vgl. zu Art. 15 Abs. 1 InsO *Klöhn*, in MüKoInsO, 3. Aufl. 2013, § 15 Rn. 7 ff.; *Haas/Kolmann/Pauw*, in Gottwald, Insolvenzrechts-Handbuch, 5. Aufl. 2015, § 92 Rn. 60.

856 Art. 22 Abs. 6 Unterabs. 1 S. 1 SUP-RL.

857 Art. 22 Abs. 6 Unterabs. 1 S. 1 SUP-RL.

858 Art. 22 Abs. 6 Unterabs. 1 S. 2 SUP-RL mit Verweis auf Art. 13 Abs. 1 lit. [e] SUP-RL.

859 Art. 22 Abs. 6 Unterabs. 1 S. 2 SUP-RL.

860 Vgl. auch *DAV*, NZG 2014, 1372, 1380 Rz. 86; *Schoenemann*, EWS 2014, 241, 246.

861 Ebenso *DAV*, NZG 2014, 1372, 1380 Rz. 86.

862 *DAV*, NZG 2014, 1372, 1380 Rz. 86.

863 *DAV*, NZG 2014, 1372, 1380 Rz. 87.

wenn ein Mitgliedsstaat zu jedem Zeitpunkt die Eintragung verweigern darf.[864] Denn andernfalls wäre es in der Praxis allzu leicht, dieses Hindernis zu umgehen. Darüber hinaus sind keine Gründe ersichtlich, wieso nur der Gründungsgeschäftsführer abgelehnt werden können sollte, wenn die Erwägungen doch bei jeder Bestellung existieren. Der Wortlaut des Art. 22 Abs. 6 Unterabs. 1 S. 3 SUP-RL sollte folglich so angepasst werden, dass die Eintragung ungeeigneter Geschäftsführer stets verweigert werden darf.[865]

Teilweise wird darüber hinaus behauptet, dass nach der derzeitigen Formulierung in Art. 22 Abs. 6 Unterabs. 1 S. 3 SUP-RL die Eintragung einer SUP bereits dann verweigert werden darf, wenn nur einer von mehreren Geschäftsführern ungeeignet ist.[866] Dieser Ansicht ist jedoch entgegenzutreten. Denn die Richtlinie gestattet die Ablehnung der Eintragung nur, „wenn **der Geschäftsführer**[867] in einem anderen Mitgliedsstaat Gegenstand einer bestehenden Ungeeignetheitserklärung ist."[868] Der Wortlaut geht folglich von nur einem Geschäftsführer bei Eintragung einer SUP aus. Soweit es daher aufgrund der Ungeeignetheit des einzigen Geschäftsführers kein Leitungsorgan geben würde, ist die Ablehnung der Eintragung auch folgerichtig. Denn die Mustervorlage des Art. 13 Abs. 2 SUP-RL sieht zwingend die Nennung eines Vertretungsorgans der SUP vor.[869] Gibt es dagegen neben dem ungeeigneten Geschäftsführer weitere, geeignete Geschäftsführer, so passt der Wortlaut des Art. 22 Abs. 6 Unterabs. 1 S. 3 SUP-RL bereits nicht. Daneben wäre aber auch der Zweck eines solch weitreichenden Verweigerungsrechtes nicht einleuchtend.[870] Folglich darf nach der Richtlinie die Eintragung einer SUP nicht bereits dann verweigert werden, wenn nur einer der bestellten Geschäftsführer ungeeignet ist.

Für den erforderlichen Informationsaustausch bzgl. der Inhabilität von Geschäftsführern haben die Mitgliedsstaaten schließlich die IMI-Verordnung anzuwenden, Art. 22 Abs. 6 Unterabs. 2 SUP-RL. Auch in dieser Zusammenarbeit liegt ein Fortschritt, da diesbezüglich bisher kein Informationsaustausch der Mitgliedsstaaten stattfindet.[871]

---

864 *DAV*, NZG 2014, 1372, 1380 Rz. 87.
865 *DAV*, NZG 2014, 1372, 1380 Rz. 87; *Schoenemann*, EWS 2014, 241, 246.
866 So *DAV*, NZG 2014, 1372, 1380 Rz. 87.
867 Hervorhebung durch den Verfasser.
868 Art. 22 Abs. 6 Unterabs. 1 S. 3 SUP-RL.
869 Vgl. dazu bereits unter E. X. a. und b.
870 Insoweit zutreffend *DAV*, NZG 2014, 1372, 1380 Rz. 87.
871 *Conac*, ECFR 2015, 139, 170.

Insgesamt sind die Regelungen zur Inhabilität von Geschäftsführern sehr zu begrüßen.[872] Zwar sind durch die Maßgeblichkeit des jeweiligen nationalen Rechts und durch das Ermessen der Mitgliedsstaaten einer einheitlichen europäischen Anwendung Grenzen gesetzt, dafür wird jedoch den Missbrauchsgefahren, welche aus der europäischen Niederlassungsfreiheit resultieren, begegnet.[873] So sind jegliche Ungeeignetheitsgründe, gleichgültig ob strafrechtlicher oder zivilrechtlicher Natur, offenzulegen und können demnach auch berücksichtigt werden. Anders als in § 6 Abs. 2 Nr. 3 GmbHG kommt es folglich nicht auf den strafrechtlichen Charakter der Sanktionierung des anderen Mitgliedsstaates an.[874] Darüber hinaus werden sowohl die erforderliche Zusammenarbeit der Mitgliedsstaaten, als auch die grundsätzlichen Möglichkeiten, einen Geschäftsführer abzulehnen, vereinheitlicht.

Änderungsbedarf besteht hingegen in Hinblick auf die wünschenswerte Möglichkeit, auch einen nachträglich bestellten Geschäftsführer ablehnen zu können.

### 3. *Faktischer Geschäftsführer*

In Art. 22 Abs. 7 SUP-RL enthält die Richtlinie schließlich Bestimmungen zur faktischen Geschäftsführung.

Danach werden Personen, deren Anordnungen oder Weisungen die Geschäftsführer für gewöhnlich befolgen, den Geschäftsführern in Bezug auf deren Pflichten gleichgestellt. Eine vorherige förmliche Bestellung zum Geschäftsführer ist nicht erforderlich.[875] Soweit Dritte folglich Einfluss auf das Leitungsorgan einer SUP nehmen, sollen diese im Gegenzug auch denselben Pflichten wie ein Geschäftsführer unterliegen. Für eine eventuelle Haftung wird demzufolge ausschließlich auf das Innenverhältnis abgestellt, ohne dass ein Außenauftritt erforderlich wäre.[876] Die Regelung orientiert sich dabei sehr eng an der britischen Regelung zu den „*shadow directors*" in Sec. 251 (1) und (2) Companies Act

---

872 Ebenso *Drygala*, EuZW 2014, 491, 495; *Schoenemann*, EWS 2014, 241, 246; *Conac*, ECFR 2015, 139, 170.

873 *Drygala*, EuZW 2014, 491, 495; *DAV*, NZG 2014, 1372, 1380 Rz. 87.

874 *Drygala*, EuZW 2014, 491, 495; *DAV*, NZG 2014, 1372, 1380 Rz. 87; zur deutschen Regelung *Uwe H. Schneider/Sven H. Scheider*, in Scholz, GmbHG, 11. Aufl. 2012, § 6 Rn. 28 ff.; *Wicke*, GmbHG, 3. Aufl. 2016, § 6 Rn. 5.

875 Art. 22 Abs. 7 S. 1 SUP-RL.

876 *Beurskens*, GmbHR 2014, 738, 744; *Dreher*, NZG 2014, 967, 969; *Drygala*, EuZW 2014, 491, 495.

2006.[877] Dementsprechend wird in der Literatur im Zusammenhang mit Art. 22 Abs. 7 SUP-RL auch häufig von „*Schattengeschäftsführern*" anstatt „*faktischer Geschäftsführung*" gesprochen.[878] Dennoch ist die Bestimmung unionsautonom auszulegen, so dass Ausführungen zur britischen Regelung nicht zur Interpretation herangezogen werden dürfen.[879]

### *(1) Einflussnahme durch Anordnungen oder Weisungen*

Erforderlich ist zunächst eine Einflussnahme von Seiten des Dritten durch Anordnungen oder Weisungen an den Geschäftsführer.[880] Dabei kommt es nicht darauf an, ob der Dritte die Befugnis besitzt, dem Geschäftsführer Anordnungen oder Weisungen zu erteilen. Denn hierzu ist gem. Art. 23 Abs. 1 SUP-RL nur der Alleingesellschafter berechtigt. Ausweislich des allgemeinen Wortlauts des Art. 22 Abs. 7 S. 1 SUP-RL sollen jedoch jegliche Dritte als faktische Geschäftsführer in Betracht kommen. Es ist daher vielmehr eine tatsächliche Einflussnahme auf den Geschäftsführer erforderlich, so dass dieser die Wünsche des Einflussnehmenden umsetzt.[881]

Allein die Erteilung von fachlichem Rat gegenüber dem Geschäftsführer soll jedoch nicht ausreichend sein, Art. 22 Abs. 7 S. 2 SUP-RL. Folglich unterfallen Personen, welche ausschließlich beratend tätig werden, nicht der Haftung des faktischen Geschäftsführers.[882] Hierzu zählen beispielsweise Rechtsanwälte, Steuerberater und Wirtschaftsprüfer.[883] Sobald neben die beratende Tätigkeit allerdings eine Einflussnahme durch Anweisungen tritt, unterfallen auch diese Personen der Haftung des faktischen Geschäftsführers. Denn Art. 22 Abs. 7 S. 2 SUP-RL besagt nur, dass fachlicher Rat für sich allein noch nicht die Haftung des Art. 22 Abs. 7 S. 1 SUP-RL begründen kann.[884]

---

877 *S. Jung*, GmbHR 2014, 579, 590; *Teichmann*, in Lutter/Koch, Societas Unius Personae (SUP), 2015, S. 51; *Dreher*, NZG 2014, 967, 969.

878 Vgl. *Teichmann*, GmbHR 2014, 3561, 3565; *S. Jung*, GmbHR 2014, 579, 590; *Hommelhoff*, GmbHR 2014, 1065, 1073.

879 *Dreher*, NZG 2014, 967, 969; *Schoenemann*, EWS 2014, 241, 245.

880 *Schoenemann*, EWS 2014, 241, 245.

881 *Dreher*, NZG 2014, 967, 969; *Kindler*, ZHR 179 (2015), 330, 367.

882 *DAV*, NZG 2014, 1372, 1380 Rz. 88; *Dreher*, NZG 2014, 967, 969.

883 Vgl. *DAV*, NZG 2014, 1372, 1380 Rz. 88.

884 Vgl. auch *Beurskens*, GmbHR 2014, 738, 744.

*(2) Merkmal „für gewöhnlich befolgen"*

Problematischer ist dagegen, wann die Geschäftsführer die Anordnungen oder Weisungen „für gewöhnlich befolgen". Dabei ergibt sich bereits aus dem Wortlaut der Vorschrift, dass eine einmalige Einflussnahme nicht ausreichend sein soll.[885] Das Leitungsorgan muss sich der externen Einflussnahme folglich häufiger beugen, um eine Gleichstellung zu rechtfertigen.[886] Dies bedeutet jedoch zugleich, dass es häufiger zu einer Einflussnahme seitens des Dritten kommen muss. Welche konkrete Intensität bzw. Quantität diese Einflussnahme erreichen muss, regelt die Richtlinie jedoch nicht.[887] Die Mitgliedsstaaten können daher sowohl quantitative wie auch qualitative Voraussetzungen für die Qualifizierung als de facto Geschäftsführer aufstellen.[888] Keine Voraussetzung ist hingegen, dass der Geschäftsführer jeder einzelnen Weisung oder Anordnung Folge leistet.[889] Denn die Formulierung „für gewöhnlich befolgen"[890] lässt in Einzelfällen auch eine Handlung des Leitungsorgans entgegen der Einflussnahme zu.[891] Auch hier besteht bei der konkreten Ausgestaltung wiederum ein Umsetzungsspielraum der Mitgliedsstaaten.

Insgesamt bietet das Merkmal des „für gewöhnlich befolgen" demzufolge einen großen Ausgestaltungsfreiraum für die nationalen Gesetzgeber.[892] Dies ist vor dem Hintergrund, dass hierdurch eine Haftung für Dritte, insbesondere derzeit auch für den Alleingesellschafter,[893] normiert wird, äußerst bedenklich. Denn die Qualifizierung als faktischer Geschäftsführer mit den daran anknüpfenden Verpflichtungen würde je nach Mitgliedsstaat unterschiedlich schnell eintreten. Wegen der daraus resultierenden Rechtsunsicherheiten im grenzüberschreitenden Verkehr wäre die SUP als Konzerngesellschaft nur bedingt geeignet. Eine

885 *Dreher*, NZG 2014, 967, 969; *Schoenemann*, EWS 2014, 241, 245.

886 *Dreher*, NZG 2014, 967, 969; *Schoenemann*, EWS 2014, 241, 245; wohl ebenso *DAV*, NZG 2014, 1372, 1380 Rz. 88; ebenso zur SPE *Schoenemann*, Die Organisationsverfassung der Societas Privata Europaea (SPE), 2014, S. 238.

887 Bundesrechtsanwaltskammer, Stellungnahme Nr. 31/2014, S. 9.

888 Ebenso Bundesrechtsanwaltskammer, Stellungnahme Nr. 31/2014, S. 9; *Schoenemann*, EWS 2014, 241, 245.

889 *Schoenemann*, EWS 2014, 241, 245; ebenso zur SPE *Schoenemann*, Die Organisationsverfassung der Societas Privata Europaea (SPE), 2014, S. 239.

890 Englisch: *„accustomed to follow"*.

891 *Schoenemann*, EWS 2014, 241, 245.

892 Bundesrechtsanwaltskammer, Stellungnahme Nr. 31/2014, S. 9; *Schoenemann*, EWS 2014, 241, 245.

893 Vgl. dazu sogleich unter E. XII. c. 3.) (4).

Konkretisierung durch den europäischen Gesetzgeber bzgl. der erforderlichen Einflussnahme ist daher dringend geboten.[894]

### *(3) Rechtsfolgen*

Soweit die beiden Tatbestandsvoraussetzungen bei einer natürlichen oder juristischen Person vorliegen, trifft diese alle Pflichten, die auch für einen Geschäftsführer gelten.[895] Dabei finden neben einer eventuellen Haftung aus einer unzulässigen Gewinnausschüttung, Art. 18 Abs. 5 S. 1 SUP-RL, insbesondere alle Geschäftsführerpflichten des nationalen Rechts Anwendung.[896] Der Umsetzungsgesetzgeber kann dabei auch keine nationalen Verpflichtungen ausnehmen, da der Wortlaut explizit die Anwendung aller Pflichten anordnet. Eine Vertretungsmacht für die SUP kommt dem de facto Geschäftsführer dagegen nicht zu, denn die Richtlinie ordnet die Gleichstellung ausdrücklich nur in Hinsicht auf die Pflichten, nicht jedoch auf die Rechte eines Geschäftsführers an.[897] Soweit aber für die Erfüllung einer Verpflichtung eine entsprechende Berechtigung vorausgesetzt wird, hat das nationale Recht eine solche zu gewähren. Dies gilt beispielsweise für das Insolvenzantragsrecht des Geschäftsführers, § 15 Abs. 1 InsO.[898] Denn andernfalls könnte der faktische Geschäftsführer seiner Verpflichtung aus Art. 22 Abs. 7 S. 1 SUP-RL nicht nachkommen, was einen Verstoß gegen den europäischen *„effet utile“* darstellen würde.

### *(4) Der Alleingesellschafter als de facto Geschäftsführer*

Auffällig nach der derzeitigen Regelung des Art. 22 Abs. 7 SUP-RL ist, dass der Alleingesellschafter einer SUP häufig als Schattengeschäftsführer zu qualifizieren wäre.[899] Denn soweit dieser von seinem Weisungsrecht in Art. 23 Abs. 1 SUP-RL Gebrauch macht, ist er eine Person, deren Weisungen der Geschäftsführer

---

894 Ebenso Bundesrechtsanwaltskammer, Stellungnahme Nr. 31/2014, S. 9; *Schoenemann*, EWS 2014, 241, 245.

895 Art. 22 Abs. 7 S. 1 SUP-RL.

896 *Dreher*, NZG 2014, 967, 970; *Beurskens*, GmbHR 2014, 738, 744; vgl. auch bereits unter E. XII. c.

897 *Beurskens*, GmbHR 2014, 738, 744.

898 Wohl ebenso *Dreher*, NZG 2014, 967, 970. Zum Diskussionsstand im deutschen Recht vgl. *H.-F. Müller*, in MüKoGmbHG, 2. Aufl. 2016, § 64 Rn. 51; *Bitter*, in Scholz, GmbHG, 11. Aufl. 2015, Vor § 64 Rn. 91 ff.

899 *Teichmann*, in Lutter/Koch, Societas Unius Personae (SUP), 2015, S. 51; *S. Jung*, GmbHR 2014, 579, 590; *Drygala*, EuZW 2014, 491, 495; *DAV*, NZG 2014, 1372, 1380 Rz. 88; *Hommelhoff*, GmbHR 2014, 1065, 1073; *Schoenemann*, EWS 2014, 241, 245.

für gewöhnlich befolgen wird.[900] Es ist jedoch nicht sachgerecht, dem Alleingesellschafter einer SUP zunächst ein Weisungsrecht zuzugestehen, um ihn anschließend, soweit er von dem Weisungsrecht Gebrauch macht, als faktischen Geschäftsführer zu qualifizieren.[901] Denn ein solches Vorgehen würde die Haftungsbeschränkung des Alleingesellschafters aus Art. 7 Abs. 2 SUP-RL aushebeln[902] und dadurch zu einer Konzernhaftung der Muttergesellschaft führen.[903] Zu allem Überfluss ergeben sich die konkreten Rechtsfolgen einer solchen Haftung auch noch aus dem nationalen Recht, so dass an Einheitlichkeit nicht zu denken ist.[904] Ein solches Weisungsrecht wäre demzufolge ein sehr fragwürdiges Leitungsinstrument für die Muttergesellschaften und würde dem Ziel der Kommission, einen attraktiven Unternehmensbaustein für die KMU zu schaffen, diametral gegenüberstehen.[905] Weisungen des Gesellschafters allein i.S.d. Art. 23 Abs. 1 SUP-RL, sollten daher nicht zu einer Anwendung der Regelungen über die faktische Geschäftsführung führen.[906] In Bezug auf den Alleingesellschafter sollte daher zumindest eine ausführende, nach außen tretende Tätigkeit hinzukommen, um eine Qualifizierung als faktischer Geschäftsführer zu rechtfertigen.[907]

#### *(5) Verhältnis zu Art. 2 Abs. 5 SUP-RL*

Schließlich ist das Verhältnis der Regelung des faktischen Geschäftsführers in Art. 22 Abs. 7 SUP-RL zu der Begriffsbestimmung in Art. 2 Abs. 5 SUP-RL klärungsbedürftig.

Teilweise wird angenommen, es handele sich um zwei unterschiedliche Regelungen zur faktischen Einflussnahme Dritter.[908] Art. 2 Abs. 5 SUP-RL soll Personen, welche de facto selbst als Geschäftsführer agieren, den bestellten

---

900 *Drygala*, EuZW 2014, 491, 495; *DAV*, NZG 2014, 1372, 1380 Rz. 88.

901 *Hommelhoff*, GmbHR 2014, 1065, 1073; *Drygala*, EuZW 2014, 491, 495; *Teichmann*, in Lutter/Koch, Societas Unius Personae (SUP), 2015, S. 51; *DAV*, NZG 2014, 1372, 1380 Rz. 88.

902 *Hommelhoff*, GmbHR 2014, 1065, 1073.

903 *Drygala*, EuZW 2014, 491, 495; *Teichmann*, NJW 2014, 3561, 3565.

904 *Schoenemann*, EWS 2014, 241, 247.

905 *Dreher*, NZG 2014, 967, 971.

906 *Hommelhoff*, GmbHR 2014, 1065, 1073; *Teichmann*, in Lutter/Koch, Societas Unius Personae (SUP), 2015, S. 51; *Drygala*, EuZW 2014, 491, 495; *Dreher*, NZG 2014, 967, 971.

907 *DAV*, NZG 2014, 1372, 1380 Rz. 88.

908 So *Dreher*, NZG 2014, 967, 969; *Schoenemann*, EWS 2014, 241, 244.

Geschäftsführern vollständig gleichstellen.[909] Die Voraussetzungen sollen somit andere als die in Art. 22 Abs. 7 SUP-RL sein.[910]

Diese Ansicht ist jedoch abzulehnen. Denn mit dem de-facto Geschäftsführer in Art. 2 Abs. 5 SUP-RL ist gerade der faktische Geschäftsführer aus Art. 22 Abs. 7 SUP-RL gemeint.[911] Eine zusätzliche Normierung der faktischen Geschäftsführung wollte die Richtlinie nicht treffen. Hierfür spricht zunächst, dass keinerlei Voraussetzungen eines solchen faktischen Geschäftsführers nach Art. 2 Abs. 5 SUP-RL geregelt werden.[912] Entsprechend schwer tut sich die Gegenansicht auch beim Versuch der Herausarbeitung der Voraussetzungen des Art. 2 Abs. 5 SUP-RL.[913] Letztlich wäre es daher an den nationalen Umsetzungsgesetzgebern, die Voraussetzungen eines solchen de facto Geschäftsführers festzulegen. Ob dies allerdings gewollt ist, darf bezweifelt werden. Denn einerseits würde dies zu sehr unterschiedlichen Anforderungen an die Figur des de facto Geschäftsführers führen. Andererseits wäre es fraglich, weshalb die Richtlinie in Art. 22 Abs. 7 SUP-RL dennoch eigene Regelungen zum faktischen Geschäftsführer treffen sollte.

Zudem streitet ein Vergleich mit der ersten Alternative der Geschäftsführerdefinition in Art. 2 Abs. 5 SUP-RL für dieses Verständnis. Dort wird jedes Mitglied des Leitungsorgans, welches förmlich zum Geschäftsführer bestellt wurde, als Geschäftsführer im Sinne der Richtlinie definiert.[914] Auch hier werden die Voraussetzungen der förmlichen Bestellung durch Art. 21 SUP-RL geregelt und nicht den näheren Ausführungen der nationalen Gesetzgeber überlassen. Soweit für den Verfasser ersichtlich, wird dies auch nicht anders vertreten. Dies spricht jedoch dafür, dass auch die Voraussetzungen des de facto Geschäftsführers in der Richtlinie geregelt werden sollten.

Daher ist Art. 2 Abs. 5 SUP-RL im Zusammenhang mit Art. 22 Abs. 7 SUP-RL zu sehen. Art. 22 Abs. 7 SUP-RL enthält die Voraussetzungen des de facto Geschäftsführers, welcher in Art. 2 Abs. 5 SUP-RL den bestellten Geschäftsführern gleichgestellt wird.[915]

---

909 *Dreher*, NZG 2014, 967, 969.; *Schoenemann*, EWS 2014, 241, 244.

910 *Dreher*, NZG 2014, 967, 969.

911 Ebenso *Teichmann*, NJW 2014, 3561, 3565; Bundesrechtsanwaltskammer, Stellungnahme Nr. 31/2014, S. 5; *Beurskens*, GmbHR 2014, 738, 744.

912 Bundesrechtsanwaltskammer, Stellungnahme Nr. 31/2014, S. 5.

913 Vgl. *Dreher*, welcher allein eine negative Abgrenzung von Art. 22 Abs. 7 SUP-RL vornehmen möchte, in NZG 2014, 967, 969.

914 Vgl. Art. 2 Abs. 5 SUP-RL.

915 *Teichmann*, NJW 2014, 3561, 3565; Bundesrechtsanwaltskammer, Stellungnahme Nr. 31/2014, S. 5; *Beurskens*, GmbHR 2014, 738, 744; *Drygala*, EuZW 2014, 491, 495; *DAV*, NZG 2014, 1372, 1380 Rz. 88.

Unabhängig von dieser Abgrenzungsproblematik ist die Stellung des Art. 2 Abs. 5 SUP-RL im allgemeinen Teil der Richtlinie verfehlt.[916] Denn die Definition des Geschäftsführers wird im allgemeinen Teil der Richtlinie, mangels entsprechender Erwähnung, nicht benötigt.[917] Im zweiten Teil der Richtlinie wird dagegen bereits in Art. 22 Abs. 7 SUP-RL klargestellt, dass der faktische Geschäftsführer allen Verpflichtungen eines bestellten Geschäftsführers unterliegt. Für die Definition des Geschäftsführers ist in der Richtlinie daher kein Bedarf, so dass Art. 2 Abs. 5 SUP-RL gänzlich gestrichen werden sollte.[918]

In der allgemeinen Ausrichtung des Rates wurden die Vorschriften hinsichtlich des Leitungsorgans einer SUP deutlich reduziert. So wurden die Regelungen zur faktischen Geschäftsführung, der jederzeitigen Abberufungskompetenz sowie der subsidiären Zuständigkeit des Leitungsorgans ersatzlos gestrichen.[919] Darüber hinaus wurde die Regelung zur Inhabilität eines Geschäftsführers entschieden geschwächt, da eine Zusammenarbeit aufgrund nationaler Vorschriften zum Datenschutz verweigert werden darf.[920] Anstelle einheitlicher Richtlinienvorschriften richten sich diese Bereiche somit nach dem jeweiligen nationalen Recht, so dass sich die SUP bedauerlicherweise weiter an Einheitlichkeit verliert.[921]

### d. Der Aufsichtsrat

Wie aus Art. 22 Abs. 3 SUP-RL hervorgeht, ist auch die Einrichtung eines Aufsichtsrates in der SUP möglich.[922] Dass die Einrichtung dabei fakultativ sein soll, ergibt sich aus dem Wortlaut „oder gegebenenfalls vom Aufsichtsrat ausgeübt werden"[923]. Über die einmalige Nennung hinaus findet der Aufsichtsrat in der Richtlinie dagegen keine Erwähnung.[924] Folglich kann sowohl die Zusammensetzung als auch die Kompetenz des Aufsichtsrates in der Satzung der SUP frei gestaltet werden.[925] Hierbei muss jedoch gegebenenfalls das nationale Recht des

---

916 Bundesrechtsanwaltskammer, Stellungnahme Nr. 31/2014, S. 5.

917 Bundesrechtsanwaltskammer, Stellungnahme Nr. 31/2014, S. 5.

918 Bundesrechtsanwaltskammer, Stellungnahme Nr. 31/2014, S. 5.

919 Vgl. SUP-RLE-Rat, Dok. 8811/15, Art. 22.

920 SUP-RLE-Rat, Dok. 8811/15, Art. 22 Abs. 4.

921 Ebenso *Teichmann/Fröhlich*, Working Paper 11/2015, S. 24.

922 *Beurskens*, GmbHR 2014, 738, 743; *S. Jung*, GmbHR 2014, 579, 590; insoweit bereits zur SPE *Lutter/Bayer/J. Schmidt*, EuropUR, 5. Aufl. 2012, § 43 Rn. 156.

923 Art. 22 Abs. 3 SUP-RL.

924 *S. Jung*, GmbHR 2014, 579, 590 Fn. 103.

925 *Beurskens*, GmbHR 2014, 738, 743.

Sitzstaates beachtet werden.[926] So wäre in Deutschland die Einrichtung und Zusammensetzung eines Aufsichtsrates, zwecks Mitbestimmung der Arbeitnehmer, ab einer gewissen Größe vorgegeben, vgl. § 52 GmbHG.[927]

Bei einer Einrichtung sind jedoch die zwingenden Zuständigkeiten der Richtlinie zu beachten.[928] So muss die alleinige Kompetenz zur Bestellung und Abberufung des Geschäftsführers und der weiteren, in Art. 21 Abs. 2 S. 1 SUP-RL genannten Beschlüsse beim Alleingesellschafters verbleiben, vgl. Art. 21 Abs. 2 S. 2 SUP-RL.[929] Abgesehen davon können dem Aufsichtsrat unbeschränkt Kompetenzen überschrieben werden, wie sich aus Art. 22 Abs. 3 SUP-RL ergibt. Zumindest ein Kernbereich an Geschäftsführungskompetenz muss aber dem Leitungsorgan einer SUP verbleiben.[930] Denn andernfalls kann dieses nicht seiner Hauptaufgabe, der Leitung der Gesellschaft gem. Art. 22 Abs. 1 SUP-RL, nachkommen. Gleichzeitig muss jedoch auch einem fakultativ eingerichteten Aufsichtsrat eine Kernkompetenz zur Wahrnehmung seiner Aufsichtszuständigkeit gewährt werden.[931]

### e. Der Beirat

Im Einklang mit dem jeweiligen mitgliedsstaatlichen Recht ist auch die Einrichtung eines Beirates zulässig.[932] Ausweislich des Wortlautes von Art. 22 Abs. 3 SUP-RL dürfen diesem aber keine Entscheidungs- oder Mitwirkungsrechte zukommen. Denn zur Ausübung der Befugnisse einer SUP sieht die Richtlinie lediglich den Alleingesellschafter, das Leitungsorgan oder den Aufsichtsrat berufen.[933] Der Beirat kann jedoch eine unterstützende oder beratende Funktion innerhalb der SUP wahrnehmen.[934]

---

926 *S. Jung*, GmbHR 2014, 579, 590 Fn. 103; *Schoenemann*, EWS 2014, 241, 246; *Kalss/Klampfl*, in Dauses EU-Wirtschaftsrecht, 38. EL September 2015, E. III. 7. a) cc) fff) Rn. 496.

927 Vgl. *Grunewald*, Gesellschaftsrecht, 9. Aufl. 2013, § 12 Rn. 84 ff.; *Spindler*, in MüKoGmbHG, 2. Aufl. 2016, § 52 Rn. 2.

928 *Kalss/Klampfl*, in Dauses EU-Wirtschaftsrecht, 38. EL September 2015, E. III. 7. a) cc) fff) Rn. 496 Fn. 1506.

929 *Beurskens*, GmbHR 2014, 738, 743.

930 Vgl. zur SPE *Lutter/Bayer/J. Schmidt*, EuropUR, 5. Auflage 2012, § 43 Rn. 122.

931 *Lutter/Bayer/J. Schmidt*, EuropUR, 5. Auflage 2012, § 43 Rn. 156.

932 Vgl. *Schoenemann*, EWS 2014, 241, 246.

933 Vgl. Art. 22 Abs. 3 SUP-RL.

934 Vgl. zur GmbH *Spindler*, in MüKoGmbHG, 2. Aufl. 2016, § 52 Rn. 741 ff.; *Henssler*, in Henssler/Strohn, Gesellschaftsrecht, 2. Aufl. 2014, § 52 Rn. 41 ff.

### f. Zwischenresümee zur Organisationsverfassung

Insbesondere die klare Kompetenzabgrenzung zwischen Alleingesellschafter und Geschäftsführer in der Richtlinie sind zu begrüßen.[935] Das vorgeschlagene Weisungsrecht beseitigt aufgrund seiner Beschränkung durch das nationale Recht die Hindernisse für grenzüberschreitende Konzerne dagegen zwar nur bedingt, ist jedoch ein erster Schritt zur Anerkennung des Gruppeninteresses.[936]

Dringenden Überarbeitungsbedarf gibt es allerdings in Bezug auf das Leitungsorgan. Zunächst sollte zugunsten einer Kohärenz im Europarecht die Vertretungsbefugnis des Geschäftsführers an die Publizitätsrichtlinie angepasst werden. Darüber hinaus sollte die Inhabilität eines Geschäftsführers auch nach Eintragung der Gesellschaft von Bedeutung sein. Zudem muss die Vorschrift zur faktischen Geschäftsführung, Art. 22 Abs. 7 SUP-RL, überarbeitet werden, so dass der Alleingesellschafter nicht stets wie ein Geschäftsführer haftet, sobald er von seinem Weisungsrecht regelmäßig Gebrauch macht. Schließlich sollten die Voraussetzungen der faktischen Geschäftsführung konkretisiert werden, um eine europaweit einheitliche Anwendung zu ermöglichen.[937]

Nach der allgemeinen Ausrichtung des Rates richtet sich die Organisation der SUP dagegen beinahe ausschließlich nach dem nationalen Recht der Mitgliedsstaaten.[938] Eine Vereinfachung für die KMU, aber auch für große Konzerne,[939] wäre daher bezüglich der Organisation einer Tochtergesellschaft, nicht mehr gegeben. Aus organisatorischer Perspektive wäre die Richtlinie in der Fassung des Rates daher überflüssig.

## XIII. Gesellschafterwechsel

Vorschriften für einen Gesellschafterwechsel enthält die Richtlinie nicht. Vorgegeben wird lediglich, dass die SUP nicht selbst Gesellschafterin ihres einzigen Anteils sein oder werden darf, vgl. Art. 15 Abs. 2 SUP-RL.[940] Abgesehen davon richtet sich der Gesellschafterwechsel nach dem nationalen Recht der Mitgliedsstaaten.[941]

---

935 *Teichmann*, in Lutter/Koch, Societas Unius Personae (SUP), 2015, S. 48.

936 *Schoenemann*, EWS 2014, 241, 244.

937 *Bayer/J. Schmidt*, BB 2015, 1731, 1734; *Schoenemann*, EWS 2014, 241, 247.

938 Ebenso *Teichmann/Fröhlich*, Working Paper 11/2015, S. 24.

939 *Bayer/J. Schmidt*, BB 2015, 1731, 1734.

940 Vgl. dazu bereits unter E. XI. a.

941 *Drygala*, EuZW 2014, 491, 494; *Krauß/Meichelbeck*, BB 2015, 1562, 1564; *Omlor*, NZG 2014, 1137, 1141;

Soweit die SUP daher in Deutschland als Unterform der GmbH ausgestaltet wird,[942] findet auch § 15 GmbHG Anwendung.[943] Folglich muss sowohl das schuldrechtliche Verpflichtungsgeschäft, § 15 Abs. 4 GmbHG, wie auch das dingliche Verfügungsgeschäft, § 15 Abs. 3 GmbHG, für eine Übertragung des Geschäftsanteils notariell beurkundet werden. Daneben wäre auch der gutgläubige Erwerb eines SUP-Anteils möglich, vgl. § 16 Abs. 3 GmbHG.[944]

Alternativ könnte der deutsche Gesetzgeber bei der Umsetzung auf das Beurkundungserfordernis der Anteilsabtretung verzichten.[945] Zunächst mag diese Umsetzungsoption, aufgrund der möglichen Online-Eintragung[946] ohne Notarbesuch, naheliegender erscheinen.[947] Denn weshalb sollte eine Anteilsübertragung strengeren Voraussetzungen unterliegen, als die Gründung der SUP selbst?[948]

Es sprechen jedoch mehrere Erwägungen für eine Beibehaltung der notariellen Beurkundung bei einem Gesellschafterwechsel. Zunächst würde ein Verzicht auch die Möglichkeit des gutgläubigen Erwerbs eines Geschäftsanteils nach § 16 Abs. 3 GmbHG in Frage stellen.[949] Denn die notarielle Beurkundung der Abtretung, § 15 Abs. 3 GmbHG, soll gerade den in Hinblick auf § 16 GmbHG wichtigen Beweis der Anteilsinhaberschaft gewährleisten.[950] Soweit daher die Beweiskraft verringert wird, müsste folgerichtig die Möglichkeit des gutgläubigen Erwerbs ebenfalls wegfallen.[951] Dies wäre jedoch gegenüber den Gesellschaftsgründern, welche die Eintragung einer SUP mit notarieller Beurkundung vornehmen lassen, nicht gerechtfertigt.[952] Darüber hinaus könnte in der erhöhten Beweiskraft einer Anteilsinhaberschaft, welche in der Folge einen gutgläubigen Erwerb zulässt, gerade ein entscheidender Wettbewerbsvorteil der SUP mit Satzungssitz in

942 Zu den verschiedenen Umsetzungsoptionen vgl. bereits unter E. II. a.

943 *Omlor*, NZG 2014, 1137, 1141; *Drygala*, EuZW 2014, 491, 494; *Krauß/Meichelbeck*, BB 2015, 1562, 1564.

944 *Omlor*, NZG 2014, 1137, 1141; *Ders.*, GPR, 2015, 162.

945 *Drygala*, EuZW 2014, 491, 494.

946 Vgl. dazu E. X. a.

947 *Drygala*, EuZW 2014, 491, 494.

948 Daher gegen ein notarielles Beurkundungserfordernis der Anteilsabtretung *Drygala*, EuZW 2014, 491, 494.

949 *Omlor*, NZG 2014, 1137, 1141.

950 *Reichert/Weller*, in MüKoGmbHG, 2. Aufl. 2015, § 15 Rn. 17; *Seibt*, in Scholz, GmbHG, 11. Aufl. 2012, § 15 Rn. 5; BGH Urteil vom 19.4.1999 – II ZR 365/97, BGHZ 141, 207, 211 = NJW 1999, 2594, 2595.

951 *Omlor*, NZG 2014, 1137, 1141; *Seibt*, in Scholz, GmbHG, 11. Aufl. 2012, § 15 Rn. 5.

952 Fälschlicherweise von einem generellen Wegfall der notariellen Beurkundung bei der Gründung ausgehend: *Drygala*, EuZW 2014, 491, 494; vgl. hierzu bereits E. X. b.

Deutschland liegen.[953] Denn dadurch entfallen beim Erwerb der SUP langwierige und kostenintensive Nachforschungen bzgl. der früheren Anteilsinhaberschaft.[954]

Die Ermöglichung des gutgläubigen Erwerbs ist jedoch nur ein Zweck der notariellen Beurkundung in § 15 GmbHG. Denn zusätzlich soll dadurch gerade der schnelle und spekulative Handel mit Geschäftsanteilen an einer GmbH unterbunden werden.[955] Aus strukturellen Gründen sollen die GmbH Anteile, anders als Anteile an einer Aktiengesellschaft, nicht Gegenstand des freien Handelsverkehrs werden.[956] Soweit dem spekulativen Handel mit Gesellschaftsanteilen entgegengewirkt werden soll, finden diese Erwägungen konsequenterweise ebenso auf eine SUP Anwendung. Denn bei dieser handelt es sich lediglich um eine Rechtsformvariante der GmbH.[957] Der Zweck, den spekulativen Handel zu erschweren, kann dabei unabhängig davon erreicht werden, ob bei der Eintragung einer Gesellschaft eine notarielle Beurkundung stattgefunden hat.

Schließlich liegt in der Befürwortung der notariellen Beurkundung des Gesellschafterwechsels i.S.d. § 15 Abs. 3 und 4 GmbHG, auch kein Widerspruch zum Wegfall der notariellen Beurkundung des Gesellschaftsvertrages gem. § 2 Abs. 1 S. 1 GmbHG. Denn der Zweck ist ein anderer. So soll § 2 Abs. 1 S. 1 GmbHG zum einen Rechtssicherheit gewährleisten und daneben eine Warn- und Beratungsfunktion gegenüber dem Gründer wahrnehmen.[958] Das Beurkundungserfordernis des § 15 Abs. 3 und 4 GmbHG soll dagegen die Möglichkeit eines gutgläubigen Erwerbs von Geschäftsanteilen ermöglichen, was auch bei einer SUP zu begrüßen wäre. Wie gezeigt ist für einen solchen gutgläubigen Erwerb, vgl. § 16 GmbHG, eine notariell beurkundete Anteilsabtretung die Voraussetzung. Darüber hinaus ist auch die wirksame Erschwerung des spekulativen Handels mit Geschäftsanteilen einer SUP eine begrüßenswerte Funktion des § 15 Abs. 3 und 4 GmbHG.

---

953 *Omlor*, NZG 2014, 1137, 1141.

954 *Heidinger*, in MüKoGmbHG, 2. Aufl. 2015, § 16 Rn. 26.

955 *Grunewald*, Gesellschaftsrecht, 9. Aufl. 2013, § 13 Rn. 178; *Reichert/Weller*, in MüKoGmbHG, 2. Aufl. 2015, § 15 Rn. 16; *Fastrich*, in Baumbach/Hueck, GmbHG, 20. Aufl. 2013, § 15 Rn. 21; BGH Urteil vom 19.4.1999 – II ZR 365/97, BGHZ 141, 207, 211 = NJW 1999, 2594, 2595; andere Ansicht *Drygala*, EuZW 2014, 491, 494.

956 *Verse*, Henssler/Strohn, Gesellschaftsrecht, 2. Aufl. 2014, GmbHG, § 15 Rn. 38; *Reichert/Weller*, in MüKoGmbHG, 2. Aufl. 2015, § 15 Rn. 16.

957 *Omlor*, NZG 2015, 665, 667; *Ders.* GPR, 2015, 158, 159.

958 Vgl. bereits unter C. II.

Insgesamt sollte daher die Pflicht zur notariellen Beurkundung eines Gesellschafterwechsels, § 15 Abs. 3 GmbHG, auch bezüglich des SUP-Anteils Anwendung finden.[959]

Sicherlich müsste in diesem Zusammenhang erneut über die Zulässigkeit bzw. Wirksamkeit von Auslandsbeurkundungen diskutiert werden.[960] Denn für ausländische Gesellschafter einer SUP mit Satzungssitz in Deutschland dürfte die Reise zu einem deutschen Notar unnötig aufwendig sein. Allerdings ist die Abtretung von Geschäftsanteilen einer deutschen Gesellschaft auch in einem deutschen Konsulat möglich, vgl. § 2 i.V.m. § 10 Abs. 2 KonsG.[961] Übergansweise könnten sich ausländische Gesellschafter daher hiermit behelfen.

## XIV. Umwandlung und Auflösung

Art. 25 SUP-RL befasst sich mit der Auflösung oder Umwandlung einer bestehenden SUP.

### a. Umwandlung aufgrund Gesellschafterbeschluss

Zunächst muss es dem Alleingesellschafter jederzeit möglich sein, die SUP durch einen Beschluss in eine andere Gesellschaftsform umzuwandeln, Art. 25 Abs. 2 SUP-RL. Die Umwandlung richtet sich dabei ausschließlich nach dem anwendbaren nationalen Recht, Art. 25 Abs. 2 SUP-RL.[962]

Zusätzliche Anforderungen wie beim Hineinwechsel in eine SUP, vgl. Art. 9 SUP-RL,[963] werden an einen Herauswechsel nicht gestellt. So ist es insbesondere nicht erforderlich, dass die Rechtspersönlichkeit ununterbrochen besteht. Dadurch ist in Deutschland neben dem Rechtsformwechsel auch eine Verschmelzung, Spaltung zur Aufnahme oder Vermögensübertragung möglich.[964] Dies erhöht die Gestaltungsoptionen der Konzerne bei Umstrukturierungen beträchtlich.[965]

---

959 Im Ergebnis ebenso *Omlor*, NZG 2014, 1137, 1141.

960 *Omlor*, NZG 2014, 1137, 1141; vgl. hierzu im Allgemeinen *Reichert/Weller*, in MüKoGmbHG, 2. Aufl. 2015, § 15 Rn. 139 ff.; *Verse*, in Henssler/Strohn, Gesellschaftsrecht, 2. Aufl. 2014, GmbHG, § 15 Rn. 44 ff.

961 *Reichert/Weller*, in MüKoGmbHG, 2. Aufl. 2015, § 15 Rn. 55; *Roth*, in Roth/Altmeppen, GmbHG, 8. Aufl. 2015, § 2 Rn. 22.

962 *Beurskens*, GmbHR 2014, 738, 740; *Hommelhoff*, GmbHR 2014, 1065, 1070.

963 Zum Hineinwechsel vgl. E. VII. b.

964 *Hommelhoff*, GmbHR 2014, 1065, 1070.

965 Ähnlich *Hommelhoff*, GmbHR 2014, 1065, 1070.

Weiterhin wird von Seiten der Richtlinie auch keine Einschränkung hinsichtlich der nationalen Gesellschaftsform vorgegeben, so dass grundsätzlich alle nationalen Rechtsformen als Ziel der Umwandlung in Betracht kommen.[966] Da Umwandlung jedoch im Einklang mit dem nationalen Recht zu erfolgen hat, ist es den Mitgliedstaaten gestattet, die Auswahl einzuschränken. So muss der deutsche Gesetzgeber beispielsweise keine Umwandlung in eine Unternehmergesellschaft (haftungsbeschränkt) zulassen. Gleichzeitig wäre aber eine Benachteiligung der SUP gegenüber anderen nationalen Rechtsformen durch restriktivere Umwandlungsvorgaben unzulässig.[967]

Sobald die SUP aufgrund des Gesellschafterbeschlusses in eine andere Rechtsform umgewandelt wurde, darf sie nicht mehr unter dem Rechtsformzusatz „SUP" firmieren, Art. 25 Abs. 3 SUP-RL. Dies ist zwar selbstverständlich, dennoch ist die eindeutige Regelung dazu zu begrüßen. Nach Art. 28 SUP-RL haben die Mitgliedsstaaten schließlich für die Einhaltung dieses Gebotes zu sorgen.

## b. Zwangsweise Umwandlung und Auflösung

Neben der freiwilligen Umwandlung einer SUP in eine andere Gesellschaftsform ist auch eine zwangsweise Umwandlung sowie Auflösung der Gesellschaft vorgesehen, Art. 25 Abs. 1 SUP-RL. Diese sollen nach der Richtlinie immer dann zum Zuge kommen, wenn eine SUP die Voraussetzungen der Richtlinie nicht mehr erfüllt.[968]

Sind die Anforderungen nicht mehr erfüllt, besteht zunächst die Pflicht für den Alleingesellschafter der SUP, die Umwandlung oder Auflösung seiner Gesellschaft zu betreiben, Art. 25 Abs. 1 S. 1 SUP-RL.[969] Zwar geht Art. 25 Abs. 1 S. 2 SUP-RL insofern nur von einer Umwandlungspflicht des Gesellschafters aus. Es muss dem Alleingesellschafter jedoch auch freistehen, einer Zwangsauflösung durch eine Behörde mit einer freiwilligen Auflösung der SUP zuvorzukommen. Kommt der Gesellschafter dieser Verpflichtung jedoch nicht nach, muss die SUP durch eine nationale Stelle zwangsweise aufgelöst werden, Art. 25 Abs. 1 S. 2 SUP-RL.[970] Dabei ergibt sich allerdings aus Art. 25 Abs. 1 S. 1 SUP-RL, dass es den Mitgliedsstaaten auch möglich sein soll, neben der Auflösung eine Umwandlung

966 *Hommelhoff*, GmbHR 2014, 1065, 1070.
967 Vgl. dazu bereits E. II. b.
968 Art. 25 Abs. 1 S. 1 SUP-RL.
969 *Beurskens*, GmbHR 2014, 738, 740; *Lanfermann/Maul*, BB 2014, 1283, 1293.
970 *Beurskens*, GmbHR 2014, 738, 740; *Lanfermann/Maul*, BB 2014, 1283, 1293; *Hommelhoff*, GmbHR 2014, 1065, 1070.

der SUP zu erzwingen.[971] Zumindest über die Befugnis, eine SUP zwangsweise auflösen zu können, muss die nationale Behörde verfügen.[972]

Welcher Zeitraum dabei dem Alleingesellschafter zur selbstständigen Umwandlung bzw. Auflösung zugestanden werden muss, regelt die Richtlinie nicht. Eine Konkretisierung ist folglich dem Umsetzungsgesetzgeber überlassen. Da es sich bei der zwangsweisen Auflösung bzw. Umwandlung aber um eine sehr einschneidende Maßnahme handelt, welche darüber hinaus nach der Richtlinie nur nachrangig eingreifen soll, wird dem Gesellschafter aber ein gewisser Zeitraum zugestanden werden müssen, beispielsweise zur Einholung rechtlichen Rats bezüglich einer geeigneten alternativen Gesellschaftsform.

Problematisch ist zudem, dass Art. 25 Abs. 1 S. 1 SUP-RL auf jegliche Voraussetzungen einer SUP verweist.[973] Denn anders als im deutschen Recht, wo nach § 60 ff. GmbHG nur bestimmte Gründe zur Auflösung einer Gesellschaft führen, reicht nach der Richtlinie jeder Verstoß für eine Auflösung der SUP aus.[974] Dies ist aber zu weitgehend.[975] Denn neben eindeutigen Fällen, wie einer Herabsetzung des Stammkapitals unter einen Euro[976] oder der Aufnahme eines weiteren Gesellschafters,[977] würde das dazu führen, dass bereits ein nur kurzfristiger indirekter Erwerb des eigenen Anteils durch die SUP[978] oder eine nach der Richtlinie unzulässige Übertragung von Befugnissen auf den Geschäftsführer zur Auflösung der Gesellschaft führen würden.[979] In die Richtlinie sollte daher entweder ein konkreter Katalog der gem. Art. 25 Abs. 1 SUP-RL zu ahndenden Verstöße aufgenommen werden, oder die Tatbestandsvoraussetzungen für einen Verstoß insgesamt erhöht werden.[980] Letzteres könnte beispielsweise dadurch geschehen, dass der Verstoß nicht nur vorübergehend sein darf.[981]

---

971 *Grunewald*, in FS Müller-Graff, 2015, 290, 296.

972 Art. 25 Abs. 1 S. 2 SUP-RL.

973 Vgl. *Grunewald*, in FS Müller-Graff, 2015, 290, 296; *Lanfermann/Maul*, BB 2014, 1283, 1293 f.; *DAV*, NZG 2014, 1372, 1381 Rz. 94.

974 *Lanfermann/Maul*, BB 2014, 1283, 1293; *DAV*, NZG 2014, 1372, 1381 Rz. 94.

975 *Grunewald*, in FS Müller-Graff, 2015, 290, 296; *Lanfermann/Maul*, BB 2014, 1283, 1294; *DAV*, NZG 2014, 1372, 1381 Rz. 94.

976 Vgl. *Beurskens*, GmbHR 2014, 738, 740.

977 *Hommelhoff*, GmbHR 2014, 1065, 1070; *Schoenemann*, EWS 2014, 241, 246.

978 Vgl. dazu bereits unter E. XI. a.

979 Weitere Beispiele bei *Grunewald*, in FS Müller-Graff, 2015, 290, 296; *Beurskens*, GmbHR 2014, 738, 740.

980 *Lanfermann/Maul*, BB 2014, 1283, 1293; *DAV*, NZG 2014, 1372, 1381 Rz. 94.

981 *DAV*, NZG 2014, 1372, 1381 Rz. 94.

Soweit eine SUP schließlich umgewandelt oder aufgelöst wurde, findet wiederum Art. 25 Abs. 3 SUP-RL Anwendung. Es ist ihr folglich untersagt weiterhin den Rechtsformzusatz „SUP" zu führen.

Kritisch zu sehen ist, dass die allgemeine Ausrichtung des Rates die Regelung zur zwangsweisen Auflösung bzw. Umwandlung der SUP vollständig gestrichen hat.[982] Zwar haben die Mitgliedsstaaten auch weiterhin dafür zu sorgen, dass die Bestimmungen der Richtlinie eingehalten werden[983], aber auf welche Art und Weise sie dies tun, steht ihnen allerdings vollkommen frei. Demnach kann ein Verstoß gegen die Richtlinie je nach Mitgliedsstaat entweder zu einer Umwandlungspflicht oder aber lediglich zu einer, wenn auch hohen,[984] Strafzahlung führen. Insbesondere für Konzerne mit mehreren SUP-Tochtergesellschaften ist jedoch eine Vorhersehbarkeit bzgl. der Rechtsfolge enorm wichtig. Denn sobald eine SUP zwangsweise in eine nationale Gesellschaftsform umgewandelt wird, ist die einheitliche Gruppenleitung der Unternehmensgruppe mangels einheitlicher Vorschriften massiv erschwert.[985] Dementsprechend wäre eine einheitliche Regelung in der Richtlinie, welche Verstöße zu einem Verlust der Rechtsform führen, wünschenswert. Anders als im Kommissionsentwurf sollte aber nicht jeder Verstoß gegen die Richtlinienvoraussetzungen mit einer sofortigen Umwandlungs- bzw. Auflösungspflicht geahndet werden.[986]

---

982 Vgl. SUP-RLE-Rat; Dok. 8811/15, Art. 25.

983 Vgl. SUP-RLE-Rat; Dok. 8811/15, Art. 28.

984 Gem. Art. 28 der allgemeinen Ausrichtung des Rates müssen die Sanktionen bei Verstößen weiterhin abschreckend sein.

985 Ebenso *Hommelhoff*, GmbHR 2014, 1065, 1070.

986 *Grunewald*, in FS Müller-Graff, 2015, 290, 296; *DAV*, NZG 2014, 1372, 1381 Rz. 94; *Lanfermann/Maul*, BB 2014, 1283, 1294.

# F. Zusammenfassung der Ergebnisse

Die wesentlichen Ergebnisse der Untersuchung lassen sich wie folgt zusammenfassen:

## I. Die gegenwärtige Rechtslage

1. Bei der grenzüberschreitenden Gründung von Tochtergesellschaften bestehen zahlreiche Hindernisse, so dass ein Tätigwerden der Kommission dringend geboten ist.
2. Weder nationale Rechtsformen noch Zweiggesellschaften sind eine geeignete Alternative für KMU, um grenzüberschreitend tätig zu werden.

## II. Die Rechtsgrundlage für den Entwurf

1. Art. 50 Abs. 2 lit. [f] AEUV ist die zulässige Rechtsgrundlage für den Richtlinienentwurf.
2. Es ist ausdrücklich zu begrüßen, dass der Vorschlag auf einen grenzüberschreitenden Gründungssachverhalt verzichtet.

## III. Die SUP-Richtlinie

1. Die Kommission fördert durch die Richtlinie sowohl die KMU wie auch die großen Unternehmensgruppen.
2. Die Mitgliedsstaaten können die Richtlinie entweder auf alle Einpersonengesellschaften mit beschränkter Haftung anwenden oder sie neben den bestehenden nationalen Gesellschaftsformen einführen.
3. Als Rechtsformzusatz der harmonisierten Gesellschaft ist nur die Abkürzung „SUP“ zulässig. Entgegen der allgemeinen Ausrichtung des Rates sollte dies beibehalten werden.
4. Auch Personengesellschaften unterfallen der Regelung des Art. 8 SUP-RL, so dass sie eine Neugründung vornehmen können.
5. Neben der Neugründung kann eine SUP durch eine Umwandlung gegründet werden, Art. 9 SUP-RL. Eine Satzungsänderung, welche eine Umfirmierung in eine SUP zur Folge hat, bedarf dabei eines einstimmigen Gesellschafter-

beschlusses. Darüber hinaus dürfen die Mitgliedsstaaten weitere Voraussetzungen an die Umwandlung in eine SUP stellen. Diese müssen jedoch im Einklang mit der Richtlinie stehen.

6. Die zugelassene Sitzaufspaltung steigert die Attraktivität der SUP deutlich und ist zu begrüßen. Die Mitbestimmungsproblematik wird durch die zulässige Sitzaufspaltung nicht verschärft. Ebenso ist kein „Race to the bottom" zu befürchten. In der allgemeinen Ausrichtung des Rates wurde die Sitzaufspaltung gestrichen. Dies geht zulasten der Attraktivität als Tochtergesellschaft.

7. Die Kommission möchte eine einheitliche Mustersatzung bereitstellen. Im Sinne eines zügigen und einheitlichen Eintragungsverfahrens ist dies zu begrüßen. Mangels Vorlage kann die Qualität zum derzeitigen Zeitpunkt jedoch noch nicht beurteilt werden. Auch bei den weiteren Eintragungsarten kann die einheitliche Mustersatzung, anstatt einer individuellen Satzung, verwendet werden.

8. Die vorgesehene Eintragungsvorlage ist unabhängig vom gewählten Eintragungsvorgang zu verwenden.

9. Die deutliche Beschleunigung des elektronischen Eintragungsvorgangs, durch Einführung der Drei-Tages-Frist, ist positiv zu bewerten.

10. Die Identifizierung des Gründers bleibt nach der Richtlinie grundsätzlich möglich. Allerdings hat eine Identifizierung elektronisch und innerhalb der Drei-Tages-Frist zu erfolgen. Der Besuch bei einem Notar darf nicht verlangt werden. Dennoch sind sichere Identifizierungsverfahren möglich.

11. Die Richtlinie sollte eine Identifizierung der Gründer durch die Mitgliedsstaaten obligatorisch vorschreiben. Andernfalls besteht ein erhebliches Missbrauchsrisiko.

12. Eine notarielle Beratung des Gründers ist weiterhin möglich. Es kommt jedoch zu einer Umkehr der Initiativlast. Eine obligatorische Beratung ist bei einer SUP dagegen nicht erforderlich.

13. Dass der Rat in seiner allgemeinen Ausrichtung die eIDAS-VO hinsichtlich der Identifizierung für anwendbar erklärt, ist erfreulich. Sehr bedauerlich ist hingegen der Wegfall der einheitlichen Eintragungs- sowie Satzungsvorlage.

14. Die Möglichkeit der Mitberechtigung, Art. 15 Abs. 3 SUP-RL, gestattet praktikable Lösungen im Falle der Umwandlung einer Mehrpersonengesellschaft in eine SUP.

15. Das Mindeststammkapital von nur einem Euro ist gerade für die KMU sehr positiv und sollte beibehalten werden.
16. Den Mitgliedsstaaten sollte eine Überprüfung der Gesellschaftereinlagen obligatorisch aufgegeben werden. Ohne eine solche Prüfungspflicht ist die Publizität der Stammkapitalziffer nutzlos.
17. Die Kapitalerhaltung wird durch den Bilanz- sowie Solvenztest ausreichend gesichert. Die Rückforderung unzulässiger Ausschüttungen, Art. 19 SUP-RL, sollte allerdings kenntnisunabhängig ausgestaltet werden.
18. Die SUP ist mit konzernweiten Cash-Pooling Systemen vereinbar.
19. Zu begrüßen ist, dass die allgemeine Ausrichtung des Rates die Rückforderung unzulässiger Ausschüttungen kenntnisunabhängig ausgestaltet hat. Insgesamt richtet sich die Kapitalverfassung einer SUP gemäß der allgemeinen Ausrichtung jedoch überwiegend nach dem nationalen Recht. Besonders der Wegfall der einheitlichen Ausschüttungsvoraussetzungen ist äußerst bedauerlich.
20. Das Schriftlichkeitsgebot des Art. 21 Abs. 1 S. 1 SUP-RL stellt eine unnötige Wiederholung des Art. 4 Abs. 2 SUP-RL dar und sollte gelöscht werden.
21. Die notarielle Beurkundung eines Satzungsänderungsbeschlusses nach § 53 Abs. 2 S. 1 GmbHG ist mit der Richtlinie nicht vereinbar. Dabei bezieht sich das Verbot formaler Anforderungen, Art. 21 Abs. 3 S. 2 SUP-RL, jedoch ausschließlich auf die Beschlussfassungsbefugnis. Es ist den Mitgliedsstaaten damit erlaubt, weitere Anforderungen an die Einreichung einer Satzungsänderung zur Eintragung zu stellen. Zweckmäßig wäre es allerdings, wenn auch eine Satzungsänderung elektronisch möglich ist.
22. Das Weisungsrecht des Art. 23 Abs. 1 SUP-RL wird durch die Schranken des nationalen Rechts, Art. 23 Abs. 2 SUP-RL, stark eingeschränkt. Wünschenswert ist daher eine separate Richtlinie zugunsten des Gruppeninteresses. Dennoch bleibt das Weisungsrecht ein hilfreiches Instrument zur Führung einer SUP.
23. Die Sätze 2 und 3 des Art. 24 Abs. 2 SUP-RL sollten gestrichen werden, so dass die einheitlichen Vorschriften der Publizitätsrichtlinie auch auf die SUP Anwendung finden.

24. Der Wortlaut des Art. 22 Abs. 6 Unterabs. 1 S. 3 SUP-RL sollte so angepasst werden, dass die Eintragung ungeeigneter Geschäftsführer stets verweigert werden darf.

25. Es sollte eine Konkretisierung des Merkmals „für gewöhnlich befolgen" in Art. 22 Abs. 7 S. 1 SUP-RL vorgenommen werden. Daneben sollte in Bezug auf den Alleingesellschafter zumindest eine ausführende Tätigkeit hinzukommen, um eine Qualifizierung als faktischer Geschäftsführer zu rechtfertigen.

26. Die Erwähnung des faktischen Geschäftsführers in Art. 2 Abs. 5 SUP-RL ist irreführend und muss gestrichen werden.

27. Sehr bedauerlich ist, dass sich nach der allgemeinen Ausrichtung des Rates die Organisation einer SUP beinahe ausschließlich nach nationalem Recht richtet. Eine Vereinfachung der grenzüberschreitenden Konzernführung ist damit nicht mehr gegeben.

28. Die Pflicht zur notariellen Beurkundung eines Gesellschafterwechsels, § 15 Abs. 3 und 4 GmbHG, sollte beibehalten werden.

29. Nicht jeder Verstoß gegen die Richtlinienvoraussetzungen sollte mit einer sofortigen Umwandlungs- bzw. Auflösungspflicht geahndet werden, Art. 25 Abs. 1 SUP-RL. Die Richtlinie sollte entweder einen konkreten Katalog der zu ahndenden Verstöße erhalten oder die Voraussetzung, dass ein Verstoß nicht nur vorübergehend sein darf.

# Anhang

Brüssel, den 9.4.2014
COM(2014) 212 final
2014/0120 (COD)

Vorschlag für eine
Richtlinie des europäischen Parlaments und des Rates
über Gesellschaften mit beschränkter Haftung mit einem einzigen Gesellschafter

(Text von Bedeutung für den EWR)
{SWD(2014) 123 final}
{SWD(2014) 124 final}
{SWD(2014) 125 final}

**BEGRÜNDUNG**

**1. KONTEXT DES VORSCHLAGS**

Bessere Rahmenbedingungen für alle Unternehmen und insbesondere für kleine und mittlere Unternehmen (KMU) gehören zu den wichtigsten Prioritäten der auf zehn Jahre angelegten EU-Wachstumsstrategie „Europa 2020"[1], mit der die Geschäftstätigkeit vereinfacht und erleichtert werden soll. In der Mitteilung „Eine integrierte Industriepolitik für das Zeitalter der Globalisierung"[2], einer der sieben Leitinitiativen im Rahmen von Europa 2020, wurde eine Reihe von Maßnahmen, die für KMU relevant sind, festgelegt. Im Zuge der Überarbeitung des „Small Business Act"[3] und in den Binnenmarktakten I[4] und II[5] wurden ebenfalls Maßnahmen vorgeschlagen, mit denen der Zugang zu Kapital verbessert und die Geschäftskosten in Europa weiter gesenkt werden sollen.

Für Unternehmen ist eine grenzüberschreitende Geschäftstätigkeit kostspielig und schwierig, und nur wenige KMU investieren im Ausland. Gründe hierfür sind u. a. die Vielfalt der nationalen Rechtsvorschriften, insbesondere die Unterschiede im nationalen Gesellschaftsrecht, und das mangelnde Vertrauen

---

1 KOM(2010) 2020 endg. vom 3.3.2010.
2 KOM(2010) 614 endg. vom 28.10.2010.
3 KOM(2011) 78 endg. vom 23.2.2011.
4 KOM(2011) 206 endg. vom 13.4.2011.
5 COM(2012) 573 final vom 3.10.2012.

von Kunden und Geschäftspartnern in ausländische Unternehmen. Um dieses Misstrauen zu überwinden, gründen Unternehmen häufig Tochtergesellschaften in anderen Mitgliedstaaten. Dies hat den Vorteil, dass sie den Kunden mit der Marke und dem Ruf der Muttergesellschaft gegenübertreten und ihnen gleichzeitig die Sicherheit bieten können, Geschäfte mit einem Unternehmen zu tätigen, das rechtlich den Status eines einheimischen und nicht eines ausländischen Unternehmens hat. Bei der Gründung eines Unternehmens im Ausland entstehen unter anderem Kosten für die Erfüllung der dort geltenden rechtlichen und administrativen Voraussetzungen, die sich häufig von denjenigen unterscheiden, die die Unternehmen aus ihrem „Heimatland" kennen. Diese Kosten (u. a. für die zusätzlich erforderliche Rechtsberatung und Übersetzung) dürften für Unternehmensgruppen besonders hoch sein, da die Muttergesellschaft, vor allem wenn es sich um ein KMU handelt, derzeit in jedem Land, in dem sie eine Tochtergesellschaft gründen will, andere Voraussetzungen erfüllen muss.

Die europäischen KMU spielen bei der Stärkung der Wirtschaft der Union eine wichtige Rolle. Es bestehen jedoch nach wie vor zahlreiche Hindernisse, die ihre volle Entfaltung im Binnenmarkt beeinträchtigen und sie daran hindern, ihr Potenzial als Rückgrat der Wirtschaft der Union voll auszuschöpfen.

Die Europäische Kommission wollte diese Hindernisse mit ihrem 2008 unterbreiteten Vorschlag für das Statut der Europäischen Privatgesellschaft (SPE) in den Griff bekommen.[6] Den KMU sollte damit ein einfaches, flexibles und in allen Mitgliedstaaten einheitliches Instrument zur Erleichterung grenzüberschreitender Tätigkeiten an die Hand gegeben werden. Anlass für den Vorschlag waren Forderungen aus Unternehmenskreisen, eine wirklich europäische Form einer Gesellschaft mit beschränkter Haftung zu schaffen. Trotz großer Unterstützung aus der Wirtschaft kam jedoch kein Kompromiss zustande, der eine einstimmige Annahme des Status durch die Mitgliedstaaten ermöglicht hätte. Die Kommission beschloss daraufhin (im Rahmen des Programms REFIT[7]), den SPE-Vorschlag zurückzuziehen, und kündigte an, stattdessen einen Vorschlag für eine alternative Maßnahme vorzulegen, mit der zumindest einige der im SPE-Vorschlag behandelten Probleme gelöst werden sollen. Diese Vorgehensweise steht mit dem Aktionsplan für europäisches Gesellschaftsrecht und Corporate Governance von

6 Vorschlag für eine Verordnung des Rates über das Statut der Europäischen Privatgesellschaft (KOM(2008) 396 endg. vom 25.6.2008).

7 Die Rücknahme des SPE-Vorschlages wurde im Anhang der Mitteilung „Effizienz und Leistungsfähigkeit der Rechtsetzung (REFIT): Ergebnisse und Ausblick" (COM(2013) 685 final vom 2.10.2013) angekündigt.

2012[8] im Einklang, in dem die Kommission ihre Zusage bekräftigt, nach dem SPE-Vorschlag weitere Initiativen auf den Weg zu bringen, um die Möglichkeiten für grenzüberschreitende Tätigkeiten von KMU zu verbessern.

Das übergeordnete Ziel dieses Vorschlags, der eine Alternative zur SPE darstellt, besteht darin, potenziellen Unternehmensgründern und insbesondere KMU die Gründung von Gesellschaften im Ausland zu erleichtern. Dies dürfte das Unternehmertum fördern und unterstützen und mehr Wachstum, Innovation und Beschäftigung in der Union herbeiführen.

In dem Vorschlag werden die Mitgliedstaaten aufgefordert, in ihren Rechtsordnungen eine nationale Gesellschaftsrechtsform vorzusehen, für die in allen Mitgliedstaaten dieselben Vorschriften und die unionsweite Abkürzung SUP (*Societas Unius Personae*) gelten würden; dies würde den Unternehmen grenzüberschreitende Tätigkeiten erleichtern. Da diese Gesellschaften nach den in allen Mitgliedstaaten harmonisierten Vorschriften errichtet und betrieben würden, würden die Einrichtungs- und Betriebskosten sinken. Die Kosten könnten insbesondere durch ein harmonisiertes Eintragungsverfahren, die Möglichkeit der Online-Eintragung mit einer einheitlichen Vorlage für die Satzung und ein niedriges Mindestgründungskapital verringert werden. Die Gläubiger würden durch die den Geschäftsführern (und in einigen Fällen dem einzigen Gesellschafter) der SUP auferlegten Pflicht zur Kontrolle der Gewinnausschüttungen geschützt. Damit die Unternehmen die Vorteile des Binnenmarkts in vollem Umfang nutzen können, sollten die Mitgliedstaaten nicht verlangen, dass sich der satzungsmäßige Sitz und die Hauptverwaltung einer SUP in demselben Mitgliedstaat befinden müssen.

Parallel zu diesem Vorschlag arbeitet die Kommission im Einklang mit dem Stockholmer Programm des Europäischen Rates von 2009[9] an einer Verbesserung der Rechtssicherheit für Unternehmen und ganz allgemein an der für sie bei einer Tätigkeit in anderen Mitgliedstaaten geltenden Rechtsvorschriften.

Im Falle des Erlasses der vorgeschlagenen Richtlinie würde die Richtlinie 2009/102/EG aufgehoben und die Verordnung (EU) Nr. 1024/2012[10] geändert,

---

8 Aktionsplan: Europäisches Gesellschaftsrecht und Corporate Governance – ein moderner Rechtsrahmen für engagiertere Aktionäre und besser überlebensfähige Unternehmen (COM(2012) 740 final vom 12.12.2012).

9 Das Stockholmer Programm – Ein offenes und sicheres Europa im Dienste und zum Schutz der Bürger (ABl. C 115 vom 4.5.2010, S. 1).

10 Verordnung (EU) Nr. 1024/2012 des Europäischen Parlaments und des Rates vom 25. Oktober 2012 über die Verwaltungszusammenarbeit mit Hilfe des Binnenmarkt-Informationssystems („IMI") (ABl. L 316 vom 14.11.2012, S. 1).

damit das Binnenmarkt-Informationssystem (Internal Market Information System – IMI) genutzt werden kann.

## 2. KONSULTATION INTERESSIERTER KREISE UND FOLGENABSCHÄTZUNG

Die Initiative stützt sich auf Untersuchungen, die zur Vorbereitung früherer Initiativen der Union wie des SPE-Vorschlags von 2008 durchgeführt wurden, und auf eine Reihe einschlägiger Konsultationen und Beratungen, die im Anschluss an diesen Vorschlag stattgefunden haben.

Im Rahmen des Reflexionsprozesses zur Zukunft des Gesellschaftsrechts der Union hat die Reflexionsgruppe der Gesellschaftsrechtsexperten im April 2011 einen Bericht mit Empfehlungen veröffentlicht.[11] Darin wird zu verstärkten Bemühungen um eine Vereinfachung der für KMU geltenden Rechtsvorschriften aufgerufen. So müssten insbesondere die Formalitäten für die Gründung einer Gesellschaft (z. B. Eintragung oder Zugang zu elektronischen Verfahren) verschlankt werden. In dem Bericht wird ferner die Einführung eines vereinfachten Modells für Einpersonengesellschaften in der Union vorgeschlagen, das sowohl Unternehmensneugründungen mit einem einzigen Gesellschafter als auch Holdinggesellschaften mit hundertprozentigen Tochtergesellschaften zusätzliche Transaktionskosten und unnötige Formalitäten erspart.

Auf der Grundlage dieses Berichts leitete die Kommission im Februar 2012 eine breit angelegte öffentliche Konsultation zur Zukunft des europäischen Gesellschaftsrechts ein. In die Schlussfolgerungen sind die Stellungnahmen interessierter Kreise zu möglichen Maßnahmen zur weiteren Unterstützung europäischer KMU auf Unionsebene eingeflossen. Es gingen fast 500 Stellungnahmen von einem breiten Spektrum von Interessenträgern ein, darunter Behörden, Gewerkschaften, Wirtschaftsverbände, Investoren, Vertreter von Wissenschaft und Lehre sowie einzelne Bürger. Die große Mehrheit befürwortete zwar Maßnahmen der Kommission zur Unterstützung von KMU, die Meinungen darüber, wie dieses Ziel verwirklicht werden soll, gingen jedoch auseinander. Die Kommission berücksichtigte auch Beiträge der an der Reflexionsgruppe beteiligten Gesellschaftsrechtsexperten, z. B. den fachlichen Rat zu den zentralen Aspekten der möglichen künftigen Richtlinie über Einpersonengesellschaften.

---

11 Bericht der Reflexionsgruppe unter: http://ec.europa.eu/internal_market/company/docs/modern/reflectiongroup_report_en.pdf.

Eine ausführlichere Online-Konsultation der Öffentlichkeit zu Einpersonengesellschaften[12] wurde im Juni 2013 eingeleitet. Ziel war es zu prüfen, ob mit einer Harmonisierung der nationalen Vorschriften über Einpersonengesellschaften einfachere und flexiblere Vorschriften für Unternehmen, insbesondere KMU, und Kostensenkungen bewirkt werden könnten. Insgesamt gingen 242 Stellungnahmen von einem breiten Spektrum von Interessenträgern ein, darunter Unternehmen, Behörden, Gewerkschaften, Wirtschaftsverbände, Universitäten und einzelne Bürger. Davon waren 62 % der Auffassung, dass bei Gesellschaften mit beschränkter Haftung mit einem einzigen Gesellschafter eine Harmonisierung der Vorschriften die grenzüberschreitenden Tätigkeiten erleichtern würde; 64 % meinten, dass eine solche Initiative Vorschriften über die Online-Eintragung mit einem in der ganzen Union einheitlichen Standardformular umfassen sollte.

Am 13. September 2013 traf sich die Generaldirektion Binnenmarkt und Dienstleistungen der Kommission mit einer Gruppe von Wirtschaftsvertretern aus der Union[13]. Die meisten Teilnehmer unterstützten die Initiative und hoben ihre möglichen positiven Auswirkungen auf Unternehmen in der Union hervor. Sie betonten jedoch, dass diese Initiative keine vollwertige Alternative zum SPE-Vorschlag sei und die Bemühungen um die Einführung der SPE fortgesetzt werden sollten.

Andere Interessenträger, z. B. Notare, waren zwar ebenfalls grundsätzlich für die Initiative, äußerten jedoch eine Reihe von Bedenken, die vor allem die Sicherheit der Online-Eintragung von Gesellschaften und die Sicherstellung einer angemessenen Kontrolle des Verfahrens betrafen. Darüber hinaus waren einige Interessenträger der Auffassung, dass bei einer Verringerung des Mindestkapitals auch geeignete flankierende Maßnahmen wie Solvenztests oder Beschränkungen in Bezug auf die Ausschüttung von Dividenden vorgesehen werden sollten.

Laut der von der Kommission vorgenommenen Folgenabschätzung scheiden einige Optionen wegen Undurchführbarkeit und/oder mangelnder Unterstützung durch die Interessenträger von vornherein aus (insbesondere die Einführung einer neuen supranationalen Rechtsform und die Harmonisierung des Gesellschaftsrechts in Bezug auf die Gründung von Tochtergesellschaften nur

---

12 http://ec.europa.eu/internal_market/consultations/2013/single-member-private-companies.

13 Business Europe, Rat der Notariate der Europäischen Union, European Small Business Alliance, Rat der Anwaltschaften der Europäischen Union, Chambre de Commerce et d'Industrie de région Paris et Ile-de-France, Association Nationale des Sociétés par Actions und Eurochambers.

durch KMU oder in Bezug auf die Gründung sowohl in Form von Aktiengesellschaften als auch von Gesellschaften mit beschränkter Haftung).

In den nach der Folgenabschätzung in Betracht kommenden Optionen ist vorgesehen, im nationalen Gesellschaftsrecht Rechtsformen für Gesellschaften mit beschränkter Haftung mit einem einzigen Gesellschafter zu schaffen, für die harmonisierte Voraussetzungen insbesondere in Bezug auf den Eintragungsvorgang und das Mindestkapital gelten.

Gewählt wurde die Option mit der Möglichkeit der Online-Eintragung, einer Standardvorlage für die Satzung, einem Mindestkapitalerfordernis von 1 EUR sowie einem Bilanztest und einer Solvenzbescheinigung. Im Vergleich zu den anderen Optionen stellt diese Option angesichts ihrer Zielgerichtetheit (insbesondere der Senkung der Kosten für Unternehmen), ihrer Effizienz und ihrer Kohärenz mit der Politik der Union insgesamt die beste Lösung dar.

Der Ausschuss für Folgenabschätzung gab am 20. November 2013 eine insgesamt positive Stellungnahme zur Folgenabschätzung ab. Auf Anraten des Ausschusses wurden die Abschnitte über die Problemstellung und den Problembaum, die Größe des Marktes und die Optionen und ihre Auswirkungen geändert. Ferner wurde die Lage in den Mitgliedstaaten tabellarisch dargestellt und die Zusammenfassung der Ergebnisse der Online-Konsultation von 2013 hinzugefügt. Insbesondere wurden in Anbetracht der Stellungnahme des Ausschusses für Folgenabschätzung die Optionen für das Mindestkapitalerfordernis und den Gläubigerschutz sowie für die Online-Eintragung und die Verwendung einer einheitlichen Vorlage für die Satzung in die Folgenabschätzung aufgenommen. Außerdem wurde die Größe des betroffenen Marktes in der Folgenabschätzung stärker herausgestellt. In der Union gibt es rund 21 Millionen KMU, von denen rund 12 Millionen beschränkt haftende Gesellschaften sind, davon etwa die Hälfte (5,2 Millionen) Gesellschaften mit beschränkter Haftung mit einem einzigen Gesellschafter.

## 3. RECHTLICHE ASPEKTE

### Rechtsgrundlage, Subsidiarität und Verhältnismäßigkeit

Der Vorschlag stützt sich auf Artikel 50 des Vertrags über die Arbeitsweise der Europäischen Union (AEUV) als Rechtsgrundlage für ein Tätigwerden der Union im Bereich des Gesellschaftsrechts. Insbesondere ist in Artikel 50 Absatz 2 Buchstabe f AEUV die schrittweise Aufhebung von Beschränkungen der Niederlassungsfreiheit in Bezug auf die Voraussetzungen für die Errichtung von Tochtergesellschaften vorgesehen.

Mit dem vorliegenden Entwurf wird nicht die Einführung einer neuen supranationalen Rechtsform für Einpersonengesellschaften vorgeschlagen, es soll vielmehr ein Beitrag dazu geleistet werden, Beschränkungen der Niederlassungsfreiheit, die sich in den Voraussetzungen für die Gründung von Tochtergesellschaften im Hoheitsgebiet der Mitgliedstaaten widerspiegeln, schrittweise aufzuheben. Das Ziel des Vorschlags könnte daher im Prinzip auch dadurch verwirklicht werden, dass die Mitgliedstaaten unabhängig voneinander identische Rechtsvorschriften erlassen. Unter diesen Umständen reicht Artikel 50 AEUV als Rechtsgrundlage für den Vorschlag aus, so dass nicht auf Artikel 352 AEUV zurückgegriffen werden muss.

Nach dem Subsidiaritätsprinzip sollte die Union nur dann tätig werden, wenn sie bessere Ergebnisse erzielen kann, als dies bei einem Tätigwerden auf der Ebene der Mitgliedstaaten der Fall wäre.

Die Lösungen für eine Senkung der Einrichtungskosten, für die sich einzelne Mitgliedstaaten bisher entschieden haben, sind noch nicht auf Unionsebene koordiniert worden. Eine solche Koordinierung zwischen den Mitgliedstaaten mit dem Ziel, in den nationalen Rechtsordnungen identische Anforderungen an eine bestimmte nationale Gesellschaftsrechtsform einzuführen, wäre zwar theoretisch möglich, erscheint aber in naher Zukunft unwahrscheinlich. Wahrscheinlich ist vielmehr, wie in der Folgenabschätzung ausführlich dargelegt, dass einzelne Maßnahmen der Mitgliedstaaten weiter zu unterschiedlichen Ergebnissen führen werden.

Insbesondere konzentrieren sich die Mitgliedstaaten meist auf ihre besonderen nationalen Gegebenheiten und bemühen sich in der Regel nicht um die Erleichterung der Gründung von Gesellschaften im Ausland. So stellt das Erfordernis, persönlich vor dem Notar oder einer anderen Behörde des Eintragungsmitgliedstaats zu erscheinen, zwar keine unmittelbare Diskriminierung dar, hat jedoch unterschiedliche Auswirkungen, je nachdem, ob der Gründer seinen Wohnsitz im Inland oder im Ausland hat. Ausländern dürften erheblich höhere Kosten entstehen als Inländern. Auch eine Online-Eintragung, die in der Praxis nur für Inländer oder Personen mit Wohnsitz im Inland zugänglich ist und im nationalen Kontext akzeptabel erscheint, führt zu Mehrkosten für ausländische Unternehmen, die inländischen Unternehmen nicht entstehen.

Ohne Maßnahmen auf Unionsebene würden demnach nur nicht harmonisierte nationale Lösungen bestehen. KMU wären weiterhin mit Hindernissen konfrontiert, die ihre Expansion auf andere Länder erschweren, und die dadurch bedingten Kosten würden insbesondere ausländische Gründer belasten. Eine Vereinfachung durch harmonisierte Vorschriften kann zwar theoretisch von den einzeln handelnden Mitgliedstaaten erreicht werden, ist aber höchst unwahrscheinlich. Eine gezielte Maßnahme der Union dürfte daher mit dem Subsidiaritätsprinzip vereinbar sein.

Nach dem Verhältnismäßigkeitsprinzip sollte die Maßnahme der Union geeignet sein, die angestrebten politischen Ziele zu erreichen, und auf das zu ihrer Erreichung erforderliche Maß beschränkt sein. Es ist zweckmäßig, die Voraussetzungen für die Gründung und die Tätigkeit beschränkt haftender Gesellschaften mit einem einzigen Gesellschafter zu harmonisieren, um eine stärkere grenzüberschreitende Teilnahme von KMU am Binnenmarkt zu erreichen. Diese Maßnahme sollte die Gründung von Unternehmen erleichtern und fördern und insbesondere zu einer höheren Zahl von Tochtergesellschaften in der Union führen. Sie geht nicht über das für die Erreichung dieses Ziels erforderliche Maß hinaus, da sie nicht versucht, alle Aspekte der Tätigkeit beschränkt haftender Gesellschaften mit einem einzigen Gesellschafter vollständig zu harmonisieren, sondern sich auf diejenigen Aspekte beschränkt, die für grenzüberschreitende Tätigkeiten am wichtigsten sind. Mit der neuen Richtlinie, durch die die bestehende Richtlinie über Einpersonengesellschaften aufgehoben wird, wird zudem sichergestellt, dass Inhalt und Form der vorgeschlagenen Unionsmaßnahme nicht über das zur Erreichung des Regulierungsziels erforderliche Maß hinausgehen und angemessen sind.

**Einzelerläuterung zum Vorschlag**

**Teil 1: Allgemeine Vorschriften für Gesellschaften mit beschränkter Haftung mit einem einzigen Gesellschafter**

Die allgemeinen Vorschriften für Gesellschaften mit beschränkter Haftung mit einem einzigen Gesellschafter (Artikel 1 bis 5) gelten für alle in Anhang I aufgeführten Gesellschaften, einschließlich der in Teil 2 der Richtlinie genannten Gesellschaften. Mit der Zwölften Richtlinie 89/667/EWG des Rates auf dem Gebiet des Gesellschaftsrechts, kodifiziert durch die Richtlinie 2009/102/EG, wurde in der ganzen Union ein Rechtsinstrument eingeführt, mit dem die Haftung von Einpersonengesellschaften beschränkt werden kann. Ferner wird in Teil 1 der Richtlinie die Offenlegung von Informationen über die Einpersonengesellschaft in einem der Öffentlichkeit zugänglichen Register vorgeschrieben, und es werden Beschlüsse des einzigen Gesellschafters und Verträge zwischen diesem und der Gesellschaft geregelt. Wenn ein Mitgliedstaat auch Aktiengesellschaften die Möglichkeit einräumt, einen einzigen Anteilseigner zu haben, gelten die Vorschriften des Teils 1 der Richtlinie auch für diese Gesellschaften.

**Teil 2: Besondere Vorschriften für die *Societas Unius Personae* (SUP)**
**Kapitel 1: Allgemeine Bestimmungen**
Die Bestimmungen des Teils 2 der Richtlinie gelten für Gesellschaften mit beschränkter Haftung mit einem einzigen Gesellschafter, die in Form einer SUP gegründet werden (Artikel 6).

Für in der Richtlinie nicht geregelte Fragen gilt das einschlägige nationale Recht.

**Kapitel 2: Errichtung einer SUP**
Nach der Richtlinie kann eine SUP nur durch Gründung einer neuen Gesellschaft (ex nihilo) oder durch Umwandlung einer bereits in einer anderen Gesellschaftsrechtsform bestehenden Gesellschaft entstehen. Die Richtlinie enthält einige Bestimmungen (Artikel 8 und 9) über diese beiden Möglichkeiten; im Übrigen richtet sich das Verfahren für die Errichtung einer SUP nach den nationalen Vorschriften für Gesellschaften mit beschränkter Haftung.

Eine SUP kann von einer natürlichen oder einer juristischen Person ex nihilo errichtet werden, auch wenn letztere eine Gesellschaft mit beschränkter Haftung mit einem einzigen Gesellschafter ist. Die Mitgliedstaaten sollten SUP nicht daran hindern, einzige Gesellschafter anderer Gesellschaften zu sein.

Nur die in Anhang I aufgeführten Gesellschaften mit beschränkter Haftung können sich in eine SUP umwandeln. Eine in eine SUP umgewandelte Gesellschaft behält ihre Rechtspersönlichkeit. Hinsichtlich des Verfahrens für die Umwandlung verweist die Richtlinie auf das nationale Recht.

Nach der Richtlinie muss eine SUP ihren satzungsmäßigen Sitz und entweder ihre Hauptverwaltung oder ihre Hauptniederlassung in der Union haben (Artikel 10).

**Kapitel 3: Satzung**
In der Richtlinie ist eine Standardvorlage für die Satzung vorgesehen, deren Verwendung im Falle der Online-Eintragung vorgeschrieben ist. Ferner ist der Mindestinhalt der Vorlage festgelegt, die Gegenstand eines von der Kommission zu erlassenden Durchführungsrechtsakts sein wird (Artikel 11).

Die Satzung kann nach der Eintragung geändert werden, die Änderungen müssen jedoch mit der Richtlinie und dem nationalen Recht vereinbar sein (Artikel 12).

**Kapitel 4: Eintragung einer SUP**
Die Bestimmungen über das Eintragungsverfahren bilden den Hauptteil der Richtlinie, da sie für die Erleichterung der Gründung von Tochtergesellschaften in anderen Mitgliedstaaten der Union als dem Sitzland der Gesellschaft von

entscheidender Bedeutung sind. Die Richtlinie verpflichtet die Mitgliedstaaten, ein Eintragungsverfahren anzubieten, das vollständig auf elektronischem Wege und aus der Ferne abgewickelt werden kann, ohne dass der Gründer persönlich vor den Behörden des Eintragungsmitgliedstaats erscheinen muss. Auch der gesamte Schriftwechsel zwischen der für die Eintragung zuständigen Stelle und dem Gründer muss daher elektronisch erfolgen können. Die Eintragung der SUP muss innerhalb von drei Arbeitstagen abgeschlossen sein, um die schnelle Errichtung von Gesellschaften zu ermöglichen (Artikel 14).

Darüber hinaus enthält die Richtlinie eine vollständige Liste der Unterlagen und Angaben, die die Mitgliedstaaten für die Eintragung einer SUP verlangen dürfen. Nach der Eintragung kann die SUP die Unterlagen und Angaben nach dem im nationalen Recht vorgesehenen Verfahren ändern (Artikel 13).

**Kapitel 5: Einziger Anteil**

Da eine SUP nur einen Gesellschafter hat, darf sie nur einen Anteil ausgeben, der nicht geteilt werden darf (Artikel 15).

**Kapitel 6: Stammkapital**

Nach der Richtlinie beträgt das Stammkapital mindestens 1 EUR bzw. in den Mitgliedstaaten, in denen der Euro nicht die Landeswährung ist, mindestens eine Einheit der Landeswährung. Die Mitgliedstaaten sollten weder einen Höchstwert für den einzigen Anteil oder das eingezahlte Kapital festsetzen noch die SUP zur Bildung gesetzlicher Rücklagen verpflichten. Die Richtlinie erlaubt der SUP jedoch, freiwillige Rücklagen zu bilden (Artikel 16).

Ferner enthält die Richtlinie Vorschriften über Gewinnausschüttungen (z. B. Dividenden) an den einzigen Gesellschafter der SUP. Eine Gewinnausschüttung ist zulässig, wenn der Bilanztest ergeben hat, dass die nach der Gewinnausschüttung verbleibenden Vermögenswerte der SUP ausreichen, um ihre Verbindlichkeiten in vollem Umfang abzudecken. Zudem muss das Leitungsorgan dem einzigen Gesellschafter eine Solvenzbescheinigung vorlegen, bevor eine Gewinnausschüttung vorgenommen wird. Mit der Aufnahme dieser beiden Voraussetzungen in die Richtlinie wird ein hohes Maß an Gläubigerschutz gewährleistet, das der SUP helfen dürfte, sich einen guten Ruf zu erwerben (Artikel 18).

**Kapitel 7: Organisation und Verfahren der SUP**

Die Richtlinie regelt die Beschlussfassungsbefugnisse des einzigen Gesellschafters, die Arbeit des Leitungsorgans und die Vertretung der SUP gegenüber Dritten (Artikel 21).

Um KMU und anderen Unternehmen grenzüberschreitende Tätigkeiten zu erleichtern, räumt die Richtlinie dem einzigen Gesellschafter das Recht ein,

Beschlüsse zu fassen, ohne eine Gesellschafterversammlung einberufen zu müssen; ferner legt sie fest, zu welchen Fragen der einzige Gesellschafter Beschlüsse fassen muss. Der einzige Gesellschafter sollte auch andere als die in der Richtlinie genannten Beschlüsse fassen können, unter anderem zur Übertragung seiner Befugnisse auf das Leitungsorgan, sofern dies nach nationalem Recht zulässig ist.

Geschäftsführer einer SUP können nur natürliche Personen werden, es sei denn, das Recht des Eintragungsmitgliedstaats erlaubt dies auch juristischen Personen. Die Richtlinie enthält einige Bestimmungen über die Bestellung und die Entlassung der Geschäftsführer, die für die Leitung der SUP verantwortlich sind und die SUP auch gegenüber Dritten vertreten. Da die SUP auch für Unternehmensgruppen ein attraktives Modell sein soll, erlaubt die Richtlinie dem einzigen Gesellschafter, dem Leitungsorgan Weisungen zu erteilen. Diese Weisungen müssen jedoch mit den nationalen Rechtsvorschriften zum Schutz der Interessen anderer Parteien vereinbar sein (Artikel 22).

Die SUP kann in eine andere Rechtsform nach nationalem Recht umgewandelt werden. Wenn eine SUP nicht mehr die Voraussetzungen der Richtlinie erfüllt, muss sie entweder in eine andere Gesellschaftsrechtsform umgewandelt oder aufgelöst werden. Für den Fall, dass dies nicht geschieht, müssen die nationalen Behörden über die Befugnis verfügen, die Gesellschaft aufzulösen (Artikel 25).

**Teil 3: Schlussbestimmungen**

Die Richtlinie verpflichtet die Mitgliedstaaten, geeignete Sanktionen im Falle eines Verstoßes gegen die Richtlinie, das nationale Recht oder die Satzung festzulegen (Artikel 28). Zudem wird der Kommission die Befugnis übertragen, delegierte Rechtsakte und Durchführungsrechtsakte zu erlassen.

Um die Liste der in den Mitgliedstaaten bestehenden Gesellschaftsrechtsformen aktualisieren zu können, wird die Kommission bei Bedarf vorschlagen, Anhang I durch einen delegierten Rechtsakt zu ändern, der keine Änderung der Richtlinie als solcher erfordert und nicht das Gesetzgebungsverfahren durchlaufen muss (Artikel 1 Absatz 2). Ferner wird vorgeschlagen, der Kommission die Befugnis zum Erlass zweier Durchführungsrechtsakte zu übertragen, mit denen die Vorlagen für die Satzung und die Eintragung festgelegt werden (Artikel 11 Absatz 3 bzw. Artikel 13 Absatz 2). Wenn diese Vorlagen Gegenstand von Durchführungsrechtsakten sind, können sie leichter an sich ändernde Rahmenbedingungen für Unternehmen angepasst werden, als wenn sie im ordentlichen Gesetzgebungsverfahren festgelegt würden. Bei der Ausarbeitung der Vorlagen wird die Kommission vom Ausschuss für Gesellschaftsrecht unterstützt.

Mit der Richtlinie wird die Richtlinie 2009/102/EG, die durch die vorliegende Richtlinie ersetzt wird, aufgehoben und die Verordnung (EU) Nr. 1024/2012[14] geändert, damit das Binnenmarkt-Informationssystem (Internal Market Information System – IMI) genutzt werden kann (Artikel 29 und 30).

Die Mitgliedstaaten müssen die Richtlinie spätestens zwei Jahre nach ihrem Erlass in nationales Recht umsetzen. Bis dahin wird die Kommission die erforderlichen Durchführungsrechtsakte erlassen. Die Mitgliedstaaten werden aufgefordert, den Umsetzungsprozess unmittelbar nach Inkrafttreten der Richtlinie einzuleiten.

## 4. ERLÄUTERNDE DOKUMENTE

Nach der Gemeinsamen Politischen Erklärung vom 27. Oktober 2011 sollte die Europäische Kommission nur dann um erläuternde Dokumente bitten, wenn sie „im Einzelfall … die Notwendigkeit und die Verhältnismäßigkeit der Übermittlung derartiger Dokumente begründen [kann], wobei sie insbesondere die Komplexität der Richtlinie bzw. ihrer Umsetzung sowie den etwaigen zusätzlichen Verwaltungsaufwand berücksichtigt."

Nach Auffassung der Kommission ist es im vorliegenden Fall unter anderem wegen der sehr unterschiedlichen Art und Weise, wie das Gesellschaftsrecht in den Mitgliedstaaten geregelt ist (z. B. in Zivilgesetzbüchern, Gesellschaftsrechtsgesetzbüchern oder Gesellschaftsgesetzen), gerechtfertigt, die Mitgliedstaaten um die Übermittlung erläuternder Dokumente zu den mit der Umsetzung verbundenen Problemen zu ersuchen.

Die Umsetzungsmaßnahmen werden Auswirkungen auf nationaler Ebene haben und beispielsweise das nationale Gesellschaftsrecht, das Eintragungsverfahren, die Kommunikation zwischen der für die Eintragung zuständigen Stelle und dem Gründer, die Websites der zuständigen Behörden und das Online-Verfahren für den elektronischen Identitätsnachweis verändern. Insbesondere werden die Bestimmungen des Teils 2 der Richtlinie sehr wahrscheinlich in mehrere nationale Rechtsakte umgesetzt werden müssen. Dies könnte vor allem in Mitgliedstaaten mit mehr als einem zentralen Unternehmensregister der Fall sein.

Hierbei kommt der Mitteilung der Umsetzungsmaßnahmen wesentliche Bedeutung zu, da aus ihnen der Zusammenhang zwischen den Bestimmungen der Richtlinie und den nationalen Umsetzungsmaßnahmen hervorgeht und somit

---

14 Verordnung (EU) Nr. 1024/2012 des Europäischen Parlaments und des Rates vom 25. Oktober 2012 über die Verwaltungszusammenarbeit mit Hilfe des Binnenmarkt-Informationssystems („IMI") (ABl. L 316 vom 14.11.2012, S. 1).

die Vereinbarkeit der nationalen Rechtsvorschriften mit der Richtlinie geprüft werden kann.

Eine einfache Mitteilung einzelner Umsetzungsmaßnahmen würde jedoch nicht ausreichen, da sich die Kommission nicht vergewissern könnte, dass alle unionsrechtlichen Bestimmungen ordnungsgemäß und vollständig umgesetzt wurden. Die erläuternden Dokumente sind notwendig, um genau zu verstehen, wie die Mitgliedstaaten die Bestimmungen der Richtlinie in nationales Recht umsetzen. Die Mitgliedstaaten sind aufgefordert, die erläuternden Dokumente in Form übersichtlicher Tabellen vorzulegen, aus denen klar hervorgeht, wie die einzelnen nationalen Maßnahmen, die getroffen wurden, den Bestimmungen der Richtlinie entsprechen.

In die vorgeschlagene Richtlinie wird daher folgender Erwägungsgrund aufgenommen: *„Gemäß der Gemeinsamen Politischen Erklärung der Mitgliedstaaten und der Kommission zu erläuternden Dokumenten vom 28. September 2011 haben sich die Mitgliedstaaten verpflichtet, in begründeten Fällen zusätzlich zur Mitteilung ihrer Umsetzungsmaßnahmen ein oder mehrere Dokumente zu übermitteln, in denen der Zusammenhang zwischen den Bestandteilen einer Richtlinie und den entsprechenden Teilen nationaler Umsetzungsinstrumente erläutert wird. In Bezug auf diese Richtlinie hält der Gesetzgeber die Übermittlung derartiger Dokumente für gerechtfertigt."*

2014/0120 (COD)

Vorschlag für eine

**RICHTLINIE DES EUROPÄISCHEN PARLAMENTS UND DES RATES über Gesellschaften mit beschränkter Haftung mit einem einzigen Gesellschafter**

(Text von Bedeutung für den EWR)

DAS EUROPÄISCHE PARLAMENT UND DER RAT DER EUROPÄISCHEN UNION –

gestützt auf den Vertrag über die Arbeitsweise der Europäischen Union, insbesondere auf Artikel 50,

auf Vorschlag der Europäischen Kommission,

nach Zuleitung des Entwurfs des Gesetzgebungsakts an die nationalen Parlamente,

nach Stellungnahme des Europäischen Wirtschafts- und Sozialausschusses,

gemäß dem ordentlichen Gesetzgebungsverfahren,

in Erwägung nachstehender Gründe:

(1) Die Richtlinie 2009/102/EG des Europäischen Parlaments und des Rates vom 16. September 2009 auf dem Gebiet des Gesellschaftsrechts betreffend Gesellschaften mit beschränkter Haftung mit einem einzigen Gesellschafter[15] hat es Einzelunternehmern ermöglicht, in der ganzen Union mit beschränkter Haftung tätig zu sein.

(2) Die Bestimmungen der Richtlinie 2009/102/EG, die alle beschränkt haftenden Gesellschaften mit einem einzigen Gesellschafter betreffen, wurden in Teil 1 dieser Richtlinie übernommen. Wenn alle Anteile in der Hand eines einzigen Gesellschafters vereinigt sind, sollte dessen Identität durch einen Registereintrag der Öffentlichkeit gegenüber offengelegt werden. In dieser Richtlinie ist ferner vorgesehen, dass die Beschlüsse, die der einzige Gesellschafter in Ausübung der Befugnisse der Gesellschafterversammlung fasst, und die Verträge zwischen dem Gesellschafter und der Gesellschaft schriftlich niederzulegen sind, es sei denn, es handelt sich um im normalen Geschäftsgang unter Marktbedingungen geschlossene Verträge.

(3) Die Gründung beschränkt haftender Gesellschaften mit einem einzigen Gesellschafter als Tochtergesellschaften in anderen Mitgliedstaaten ist wegen der verschiedenen rechtlichen und administrativen Anforderungen,

15 ABl. L 258 vom 1.10.2009, S. 20.

die in den betreffenden Mitgliedstaaten erfüllt werden müssen, mit Kosten verbunden. Nach wie vor sind die bestehenden Anforderungen in den Mitgliedstaaten unterschiedlich.

(4) In ihrer Mitteilung „Eine integrierte Industriepolitik für das Zeitalter der Globalisierung – Vorrang für Wettbewerbsfähigkeit und Nachhaltigkeit"[16] befürwortet die Kommission die Gründung, Entwicklung und Internationalisierung kleiner und mittlerer Unternehmen (KMU). Dies ist für die Wirtschaft der Union wichtig, da KMU zwei Drittel der Arbeitsplätze in der Union stellen und über ein erhebliches Wachstums- und Beschäftigungspotenzial verfügen.

(5) Die Verbesserung der Rahmenbedingungen für Unternehmen und insbesondere für KMU durch eine Senkung der Transaktionskosten in Europa, die Förderung von Clustern und die Förderung der Internationalisierung von KMU waren die zentralen Punkte der Initiative „Industriepolitik im Zeitalter der Globalisierung", die die Kommission in ihrer Mitteilung über die Strategie Europa 2020[17] vorgeschlagen hat.

(6) Im Einklang mit der Strategie Europa 2020 sprach sich die Kommission im Rahmen der Überprüfung des „Small Business Act" für Europa[18] für weitere Fortschritte in Bezug auf eine intelligente Regulierung, die Verbesserung des Marktzugangs sowie die Förderung des Unternehmertums, der Schaffung von Arbeitsplätzen und inklusiven Wachstums aus.

(7) Um den KMU grenzüberschreitende Tätigkeiten und die Gründung von Einpersonengesellschaften als Tochtergesellschaften in anderen Mitgliedstaaten zu erleichtern, sollten die mit der Gründung solcher Gesellschaften verbundenen Kosten und Verwaltungslasten verringert werden.

(8) Die Bereitstellung eines harmonisierten rechtlichen Rahmens für die Errichtung von Einpersonengesellschaften, einschließlich einer einheitlichen Vorlage für die Satzung, soll dazu beitragen, Beschränkungen der Niederlassungsfreiheit in Bezug auf die Voraussetzungen für die Gründung von Tochtergesellschaften im Hoheitsgebiet der Mitgliedstaaten schrittweise aufzuheben und die damit verbundenen Kosten zu senken.

(9) Gesellschaften mit beschränkter Haftung mit einem einzigen Gesellschafter, die im Einklang mit dieser Richtlinie errichtet wurden und tätig sind,

16 KOM(2010) 614 endg. vom 28.10.2010.
17 KOM(2010) 2020 endg. vom 3.3.2010.
18 KOM(2011) 78 endg. vom 23.2.2011.

sollten ihrem Namen die gemeinsame, leicht erkennbare Abkürzung „SUP" (*Societas Unius Personae*) anfügen.

(10) Zur Achtung der gesellschaftsrechtlichen Traditionen in den Mitgliedstaaten sollten diese selbst entscheiden können, wie und in welchem Umfang sie die harmonisierten Vorschriften über die Errichtung und die Tätigkeit von SUP anwenden wollen. Die Mitgliedstaaten können Teil 2 dieser Richtlinie auf alle Gesellschaften mit beschränkter Haftung mit einem einzigen Gesellschafter anwenden, so dass alle diese Gesellschaften als SUP tätig sein und firmieren würden. Alternativ dazu sollten sie die Gründung einer SUP als eigene Gesellschaftsrechtsform vorsehen, die parallel zu anderen im nationalen Recht vorgesehenen Formen von Gesellschaften mit beschränkter Haftung mit einem einzigen Gesellschafter bestehen würde.

(11) Um sicherzustellen, dass die harmonisierten Vorschriften möglichst umfassend angewandt werden, sollten sowohl natürliche als auch juristische Personen berechtigt sein, SUP zu errichten. Aus demselben Grund sollten Gesellschaften mit beschränkter Haftung, die nicht als SUP errichtet wurden, den SUP-Rahmen nutzen können. Es sollte möglich sein, solche Gesellschaften im Einklang mit dem anwendbaren nationalen Recht in SUP umzuwandeln.

(12) Damit die Unternehmen die Vorteile des Binnenmarkts in vollem Umfang nutzen können, sollten die Mitgliedstaaten nicht verlangen, dass sich der satzungsmäßige Sitz und die Hauptverwaltung einer SUP in demselben Mitgliedstaat befinden müssen.

(13) Damit die Gründung von Tochtergesellschaften in anderen Mitgliedstaaten einfacher und kostengünstiger wird, sollten die Gründer von SUP nicht verpflichtet sein, persönlich vor der Eintragungsstelle eines Mitgliedstaats zu erscheinen. Das Register sollte von jedem Mitgliedstaat aus zugänglich sein, und die Unternehmensgründer sollten die bestehenden einheitlichen Ansprechpartner, die mit der Richtlinie 2006/123/EG des Europäischen Parlaments und des Rates[19] geschaffen wurden, als Portal zu den nationalen Online-Eintragungsstellen nutzen können. Es sollte daher möglich sein, SUP aus der Ferne und ganz auf elektronischem Wege zu gründen.

(14) Zur Gewährleistung eines hohen Maßes an Transparenz sollten alle im Handelsregister hinterlegten Unterlagen über das in Artikel 4a Absatz 2 der

19 Richtlinie 2006/123/EG des Europäischen Parlaments und des Rates vom 12. Dezember 2006 über Dienstleistungen im Binnenmarkt (ABl. L 376 vom 27.12.2006, S. 36).

Richtlinie 2009/101/EG des Europäischen Parlaments und des Rates[20] genannte System der Registervernetzung öffentlich zugänglich gemacht werden.

(15) Im Interesse eines hohen Maßes an Einheitlichkeit und Online-Zugänglichkeit sollten die zur Eintragung von SUP verwendeten Unterlagen auf einer einheitlichen Vorlage beruhen, die in allen Amtssprachen der Union verfügbar ist. Die Mitgliedstaaten können zwar verlangen, dass die Eintragung in einer der Landessprachen des betreffenden Mitgliedstaats abgewickelt wird, sind aber auch aufgefordert, die Eintragung in anderen Amtssprachen der Union zuzulassen.

(16) Im Einklang mit den Empfehlungen zur Verringerung der für die Unternehmensgründung notwendigen Zeit, die die Europäische Kommission 2011 im Rahmen der Überprüfung des „Small Business Act"[21] ausgesprochen hat, sollten SUP die Bescheinigung über die Eintragung im einschlägigen Register eines Mitgliedstaats innerhalb von drei Arbeitstagen erhalten. Dies sollte nur für Neugründungen gelten, nicht aber für die Umwandlung bestehender Unternehmen in SUP, da die Eintragung solcher Unternehmen naturgemäß mehr Zeit in Anspruch nimmt.

(17) Jeder Mitgliedstaat sollte eine zuständige elektronische Eintragungsstelle benennen. Zur Unterstützung der benannten Stellen beim Informationsaustausch über die Identität des Gründers können die Mitgliedstaaten die in der Verordnung (EU) Nr. 1024/2012 des Europäischen Parlaments und des Rates[22] vorgesehenen Mittel nutzen.

(18) Die Bestimmungen über die Gründung von Gesellschaften mit beschränkter Haftung mit einem einzigen Gesellschafter sollten nicht das Recht der Mitgliedstaaten berühren, bestehende Vorschriften für die Überprüfung des Eintragungsvorgangs beizubehalten, sofern das gesamte

---

20 Richtlinie 2009/101/EG des Europäischen Parlaments und des Rates vom 16. September 2009 zur Koordinierung der Schutzbestimmungen, die in den Mitgliedstaaten den Gesellschaften im Sinne des Artikels 48 Absatz 2 des Vertrags im Interesse der Gesellschafter sowie Dritter vorgeschrieben sind, um diese Bestimmungen gleichwertig zu gestalten (ABl. L 258 vom 1.10.2009, S. 11).

21 KOM(2011) 78 endg. vom 23.2.2011.

22 Verordnung (EU) Nr. 1024/2012 des Europäischen Parlaments und des Rates vom 25. Oktober 2012 über die Verwaltungszusammenarbeit mit Hilfe des Binnenmarkt-Informationssystems und zur Aufhebung der Entscheidung 2008/49/EG der Kommission („IMI-Verordnung") (ABl. L 316 vom 14.11.2012, S. 1).

Eintragungsverfahren auf elektronischem Wege und aus der Ferne abgewickelt werden kann.

(19) Die Verwendung der Vorlage für die Satzung sollte vorgeschrieben sein, wenn die SUP elektronisch eingetragen wird. Wenn nach nationalem Recht eine andere Form der Eintragung zulässig ist, braucht die Vorlage nicht verwendet zu werden, die Satzung muss jedoch den Anforderungen der Richtlinie genügen. Das Mindestkapital für die Errichtung einer Gesellschaft mit beschränkter Haftung mit einem einzigen Gesellschafter ist von Mitgliedstaat zu Mitgliedstaat verschieden. Die meisten Mitgliedstaaten haben bereits Schritte eingeleitet, um das Mindestkapitalerfordernis abzuschaffen oder auf einen Nominalbetrag zu begrenzen. Für SUP sollte kein hohes Mindestkapital vorgeschrieben sein, da dies die Errichtung solcher Gesellschaften behindern würde. Allerdings sollten Gläubiger vor unverhältnismäßig hohen Gewinnausschüttungen an den einzigen Gesellschafter geschützt werden, die die Schuldentilgungsfähigkeit der SUP mindern könnten. Ein solcher Schutz sollte dadurch sichergestellt werden, dass bestimmte Mindestanforderungen an die Bilanz gestellt werden (die Verbindlichkeiten dürfen nicht höher sein als die Vermögenswerte) und dass das Leitungsorgan eine Solvenzbescheinigung ausstellen und unterzeichnen muss. Weitere Beschränkungen in Bezug auf die Verwendung des Kapitals sollten dem einzigen Gesellschafter nicht auferlegt werden.

(20) Um Missbrauch zu verhindern und die Kontrolle von SUP zu vereinfachen, sollten weder weitere Anteile ausgegeben noch der einzige Anteil geteilt werden dürfen. Ferner sollte der einzige Anteil der SUP von dieser weder direkt oder indirekt erworben werden noch direkt oder indirekt in ihrem Eigentum stehen dürfen. Die mit dem einzigen Anteil verbundenen Rechte sollten nur von einer Person ausgeübt werden. Wenn die Mitgliedstaaten Miteigentum an dem einzigen Anteil zulassen, sollte nur ein Vertreter befugt sein, im Namen der Miteigentümer zu handeln, und für die Zwecke dieser Richtlinie als einziger Gesellschafter gelten.

(21) Um ein hohes Maß an Transparenz zu gewährleisten, sollten die Beschlüsse, die der einzige Gesellschafter einer SUP in Ausübung der Befugnisse der Gesellschafterversammlung fasst, schriftlich niedergelegt werden. Diese Beschlüsse sollten der Gesellschaft gegenüber offengelegt und die entsprechenden schriftlichen Aufzeichnungen mindestens fünf Jahre lang aufbewahrt werden.

(22) Das Leitungsorgan einer SUP sollte einen oder mehrere Geschäftsführer umfassen. Zum Geschäftsführer sollten nur natürliche Personen bestellt

werden, es sei denn, der Eintragungsmitgliedstaat lässt auch juristische Personen als Geschäftsführer zu.

(23) Um die Tätigkeit von Unternehmensgruppen zu erleichtern, sollten die Weisungen des einzigen Gesellschafters an das Leitungsorgan bindend sein. Nur wenn solche Weisungen gegen das nationale Recht des Mitgliedstaats, in dem die Gesellschaft eingetragen ist, verstoßen würden, sollte das Leitungsorgan sie nicht befolgen. Mit Ausnahme von Satzungsbestimmungen, nach denen nur alle Geschäftsführer gemeinsam die Gesellschaft vertreten können, sollten Beschränkungen der Befugnisse der Geschäftsführer, die sich aus der Satzung ergeben, insoweit nicht bindend sein, als sie Dritte betreffen.

(24) Die Mitgliedstaaten sollten Vorschriften für Sanktionen bei Verstößen gegen diese Richtlinie festlegen und ihre Durchsetzung sicherstellen. Diese Sanktionen sollten wirksam, verhältnismäßig und abschreckend sein.

(25) Um die Verwaltungs- und Rechtskosten für die Errichtung von Gesellschaften zu senken und ein hohes Maß an Kohärenz des Eintragungsvorgangs in den Mitgliedstaaten zu gewährleisten, sollten die Durchführungsbefugnisse zur Festlegung der Vorlagen für die Eintragung und für die Satzung einer SUP der Kommission übertragen werden. Diese Befugnisse sollten im Einklang mit der Verordnung (EU) Nr. 182/2011 des Europäischen Parlaments und des Rates[23] ausgeübt werden.

(26) Um künftige Änderungen der Rechtsvorschriften der Mitgliedstaaten und der Union, die die Rechtsformen von Gesellschaften betreffen, berücksichtigen zu können, sollte der Kommission die Befugnis übertragen werden, nach Artikel 290 AEUV Rechtsakte zur Aktualisierung der Liste der Rechtsformen von Gesellschaften in Anhang I zu erlassen. Es ist von besonderer Bedeutung, dass die Kommission im Zuge ihrer Vorbereitungsarbeit angemessene Konsultationen, auch auf der Ebene von Sachverständigen, durchführt. Bei der Vorbereitung und Ausarbeitung delegierter Rechtsakte sollte die Kommission gewährleisten, dass die einschlägigen Dokumente dem Europäischen Parlament und dem Rat gleichzeitig, rechtzeitig und auf angemessene Weise übermittelt werden.

---

23 Verordnung (EU) Nr. 182/2011 des Europäischen Parlaments und des Rates vom 16. Februar 2011 zur Festlegung der allgemeinen Regeln und Grundsätze, nach denen die Mitgliedstaaten die Wahrnehmung der Durchführungsbefugnisse durch die Kommission kontrollieren (ABl. L 55 vom 28.2.2011, S. 13).

(27) Gemäß der Gemeinsamen Politischen Erklärung der Mitgliedstaaten und der Kommission zu erläuternden Dokumenten vom 28. September 2011[24] haben sich die Mitgliedstaaten verpflichtet, in begründeten Fällen zusätzlich zur Mitteilung ihrer Umsetzungsmaßnahmen ein oder mehrere Dokumente zu übermitteln, in denen der Zusammenhang zwischen den Bestandteilen einer Richtlinie und den entsprechenden Teilen nationaler Umsetzungsinstrumente erläutert wird. In Bezug auf diese Richtlinie hält der Gesetzgeber die Übermittlung derartiger Dokumente für gerechtfertigt.

(28) Da das Ziel dieser Richtlinie, nämlich die Erleichterung der Gründung von Gesellschaften mit beschränkter Haftung mit einem einzigen Gesellschafter, einschließlich SUP, auf Ebene der Mitgliedstaaten nicht ausreichend erreicht werden kann und daher wegen ihres Umfangs und ihrer Wirkungen besser auf Unionsebene zu erreichen ist, kann die Union im Einklang mit dem in Artikel 5 des Vertrags über die Europäische Union niedergelegten Subsidiaritätsprinzip tätig werden. Diese Richtlinie geht im Einklang mit dem ebenfalls in diesem Artikel festgelegten Verhältnismäßigkeitsgrundsatz nicht über das für die Erreichung dieser Ziele erforderliche Maß hinaus.

(29) Da gegenüber der Richtlinie 2009/102/EG erhebliche Änderungen vorgenommen werden, sollte die genannte Richtlinie im Interesse der Klarheit und der Rechtssicherheit aufgehoben werden –

HABEN FOLGENDE RICHTLINIE ERLASSEN:

---

24 ABl. C 369 vom 17.12.2011, S. 14.

## Teil 1
## Allgemeine Bestimmungen

### *Artikel 1*
### ***Anwendungsbereich***

(1) Die in dieser Richtlinie vorgesehenen Koordinierungsmaßnahmen gelten für die Rechts- und Verwaltungsvorschriften der Mitgliedstaaten für
   a) die in Anhang I aufgeführten Rechtsformen von Gesellschaften;
   b) die in Artikel 6 genannte *Societas Unius Personae* (SUP).

(2) Die Mitgliedstaaten unterrichten die Kommission innerhalb von zwei Monaten über sich auf den Inhalt von Anhang I auswirkende Änderungen in Bezug auf die in ihrem nationalen Recht vorgesehenen Rechtsformen von Gesellschaften mit beschränkter Haftung.
   Für diesen Fall wird der Kommission die Befugnis übertragen, die Liste der Rechtsformen von Gesellschaften in Anhang I mittels delegierter Rechtsakte im Einklang mit Artikel 26 anzupassen.

(3) Erlaubt ein Mitgliedstaat, dass andere als die in Anhang I aufgeführten Rechtsformen von Gesellschaften als Einpersonengesellschaften im Sinne des Artikels 2 Nummer 1 gegründet werden oder in Einpersonengesellschaften umgewandelt werden, so gilt Teil 1 auch für sie.

### *Artikel 2*
### ***Begriffsbestimmungen***

Im Sinne dieser Richtlinie bezeichnet der Ausdruck

(1) „Einpersonengesellschaft" eine Gesellschaft, deren Anteile sich in der Hand einer einzigen Person befinden;

(2) „Umwandlung" jeden Vorgang, durch den eine bestehende Gesellschaft zu einer SUP wird oder aufhört, eine SUP zu sein;

(3) „Gewinnausschüttung" jeden finanziellen Vorteil, den der einzige Gesellschafter aufgrund des einzigen Anteils direkt oder indirekt aus der SUP zieht, einschließlich einer Übertragung von Geld oder Immobilien. Gewinnausschüttungen können in Form einer Dividende, durch Immobilienerwerb oder -verkauf oder auf jedem anderen Wege erfolgen;

(4) „Satzung" die Satzung, den Gesellschaftsvertrag oder sonstige Vorschriften oder Urkunden zur Gründung einer Gesellschaft;

(5) „Geschäftsführer" jedes Mitglied des Leitungsorgans, das entweder förmlich zum Geschäftsführer bestellt wurde oder de facto als Geschäftsführer agiert.

*Artikel 3*
***Offenlegung***

Wird eine Gesellschaft durch die Vereinigung aller Anteile in einer Hand zur Einpersonengesellschaft, so muss diese Tatsache sowie die Identität des einzigen Gesellschafters entweder im Sinne des Artikels 3 Absätze 1 und 3 der Richtlinie 2009/101/EG in der Akte hinterlegt beziehungsweise in das Register eingetragen oder in einem Register vermerkt werden, das bei der Gesellschaft geführt wird und der Öffentlichkeit zugänglich ist.

*Artikel 4*
***Gesellschafterversammlung***

(1) Der einzige Gesellschafter übt die Befugnisse der Gesellschafterversammlung aus.
(2) Die Beschlüsse, die von dem einzigen Gesellschafter in Ausübung der in Absatz 1 genannten Befugnisse gefasst werden, sind schriftlich niederzulegen.

*Artikel 5*
***Verträge zwischen dem einzigen Gesellschafter und der Gesellschaft***

(1) Verträge zwischen dem einzigen Gesellschafter und der Gesellschaft sind schriftlich niederzulegen.
(2) Die Mitgliedstaaten können beschließen, Absatz 1 nicht auf im normalen Geschäftsgang unter Marktbedingungen geschlossene Verträge anzuwenden, aus denen der Einpersonengesellschaft keine Nachteile entstehen.

## Teil 2
## Societas Unius Personae

### Kapitel 1
### Rechtsform und allgemeine Grundsätze

*Artikel 6*
***Rechtsform***

(1) Die Mitgliedstaaten sehen die Möglichkeit vor, Gesellschaften mit beschränkter Haftung mit einem einzigen Gesellschafter im Einklang mit den Vorschriften und Verfahren dieses Teils eintragen zu lassen. Diese Gesellschaften werden SUP genannt.
(2) Die Mitgliedstaaten hindern SUP nicht daran, einzige Gesellschafter anderer Gesellschaften zu sein.

*Artikel 7*
***Allgemeine Grundsätze***

(1) Die Mitgliedstaaten verleihen den SUP volle Rechtspersönlichkeit.
(2) Die Mitgliedstaaten sehen vor, dass der einzige Gesellschafter nur bis zur Höhe des gezeichneten Stammkapitals haftet.
(3) Dem Namen einer Gesellschaft, die die Rechtsform einer SUP hat, ist die Abkürzung „SUP" nachzustellen. Nur eine SUP darf die Abkürzung „SUP" verwenden.
(4) Für die SUP und ihre Satzung ist das nationale Recht des Mitgliedstaats maßgebend, in dem die SUP eingetragen ist (im Folgenden „anwendbares nationales Recht").
(5) Die Mitgliedstaaten sehen vor, dass die SUP für einen unbegrenzten Zeitraum gegründet wird, sofern in der Satzung nichts anderes bestimmt ist.

## Kapitel 2
## Errichtung

*Artikel 8*
***Gründung***

Eine SUP kann von einer natürlichen oder einer juristischen Person gegründet werden.

*Artikel 9*
***Umwandlung in eine SUP***

(1) Die Mitgliedstaaten stellen sicher, dass eine SUP durch Umwandlung der in Anhang I genannten Rechtsformen von Gesellschaften errichtet werden kann.
(2) Die Errichtung einer SUP durch Umwandlung hat weder Liquidationsverfahren oder den Verlust oder eine Unterbrechung der Rechtspersönlichkeit zur Folge, noch berührt sie die vor der Umwandlung bestehenden Rechte und Pflichten.
(3) Die Mitgliedstaaten stellen sicher, dass eine Gesellschaft nur dann zu einer SUP wird, wenn

   a) ein Beschluss ihrer Gesellschafter oder ihres einzigen Gesellschafters zur Genehmigung der Umwandlung der Gesellschaft in eine SUP gefasst worden ist,
   b) ihre Satzung mit dem anwendbaren nationalen Recht vereinbar ist und

c) ihr Nettovermögen mindestens dem Betrag ihres gezeichneten Stammkapitals zuzüglich der Rücklagen, die nach ihrer Satzung nicht ausgeschüttet werden dürfen, entspricht.

*Artikel 10*
***Sitz der SUP***

Eine SUP muss ihren satzungsmäßigen Sitz sowie entweder ihre Hauptverwaltung oder ihre Hauptniederlassung in der Union haben.

## Kapitel 3
## Satzung

*Artikel 11*
*Einheitliche Vorlage für die Satzung*

(1) Die Mitgliedstaaten verlangen, dass die Satzung mindestens den in Absatz 2 vorgesehenen Inhalt hat.
(2) In der einheitlichen Vorlage für die Satzung werden die Errichtung, die Anteile, das Stammkapital, die Organisation, die Buchführung und die Auflösung einer SUP behandelt.
Die Vorlage wird auf elektronischem Wege zur Verfügung gestellt.
(3) Die Kommission legt die einheitliche Vorlage für die Satzung mit einem Durchführungsrechtsakt fest. Dieser Durchführungsrechtsakt wird nach dem in Artikel 27 genannten Prüfverfahren erlassen.

*Artikel 12*
***Änderung der Satzung***

(1) Nach der Eintragung kann die SUP ihre Satzung im Einklang mit dem anwendbaren nationalen Recht auf elektronischem oder anderem Wege ändern. Die betreffenden Informationen werden im Handelsregister des Eintragungsmitgliedstaats vermerkt.
(2) Die geänderte Satzung muss mindestens den nach Artikel 11 Absatz 2 in der einheitlichen Vorlage vorgesehenen Inhalt haben.

## Kapitel 4
## Eintragung

### *Artikel 13*
### ***Eintragungsformalitäten***

(1) Für die Eintragung einer SUP dürfen die Mitgliedstaaten nur die folgenden Informationen beziehungsweise Unterlagen verlangen:
  a) den Namen der SUP;
  b) die Anschrift des satzungsmäßigen Sitzes, der Hauptverwaltung und/oder der Hauptniederlassung der SUP;
  c) den Unternehmensgegenstand der SUP;
  d) die Namen, Anschriften und sonstigen Informationen, die für die Identifizierung des Gründungsgesellschafters und gegebenenfalls des wirtschaftlichen Eigentümers sowie eines Vertreters, der die SUP im Namen des Gesellschafters eintragen lässt, erforderlich sind;
  e) die Namen, Anschriften und sonstigen Informationen, die für die Identifizierung der zur gerichtlichen und außergerichtlichen Vertretung der SUP gegenüber Dritten befugten Personen erforderlich sind, und die Angabe, ob diese Personen nach dem Recht von Mitgliedstaaten im Sinne des Artikels 22 nicht für ungeeignet erklärt worden sind;
  f) das Stammkapital der SUP;
  g) den Nominalwert des einzigen Geschäftsanteils, falls erforderlich;
  h) die Satzung der SUP;
  i) gegebenenfalls den Beschluss zur Genehmigung der Umwandlung der Gesellschaft in eine SUP.

(2) Die Kommission legt mit einem Durchführungsrechtsakt eine Vorlage fest, die für die Eintragung von SUP in die Handelsregister der Mitgliedstaaten im Einklang mit Absatz 1 zu verwenden ist. Dieser Durchführungsrechtsakt wird nach dem in Artikel 27 genannten Prüfverfahren erlassen.

### *Artikel 14*
### ***Eintragung***

(1) Die SUP wird in dem Mitgliedstaat eingetragen, in dem sie ihren satzungsmäßigen Sitz haben soll.

(2) Die SUP erwirbt die Rechtspersönlichkeit am Tag ihrer Eintragung in das Handelsregister des Eintragungsmitgliedstaats.

(3) Die Mitgliedstaaten stellen sicher, dass das gesamte Eintragungsverfahren für neu gegründete SUP auf elektronischem Wege abgewickelt werden kann,

ohne dass der Gründungsgesellschafter vor einer Behörde im Eintragungsmitgliedstaat erscheinen muss (Online-Eintragung).

(4) Die nationalen Websites für die Online-Eintragung müssen Links zu den Eintragungswebsites in den anderen Mitgliedstaaten enthalten. Die Mitgliedstaaten stellen sicher, dass für die Online-Eintragung die folgenden Vorlagen verwendet werden:
   a) die in Artikel 11 genannte einheitliche Vorlage für die Satzung und
   b) die in Artikel 13 genannte Vorlage für die Eintragung.

   Die Mitgliedstaaten stellen eine Eintragungsbescheinigung aus, mit der bestätigt wird, dass das Eintragungsverfahren abgeschlossen ist. Die Eintragungsbescheinigung ist spätestens drei Arbeitstage nach Eingang aller erforderlichen Unterlagen bei der zuständigen Behörde auszustellen.

(5) Die Mitgliedstaaten können Vorschriften für die Überprüfung der Identität des Gründungsgesellschafters und jeder sonstigen Person, die die Eintragung im Namen des Gesellschafters veranlasst, und der Zulässigkeit der der Eintragungsstelle übermittelten Unterlagen und sonstigen Informationen erlassen. Ausweise, die in einem anderen Mitgliedstaat von den Behörden dieses Staates oder in deren Namen ausgestellt wurden, einschließlich elektronisch ausgestellter Ausweise, werden vom Eintragungsmitgliedstaat für die Zwecke der Überprüfung anerkannt und akzeptiert.

   Wenn Mitgliedstaaten für die Zwecke des Unterabsatzes 1 untereinander eine Verwaltungszusammenarbeit in Anspruch nehmen müssen, wenden sie die Verordnung (EU) Nr. 1024/2012 an.

(6) Die Mitgliedstaaten dürfen die Eintragung einer SUP nicht von der Erteilung einer Lizenz oder Genehmigung abhängig machen. Die Eintragung der SUP, alle während des Eintragungsvorgangs übermittelten Unterlagen und später daran vorgenommene Änderungen werden unmittelbar nach der Eintragung in dem betreffenden Handelsregister offengelegt.

## Kapitel 5
## Einziger Anteil

### *Artikel 15*
### ***Einziger Anteil***

(1) Die SUP gibt nicht mehr als einen Anteil aus. Dieser einzige Anteil ist unteilbar.

(2) Der einzige Anteil der SUP darf von dieser weder direkt oder indirekt erworben werden noch direkt oder indirekt in ihrem Eigentum stehen.

(3) Wenn der einzige Anteil einer SUP im Einklang mit dem anwendbaren nationalen Recht im Eigentum von mehr als einer Person steht, gelten diese Personen im Verhältnis zur SUP als ein Gesellschafter. Sie üben ihre Rechte über einen Vertreter aus und teilen dem Leitungsorgan der SUP unverzüglich den Namen sowie jede Änderung bezüglich dieses Vertreters mit. Bis zu dieser Mitteilung ist die Ausübung ihrer Rechte in der SUP ausgesetzt. Die Eigentümer des einzigen Anteils haften gesamtschuldnerisch für die Verpflichtungen, die der Vertreter eingeht.
Die Identität des Vertreters wird in dem betreffenden Handelsregister eingetragen.

## Kapitel 6
## Stammkapital

### *Artikel 16*
### ***Stammkapital***

(1) Das Stammkapital der SUP beträgt mindestens 1 EUR. In Mitgliedstaaten, in denen der Euro nicht die Landeswährung ist, entspricht das Stammkapital mindestens einer Einheit der jeweiligen Landeswährung.
(2) Das Kapital der SUP wird in voller Höhe gezeichnet.
(3) Die Mitgliedstaaten setzen keinen Höchstwert für den einzigen Anteil fest.
(4) Die Mitgliedstaaten stellen sicher, dass für die SUP keine Vorschriften gelten, nach denen die Gesellschaft gesetzliche Rücklagen bilden muss. Die Mitgliedstaaten erlauben den Gesellschaften, im Einklang mit ihrer Satzung Rücklagen zu bilden.
(5) Die Mitgliedstaaten verlangen, dass das gezeichnete und eingezahlte Kapital in Brief- und Auftragsformularen auf Papier oder sonstigen Trägern angegeben wird. Verfügt die Gesellschaft über eine Website, so ist diese Information auch dort zugänglich zu machen.

### *Artikel 17*
### ***Gegenleistung für den Anteil***

(1) Die Gegenleistung für den Anteil wird zum Zeitpunkt der Eintragung der SUP in voller Höhe eingezahlt.
(2) Im Falle der Online-Eintragung wird die Gegenleistung auf das Bankkonto der SUP eingezahlt. Die anschließende Erhöhung oder Senkung des Stammkapitals muss mindestens in bar und als Sachleistung zulässig sein.

(3) Im Falle von Barzahlungen erkennt der Mitgliedstaat, in dem die SUP eingetragen wird, die Zahlung auf ein Bankkonto bei einer in der Union tätigen Bank als Nachweis für die Zahlung oder die Erhöhung des Stammkapitals an.

*Artikel 18*

***Gewinnausschüttungen***

(1) Die SUP kann auf der Grundlage einer Empfehlung des Leitungsorgans eine Gewinnausschüttung an den einzigen Gesellschafter vornehmen, sofern sie mit den Absätzen 2 und 3 im Einklang steht.

(2) Die SUP nimmt keine Gewinnausschüttung an den einzigen Gesellschafter vor, wenn das im Jahresabschluss der SUP ausgewiesene Nettovermögen bei Abschluss des letzten Geschäftsjahres den Betrag des Stammkapitals zuzüglich der Rücklagen, die nach der Satzung der SUP nicht ausgeschüttet werden dürfen, unterschreitet oder durch eine solche Gewinnausschüttung unterschreiten würde. Der Berechnung wird die letzte festgestellte Bilanz zugrunde gelegt. Nach Abschluss des Geschäftsjahres eingetretene Veränderungen des Stammkapitals oder des Teils der Rücklagen, der nicht ausgeschüttet werden darf, werden ebenfalls berücksichtigt.

(3) Die SUP nimmt keine Gewinnausschüttung an den einzigen Gesellschafter vor, wenn diese dazu führen würde, dass die SUP nicht mehr in der Lage wäre, ihre nach der Gewinnausschüttung fällig werdenden Schulden zu begleichen. Das Leitungsorgan muss schriftlich bestätigen, nach umfassender Prüfung der Geschäfte und der Geschäftsaussichten der SUP zu der begründeten Auffassung gelangt zu sein, dass die SUP in dem auf die geplante Gewinnausschüttung folgenden Jahr in der Lage sein wird, ihre Schulden bei Fälligkeit im normalen Geschäftsgang zu begleichen („Solvenzbescheinigung“). Die Solvenzbescheinigung ist vom Leitungsorgan zu unterzeichnen und dem einzigen Gesellschafter 15 Tage, bevor der Beschluss über die Gewinnausschüttung gefasst wird, in Kopie vorzulegen.

(4) Die Solvenzbescheinigung wird offengelegt. Verfügt die Gesellschaft über eine Website, so ist die Solvenzbescheinigung auch dort zugänglich zu machen.

(5) Geschäftsführer haften persönlich für die Empfehlung oder Anordnung einer Gewinnausschüttung, wenn sie wussten oder in Anbetracht der Umstände hätten wissen müssen, dass die Gewinnausschüttung gegen Absatz 2 oder 3 verstoßen würde. Dies gilt auch für den einzigen Gesellschafter in Bezug auf die in Artikel 21 genannten Beschlüsse über die Vornahme einer Gewinnausschüttung.

### *Artikel 19*
### ***Rückforderung zu Unrecht vorgenommener Gewinnausschüttungen***

Die Mitgliedstaaten stellen sicher, dass gegen Artikel 18 Absatz 2 oder 3 verstoßende Gewinnausschüttungen an die SUP zurückgezahlt werden, wenn feststeht, dass der einzige Gesellschafter wusste oder in Anbetracht der Umstände hätten wissen müssen, dass die Gewinnausschüttung gegen Artikel 18 Absatz 2 oder 3 verstoßen würde.

### *Artikel 20*
### ***Senkung des Stammkapitals***

Die Mitgliedstaaten stellen sicher, dass Senkungen des Stammkapitals einer SUP, die de facto zu einer Gewinnausschüttung an den einzigen Gesellschafter führen, mit Artikel 18 Absätze 2 und 3 im Einklang stehen.

## Kapitel 7
## Organisation

### *Artikel 21*
### ***Beschlüsse des einzigen Gesellschafters***

(1) Die von dem einzigen Gesellschafter einer SUP gefassten Beschlüsse sind von dem einzigen Gesellschafter schriftlich niederzulegen. Die Aufzeichnungen der gefassten Beschlüsse sind mindestens fünf Jahre lang aufzubewahren.

(2) Der einzige Gesellschafter fasst Beschlüsse über Folgendes:
  a) Genehmigung des Jahresabschlusses;
  b) Gewinnausschüttung an den Gesellschafter;
  c) Erhöhung des Stammkapitals;
  d) Senkung des Stammkapitals;
  e) Bestellung und Entlassung der Geschäftsführer;
  f) gegebenenfalls Vergütung der Geschäftsführer, und zwar auch dann, wenn der einzige Gesellschafter Geschäftsführer ist;
  g) Verlegung des satzungsmäßigen Sitzes;
  h) gegebenenfalls Bestellung und Entlassung des Wirtschaftsprüfers;
  i) Umwandlung der SUP in eine andere Gesellschaftsform;
  j) Auflösung der SUP;
  k) Änderung der Satzung.

  Der einzige Gesellschafter kann die in Unterabsatz 1 genannten Beschlüsse nicht dem Leitungsorgan übertragen.

(3) Der einzige Gesellschafter darf Beschlüsse ohne Einberufung einer Gesellschafterversammlung fassen. Die Mitgliedstaaten erlegen dem einzigen Gesellschafter keine förmlichen Beschränkungen in Bezug auf seine Beschlussfassungsbefugnis auf, auch nicht hinsichtlich Ort und Zeitpunkt der Beschlussfassung.

*Artikel 22*
***Leitung***

(1) Die SUP wird von einem Leitungsorgan geleitet, das einen oder mehrere Geschäftsführer umfasst.
(2) Die Zahl der Geschäftsführer ist in der Satzung anzugeben.
(3) Das Leitungsorgan kann alle Befugnisse der SUP ausüben, die nicht vom einzigen Gesellschafter oder gegebenenfalls vom Aufsichtsrat ausgeübt werden.
(4) Geschäftsführer sind natürliche Personen oder können, wenn dies nach dem anwendbaren nationalen Recht zulässig ist, auch juristische Personen sein. Sie werden für einen unbegrenzten Zeitraum bestellt, sofern in dem Beschluss des einzigen Gesellschafters zu ihrer Bestellung oder in der Satzung nichts anderes bestimmt ist. Auch der einzige Gesellschafter kann Geschäftsführer werden.
(5) Der einzige Gesellschafter kann einen Geschäftsführer jederzeit durch Beschluss entlassen. Mit seiner Entlassung verliert der Geschäftsführer die Befugnis, als Geschäftsführer im Namen der SUP zu handeln. Sonstige Rechte und Pflichten, die sich aus dem anwendbaren nationalen Recht ergeben, bleiben unberührt.
(6) Eine natürliche Person kann nicht Geschäftsführer sein, wenn sie nach dem Recht oder nach einer Gerichts- oder Verwaltungsentscheidung des Eintragungsmitgliedstaats ungeeignet ist. Ist der Geschäftsführer durch eine in einem anderen Mitgliedstaat erlassene Gerichts- oder Verwaltungsentscheidung für ungeeignet erklärt worden und ist diese Entscheidung noch in Kraft, so muss diese Entscheidung im Einklang mit Artikel 13 bei der Eintragung offengelegt werden. Ein Mitgliedstaat kann die Eintragung einer Gesellschaft aus Gründen der öffentlichen Ordnung ablehnen, wenn der Geschäftsführer in einem anderen Mitgliedstaat Gegenstand einer bestehenden Ungeeignetheitserklärung ist.
Wenn Mitgliedstaaten für die Zwecke dieses Absatzes untereinander eine Verwaltungszusammenarbeit in Anspruch nehmen müssen, wenden sie die Verordnung (EU) Nr. 1024/2012 an.

(7) Personen, deren Anordnungen oder Weisungen die Geschäftsführer der Gesellschaft für gewöhnlich befolgen, gelten, ohne förmlich bestellt worden zu sein, in Bezug auf alle Pflichten, denen Geschäftsführer unterliegen, als Geschäftsführer. Eine Person gilt allerdings nicht allein deshalb als Geschäftsführer, weil das Leitungsorgan aufgrund eines von ihr erteilten fachlichen Rates handelt.

*Artikel 23*

***Weisungen des Gesellschafters***

(1) Der einzige Gesellschafter ist berechtigt, dem Leitungsorgan Weisungen zu erteilen.

(2) Die Weisungen des einzigen Gesellschafters sind für die Geschäftsführer nicht bindend, soweit sie gegen die Satzung oder das anwendbare nationale Recht verstoßen.

*Artikel 24*

***Befugnis, im Namen der SUP zu handeln und Verpflichtungen einzugehen***

(1) Das Leitungsorgan einer SUP, das einen oder mehrere Geschäftsführer umfasst, ist befugt, die SUP unter anderem beim Abschluss von Vereinbarungen mit Dritten und vor Gericht zu vertreten.

(2) Die SUP kann unter anderem beim Abschluss von Vereinbarungen mit Dritten und vor Gericht von einem Geschäftsführer allein vertreten werden, sofern in der Satzung nicht die gemeinsame Vertretung vorgesehen ist. Sonstige Beschränkungen der Befugnisse der Geschäftsführer durch die Satzung, durch einen Beschluss des einzigen Gesellschafters oder durch einen Beschluss des Leitungsorgans können bei Streitigkeiten mit Dritten auch dann nicht geltend gemacht werden, wenn die betreffende Beschränkung offengelegt wurde. Die Handlungen des Leitungsorgans binden die SUP auch dann, wenn sie nicht unter den Gegenstand der SUP fallen.

(3) Das Leitungsorgan kann das Recht zur Vertretung der SUP delegieren, soweit dies nach der Satzung zulässig ist. Die Pflicht des Leitungsorgans, Konkurs anzumelden oder ein ähnliches Insolvenzverfahren einzuleiten, kann nicht delegiert werden.

### *Artikel 25*
### ***Umwandlung der SUP in eine andere Gesellschaftsrechtsform***

(1) Die Mitgliedstaaten stellen sicher, dass die SUP nach ihrem nationalen Recht aufgelöst oder in eine andere Gesellschaftsform umgewandelt wird, wenn die SUP die Voraussetzungen dieser Richtlinie nicht mehr erfüllt. Für den Fall, dass die SUP keine geeigneten Schritte zur Umwandlung in eine andere Gesellschaftsrechtsform unternimmt, sind der zuständigen Behörde die für die Auflösung der SUP erforderlichen Befugnisse zu übertragen.
(2) Eine SUP kann jederzeit beschließen, sich nach dem im anwendbaren nationalen Recht festgelegten Verfahren in eine andere Gesellschaftsrechtsform umzuwandeln.
(3) Eine SUP, die nach Absatz 1 oder 2 in eine andere Gesellschaftsrechtsform umgewandelt oder aufgelöst worden ist, darf die Abkürzung SUP nicht mehr verwenden.

## Teil 3
## Schlussbestimmungen

### *Artikel 26*
### ***Ausübung übertragener Befugnisse***

(1) Die Befugnis zum Erlass delegierter Rechtsakte wird der Kommission unter den in diesem Artikel festgelegten Bedingungen übertragen.
(2) Die in Artikel 1 Absatz 2 genannte Befugnis wird der Kommission auf unbestimmte Zeit übertragen.
(3) Die Befugnisübertragung nach Artikel 1 Absatz 2 kann vom Europäischen Parlament oder vom Rat jederzeit widerrufen werden. Der Beschluss über den Widerruf beendet die Übertragung der in diesem Beschluss angegebenen Befugnis. Er wird am Tag nach seiner Veröffentlichung im Amtsblatt der Europäischen Union oder zu einem im Beschluss über den Widerruf angegebenen späteren Zeitpunkt wirksam. Die Gültigkeit von delegierten Rechtsakten, die bereits in Kraft sind, wird von dem Beschluss über den Widerruf nicht berührt.
(4) Sobald die Kommission einen delegierten Rechtsakt erlässt, übermittelt sie ihn gleichzeitig dem Europäischen Parlament und dem Rat.
(5) Ein delegierter Rechtsakt, der nach Artikel 1 Absatz 2 erlassen wurde, tritt nur in Kraft, wenn weder das Europäische Parlament noch der Rat innerhalb einer Frist von zwei Monaten nach Übermittlung dieses Rechtsakts an das Europäische Parlament und den Rat Einwände erhoben haben oder wenn

vor Ablauf dieser Frist das Europäische Parlament und der Rat beide der Kommission mitgeteilt haben, dass sie keine Einwände erheben werden. Auf Initiative des Europäischen Parlaments oder des Rates wird diese Frist um zwei Monate verlängert.

*Artikel 27*

***Ausschussverfahren***

(1) Die Kommission wird vom Ausschuss für Gesellschaftsrecht unterstützt. Dieser Ausschuss ist ein Ausschuss im Sinne der Verordnung (EU) Nr. 182/2011.
(2) Wird auf diesen Absatz Bezug genommen, so gilt Artikel 5 der Verordnung (EU) Nr. 182/2011.

*Artikel 28*

***Sanktionen***

Die Mitgliedstaaten legen Sanktionen für Verstöße gegen die zur Umsetzung dieser Richtlinie erlassenen nationalen Vorschriften fest und treffen alle erforderlichen Maßnahmen, um sicherzustellen, dass die Sanktionen durchgesetzt werden. Die Sanktionen müssen wirksam, verhältnismäßig und abschreckend sein.

*Artikel 29*

***Aufhebung***

(1) Die Richtlinie 2009/102/EG wird 24 Monate und einen Tag nach dem Tag des Erlasses dieser Richtlinie aufgehoben.
(2) Verweise auf die aufgehobene Richtlinie gelten als Verweise auf die vorliegende Richtlinie nach Maßgabe der Entsprechungstabelle in Anhang II.

*Artikel 30*

***Änderung der Verordnung (EU) Nr. 1024/2012***

Im Anhang der Verordnung (EU) Nr. 1024/2012 wird folgende Nummer 6 angefügt:
„6. Richtlinie [.../.../EU] des Europäischen Parlaments und des Rates vom [...] über Gesellschaften mit beschränkter Haftung mit einem einzigen Gesellschafter*: Artikel 14 und 22.

---

* ABl. L [...].“

*Artikel 31*
**Umsetzung**

(1) Die Mitgliedstaaten erlassen und veröffentlichen 24 Monate nach dem Tag des Erlasses dieser Richtlinie die Rechts- und Verwaltungsvorschriften, die erforderlich sind, um dieser Richtlinie nachzukommen. Sie teilen der Kommission unverzüglich den Wortlaut dieser Vorschriften mit.

(2) Sie wenden diese Vorschriften ab [24 Monate und einen Tag nach dem Tag des Erlasses dieser Richtlinie] an.
Wenn die Mitgliedstaaten diese Vorschriften erlassen, nehmen sie in den Vorschriften selbst oder durch einen Hinweis bei der amtlichen Veröffentlichung auf diese Richtlinie Bezug. Die Mitgliedstaaten regeln die Einzelheiten der Bezugnahme.
Die Mitgliedstaaten teilen der Kommission den Wortlaut der wichtigsten nationalen Rechtsvorschriften mit, die sie auf dem unter diese Richtlinie fallenden Gebiet erlassen.

*Artikel 32*
**Inkrafttreten**

Die Richtlinie tritt am zwanzigsten Tag nach ihrer Veröffentlichung im *Amtsblatt der Europäischen Union* in Kraft.

*Artikel 33*
**Adressaten**

Diese Richtlinie ist an die Mitgliedstaaten gerichtet.
Geschehen zu Brüssel am […]

| | |
|---|---|
| *Im Namen des Europäischen Parlaments* | *Im Namen des Rates* |
| *Der Präsident* | *Der Präsident* |

# Quellenverzeichnis

*Altmeppen, Holger*: Cash Pooling und Kapitalerhaltung bei bestehendem Beherrschungs- oder Gewinnabführungsvertrag, in Neue Zeitschrift für Gesellschaftsrecht 2010, S. 361–368. (zit.: *Altmeppen*, NZG 2010, 361)

*Altmeppen, Holger*: Zur vorsätzlichen Gläubigerschädigung, Existenzvernichtung und materiellen Unterkapitalisierung in der GmbH, in Zeitschrift für Wirtschaftsrecht 2008, S. 1201–1207. (zit.: *Altmeppen*, ZIP 2008, 1201)

*Altmeppen, Holger*: Abschied vom „Durchgriff" im Kapitalgesellschaftsrecht, in Neue Juristische Wochenschrift 2007, S. 2657–2660. (zit.: *Altmeppen*, NJW 2007, 2657)

*Anzinger, Heribert M.*: Die Europäische Privatgesellschaft - vom Vollstatut zum tragfähigen Kompromiss, in Betriebs Berater 2009, S. 2606–2612. (zit.: *Anzinger*, BB 2014, 2606)

*Baumbach, Adolf / Hopt, Klaus J. (Hrsg.)*: Handelsgesetzbuch, 36. Auflage, München 2014. (zit.: *Bearbeiter*, in Baumbach/Hopt, Handelsgesetzbuch, 36. Aufl.)

*Baumbach, Adolf / Hueck, Alfred (Hrsg.)*: GmbHG, 20. Auflage, München 2013. (zit.: *Bearbeiter*, in Baumbach/Hueck, GmbHG, 20. Aufl. 2013)

*Bayer, Walter / Schmidt, Jessica*: BB-Gesetzgebungs- und Rechtsprechungsreport Europäisches Unternehmensrecht 2014/15, in Betriebs Berater 2015, S. 1731–1742. (zit.: *Bayer/J. Schmidt*, BB 2015, 1731)

*Bayer, Walter / Schmidt, Jessica*: BB-Gesetzgebungs- und Rechtsprechungsreport Europäisches Unternehmensrecht 2013/14, in Betriebs Berater 2014, S. 1219–1232. (zit.: *Bayer/J. Schmidt*, BB 2014, 1219)

*Bock, Lenard*: Company Hijacking im Vereinigten Königreich, in Zeitschrift für Wirtschaftsrecht 2011, S. 2449–2452. (zit.: *Bock*, ZIP 2011, 2449)

*Boos, Karl-Heinz / Fischer, Reinfrid / Schulte-Mattler, Hermann (Hrsg.)*: Kreditwesengesetz, 4. Auflage, München 2012. (zit.: *Bearbeiter*, in Boos/Fischer/Schulte-Mattler, Kreditwesengesetz, 4. Aufl. 2012)

*Borges, Georg*: Der neue Personalausweis und der elektronische Identitätsnachweis, in Neue Juristische Wochenschrift 2010, S. 3334–3339. (zit.: *Borges*, NJW 2010, 3334)

*Beurskens, Michael*: „Societas Unius Personae" – der Wolf im Schafspelz? – Der Vorschlag für eine Richtlinie über Gesellschaften mit beschränkter Haftung mit einem einzigen Gesellschafter, in GmbHRundschau 2014, S. 738–747. (zit.: *Beurskens*, GmbHR 2014, 738)

*Böttcher, Lars / Habighorst, Oliver / Schulte, Christian (Hrsg.)*: Umwandlungsrecht, Baden-Baden 2015. (zit.: *Bearbeiter*, in Böttcher/Habighorst/Schulte, Umwandlungsrecht, 2015)

*Brungs, Asher David*: Das Statusverfahren der §§ 97 ff. AktG, Bonn 2015. (zit.: *Brungs*, Das Statusverfahren der §§ 97 ff. AktG, 2015)

*Calliess, Christian / Ruffert, Matthias (Hrsg.)*: EUV/AEUV, 4. Auflage, München 2011. (zit.: *Bearbeiter*, in Calliess/Ruffert EUV/AEUV, 4. Aufl. 2011)

*Conac, Pierre-Henri*: The Societas Unius Personae (SUP): A "Passport" for Job Creation and Growth, in European Company and Financial Law Review 2015, S. 139–176. (zit.: *Conac*, ECFR 2015, 139)

*Dauses, Manfred A. (Hrsg.)*: Handbuch des EU-Wirtschaftsrechts, 2 Bände, 38. Auflage, München 2015. (zit.: *Bearbeiter*, in Dauses EU-Wirtschaftsrecht, 38. EL September 2015)

*Dreher, Ferdinand*: Der Richtlinienvorschlag über die Societas Unius Personae und seine Regelungen zur faktischen Geschäftsführung, in Neue Zeitschrift für Gesellschaftsrecht 2014, S. 967–972. (zit.: *Dreher*, NZG 2014, 967)

*Drygala, Tim*: What's SUP? Der Vorschlag der EU-Kommission zur Einführung einer europäischen Einpersonengesellschaft (Societas Unius Personae, SUP), in Europäische Zeitschrift für Wirtschaftsrecht 2014, S. 491–497. (zit.: *Drygala*, EuZW 2014, 491)

*Drygala, Tim / Staake, Marco / Szalai, Stephan (Hrsg.)*: Kapitalgesellschaftsrecht, Berlin 2012. (zit.: *Drygala/Staake/Szalai*, Kapitalgesellschaftsrecht, 2012)

*Ebenroth, Carsten Thomas / Boujong, Karlheinz / Jost, Detlev (Hrsg.) / Strohn, Lutz (Hrsg.)*: Handelsgesetzbuch: Band 1: §§ 1–342e HGB, 3. Auflage, München 2014. (zit.: *Bearbeiter*, in Ebenroth/Boujong/Joost/Strohn, Handelsgesetzbuch, 3. Aufl. 2014)

*Eickelberg, Jan*: SUP, EGVP, ePerso und XML – Die schöne neue (digitale) Welt der GmbH-Gründung, in Neue Zeitschrift für Gesellschaftsrecht 2015, S. 81–86. (zit.: *Eickelberg*, NZG 2015, 81)

*Eidenmüller, Horst*: Die GmbH im Wettbewerb der Rechtsformen, in Zeitschrift Unternehmens- und Gesellschaftsrecht 2007, S. 168–211. (zit.: *Eidenmüller*, ZGR 2007, 168)

*Eidenmüller, Horst / Grunewald, Barbara / Noack, Ulrich*: Das Mindestkapital im System des festen Kapitals, in Zeitschrift für Unternehmens- und Gesellschaftsrecht Sonderheft 17 (2006), S. 17–41. (zit.: *Eidenmüller/Grunewald/Noack*, in ZGR-Sonderheft 17 (2006), 17)

*Emmerich, Volker / Habersack, Mathias*: Konzernrecht, 10. Auflage, München 2013. (zit.: *Emmerich/Habersack*, Konzernrecht, 10. Aufl. 2013)

*Fleischer, Holger / Goette, Wulf (Hrsg.)*: Münchener Kommentar zum GmbH-Gesetz: Band 1: §§ 1–34 GmbHG, 2. Auflage, München 2015; Band 2: §§ 35–52 GmbHG, 2. Auflage, München 2016; Band 3: §§ 53–85 GmbHG, 2. Auflage, München 2016. (zit.: *Bearbeiter*, in MüKoGmbHG, 2. Aufl. [Jahr])

*Fleischer, Holger*: Internationale Trends und Reformen im Recht der geschlossenen Kapitalgesellschaft, in Neue Zeitschrift für Gesellschaftsrecht 2014, S. 1081–1090. (zit.: *Fleischer*, NZG 2014, 1081)

*Fleischer, Holger*: Reichweite und Grenzen der unbeschränkten Organvertretungsmacht im Kapitalgesellschaftsrecht, in Neue Zeitschrift für Gesellschaftsrecht 2005, S. 529–537. (zit.: *Fleischer*, NZG 2005, 529)

*Forum Europaeum on Company Groups*: Eckpunkte für einen Rechtsrahmen zur erleichterten Führung von grenzüberschreitenden Unternehmsgruppen in Europa, in Zeitschrift für Unternehmens- und Gesellschaftsrecht 2015, S. 507–515. (zit.: *Forum Europaeum on Company Groups*, ZGR 2015, 507)

*Freudenberg, Rainer*: Mindestkapital und Gründungshaftung in der SPE nach dem schwedischen Kompromissentwurf, in Neue Zeitschrift für Gesellschaftsrecht 2010, S. 527–531. (zit.: *Freudenberg*, NZG 2010, 527)

*Goette, Wulf / Habersack, Mathias / Kalss, Susanne (Hrsg.)*: Münchener Kommentar zum Aktiengesetz: Band 2: §§ 76–117 AktG, MitbestG, DrittelbG, 4. Auflage, München 2014. (zit.: *Bearbeiter*, in MüKoAktG, 4. Aufl. 2014)

*Gottwald, Peter (Hrsg.)*: Insolventsrechts-Handbuch, 5. Auflage, München 2015. (zit.: *Bearbeiter*, in Gottwald, Insolvenzrechts-Handbuch, 5. Aufl. 2015)

*Grabitz, Eberhard / Hilf, Meinhard / Nettesheim, Martin (Hrsg.)*: Das Recht der Europäischen Union, 3 Bände, 57. Ergänzungslieferung, München 2015. (zit.: *Bearbeiter*, in Grabitz/Hilf/Nettesheim, Das Recht der Europäischen Union, 57. EL August 2015)

*Groeben, Hans von der/ Schwarze, Jürgen / Hatje, Armin (Hrsg.)*: Europäisches Unionsrecht, 7. Auflage; Baden-Baden 2015. (zit.: *Bearbeiter*, in von der Groeben/Schwarze/Hatje, Europäisches Unionsrecht, 7. Aufl. 2015)

*Grunewald, Barbara*: Gesellschaftsrecht, 9. Auflage, Tübingen 2013. (zit.: *Grunewald*, Gesellschaftsrecht, 9. Aufl. 2013)

*Grunewald, Barbara*: Die Societas Unius Personae (SUP) – wohin mit der 2. Person?, in Privatrecht, Wirtschaftsrecht, Verfassungsrecht, Festschrift für Peter-Christian Müller-Graff zum 70. Geburtstag am 29. September 2015, Baden-Baden 2015, S. 290–297. (zit.: *Grunewald*, in FS Müller-Graff, 2015, 290)

*Grunewald, Barbara / Noack, Ulrich*: Zur Zukunft des Kapitalsystems der GmbH – Die Ein-Euro-GmbH in Deutschland, in GmbHRundschau 2005, S. 189–195. (zit.: *Grunewald/Noack*, GmbHR 2005, 189)

*Habersack, Mathias / Drinhausen, Florian*: SE-Recht, München 2013. (zit.: *Habersack/Drinhausen*, SE-Recht)

*Haider-Giangreco, Bettina / Polte, Marcel*: Die SE als Rechtsform für den Mittelstand, in Betriebs Berater 2014, S. 2947–2953. (zit.: *Haider-Giangreco/Polte*, BB 2014, 2947)

*Handelsrechtsausschuss des Deutschen Anwaltsverein*: DAV-Handelsrechtsausschuss: Stellungnahme zum Vorschlag für eine Richtlinie des Europäischen Parlaments und des Rats über Gesellschaften mit beschränkter Haftung mit einem einzigen Gesellschafter, in Neue Zeitschrift für Gesellschaftsrecht 2014, S. 1372–1381. (zit.: *DAV*, NZG 2014, 1372)

*Hansen, Jesper Lau*: The SUP Proposal: Registration and Capital (Articles 13–17), in European Company and Financial Law Review 2015, S. 177–190. (zit.: *Hansen*, ECFR 2015, 177)

*Harbarth, Stephan*: From SPE to SMC: The German Political Debate on the Reform of the "Small Company", in European Company and Financial Law Review 2015, S. 230–237. (zit.: *Harbarth*, ECFR 2015, 230)

*Hellwig, Hans-Jürgen / Behme, Caspar*: Zur grenzüberschreitenden Dimension der deutschen Konzernmitbestimmung und ihren rechtspraktischen Konsequenzen, in Die Aktiengesellschaft 2015, S. 333–342. (zit.: *Hellwig/Behme*, AG 2015, 333)

*Hennrichs, Joachim*: Kapitalschutz bei GmbH, UG (haftungsbeschränkt) und SPE, in Neue Zeitschrift für Gesellschaftsrecht 2009 S. 921–928. (zit.: *Hennrichs*, NZG 2009, 921)

*Henssler, Martin / Strohn, Lutz (Hrsg.)*: Gesellschaftsrecht, 2. Auflage, München 2014. (zit.: *Bearbeiter*, in *Henssler/Strohn*, Gesellschaftsrecht, 2. Aufl. 2014)

*Heuschmid, Johannes / Ulber, Daniel*: Unternehmensmitbestimmung auf dem Prüfstand des EuGH, in Neue Zeitschrift für Gesellschaftsrecht 2016, S. 102–105. (zit.: *Heuschmid/Ulber*, NZG 2016, 102)

*Hirte, Heribert /Teichmann, Christoph*: The European Private Company - Societas Privata Europaea (SPE), Berlin 2013. (zit.: *Bearbeiter*, in Hirte/Teichmann, The European Private Company – Societas Privata Europea (SPE), 2013)

*Hoger, Andreas*: Offene Rechtsfragen zur Eintragung der inländischen Zweigniederlassung einer Kapitalgesellschaft mit Sitz im Ausland, in Neue Zeitschrift für Gesellschaftsrecht 2015, S. 1219–1225. (zit.: *Hoger*, NZG 2015, 1219)

*Hommelhoff, Peter*: Die Societas Unius Personae: als Konzernbaustein momentan noch unbrauchbar, in GmbHRundschau 2014, S. 1065–1075. (zit.: *Hommelhoff*, GmbHR 2014, 1065)

*Hommelhoff, Peter.*: Gesetzgebungsprojekte im Gesellschafts- und Unternehmensrecht für die kommende Legislaturperiode, in Zeitschrift für Wirtschaftsrecht 2013, S. 2177–2183. (zit.: *Hommelhoff*, ZIP 2013, 2177)

*Hommelhoff, Peter*: Unternehmensfinanzierung in der Europäischen Privatgesellschaft (SPE), in Zeitschrift für das gesamte Handelsrecht und Wirtschaftsrecht 2009, S. 255–280. (zit.: *Hommelhoff*, ZHR 173 (2009), 255)

*Hommelhoff, Peter / Teichmann, Christoph*: Die Wiederbelebung der SPE, in GmbHRundschau 2014, 177–186. (zit.: *Hommelhoff/Teichmann*, GmbHR 2014, 177)

*Hommelhoff, Peter / Teichmann, Christoph*: Auf dem Weg zur Europäischen Privatgesellschaft (SPE), in Deutsches Steuerrecht 2008, S. 925–933. (zit. *Hommelhoff/Teichmann*, DStR 2008, 925)

*Hügel, Hanns F.*: Zur Europäischen Privatgesellschaft: Internationale Aspekte, Sitzverlegung, Satzungsgestaltung und Satzungslücken, in Zeitschrift für das gesamte Handelsrecht und Wirtschaftsrecht 2009, S. 309–353. (zit.: *Hügel*, ZHR 173 (2009), 309)

*Jandt, Silke* : Beweissicherheit im elektronischen Rechtsverkehr, in Neue Juristische Wochenschrift 2015, S. 1205–1211. (zit.: *Jandt*, NJW 2015, 1205)

*Jannott, Dirk / Frodermann, Jürgen (Hrsg.)*: Handbuch der Europäischen Aktiengesellschaft – Societas Europaea, 2. Auflage, Heidelberg 2014. (zit.: *Bearbeiter*, in Handbuch der Europäischen Aktiengesellschaft, 2. Aufl. 2014)

*Johnen, Christian*: Cash Pooling in faktischen Unternehmenszusammenschlüssen, Baden-Baden 2014. (zit.: *Johnen*, Cash Pooling in faktischen Unternehmenszusammenschlüssen, 2014)

*Jung, Stefanie*: Die Kapitalverfassung der Societas Privata Europaea (SPE), Berlin 2014. (zit.: *S. Jung*, Die Kapitalverfassung der Societas Privata Europaea (SPE), 2014)

*Jung, Stefanie*: Societas Unius Personae (SUP) – Der neue Konzernbaustein, in GmbHRundschau 2014, S. 579–891 (zit.: *S. Jung*, GmbHR 2014, 579)

*Jung, Stefanie*: Die Societas Unius Personae – ein Hybrid aus nationalem und europäischem Recht, in Der Gesellschafter 2014, S. 363–369. (zit.: *S. Jung*, GesRZ 2014, 363)

*Just, Clemens*: Die englische Limited in der Praxis, 4. Auflage, München 2012. (zit.: *Just*, Limited, 4. Aufl. 2012)

*Kindler, Peter*: Die Einpersonen-Kapitalgesellschaft als Konzernbaustein – Bemerkungen zum Kompromissvorschlag der italienischen Ratspräsidentschaft für eine Societas Unius Personae (SUP), in Zeitschrift für das gesamte Handelsrecht und Wirtschaftsrecht 2015, S. 330–384. (zit.: *Kindler*, ZHR 179 (2015), 339)

*Kirchhof, Hans-Peter / Eidenmüller, Horst / Stürner, Rolf (Hrsg.)*: Münchener Kommentar zur Insolvenzordnung: Band 1: §§ 1–79 InsO, 3. Auflage, München 2013; Band 2: §§ 80–216 InsO, 3. Auflage, München 2013. (zit.: *Bearbeiter*, in MüKoInsO, 3. Aufl. 2013)

*Klamert, Marcus*: Altes und Neues zur Harmonisierung im Binnenmarkt, in Europäische Zeitschrift für Wirtschaftsrecht 2015, S. 265–268. (zit.: *Klamert*, EuZW 2015, 265)

*Knapp, Vanessa*: Directive on Single-Member Private Limited Liability Companies: Distributions, in European Company and Financial Law Review 2015, S. 191–201. (zit.: *Knapp*, ECFR 2015, 191)

*Kolb, Katharina / Rothenfußer, Christoph*: Festschreibung des Mitbestimmungsniveaus durch grenzüberschreitende Verschmelzung von Kapitalgesellschaften aus Deutschland und dem Vereinigten Königreich, in GmbHRundschau 2014, S. 130–136. (zit.: *Kolb/Rothenfußer*, GmbHR 2014, 130)

*Kornblum, Udo*: Bundesweite Rechtstatsachen zum Unternehmens- und Gesellschaftsrecht (Stand 1.1.2015), in GmbHRundschau 2015, S. 687–696. (zit.: *Kornblum*, GmbHR 2015, 687)

*Krauß, Wilfried W. / Meichelbeck, Hugo*: Die Societas Unius Personae („SUP") – insbesondere steuerliche Aspekte, in Betriebs Berater 2015, S. 1562–1568. (zit.: *Krauß/Meichelbeck*, BB 2015, 1562)

*Lanfermann, Georg / Maul, Silja*: Maßnahmenpaket der Europäischen Kommission zum Gesellschaftsrecht und Corporate Governance, in Betriebs Berater 2014, S. 1283–1294. (zit.: *Lanfermann/Maul*, BB 2014, 1283)

*Lutter, Marcus / Bayer, Walter / Schmidt, Jessica*: Europäisches Unternehmens- und Kapitalmarktrecht, 5. Auflage; Berlin 2012. (zit.: *Lutter/Bayer/J. Schmidt*, EuropUR, 5. Auflage 2012)

*Lutter, Marcus / Hommelhoff, Peter (Hrsg.)*: GmbH-Gesetz, 18. Auflage, Köln 2012. (zit.: *Bearbeiter*, in Lutter/Hommelhoff, GmbHG, 18. Aufl. 2012)

*Lutter, Marcus / Koch, Jens (Hrsg.)*: Societas Unius Personae (SUP), Berlin 2015. (zit.: *Bearbeiter*, in Lutter/Koch, Societas Unius Personae (SUP), 2015)

*Malberti, Corrado*: The relationship between the *Societas Unius Personae* proposal and the *acquis*: Creeping Toward an Abrogation of EU Company Law?, in European Company and Financial Law Review 2015, S. 238–279. (zit.: *Malberti*. ECFR 2015, 238)

*Mayer, Franz C. / Ermes, Marina*: Rechtsfragen zu den EU-Freihandelsabkommen CETA und TTIP, in Zeitschrift für Rechtspolitik 2014, S. 237–240. (zit.: *Mayer/Ermes*, ZRP 2014, 237)

*Merkt, Hanno*: Der Kapitalschutz in europa – ein rocher de bronze?, in Zeitschrift für Unternehmens- und Gesellschaftsrecht 2004, S. 305–323. (zit.: *Merkt*, ZGR 2004, 305)

*Makowicz, Bartosz / Romanowski, Michał*: Das neue elektronische Gründungsverfahren für polnische GmbHs, in Recht der internationalen Wirtschaft 2012, S. 497–504. (zit.: *Makowicz/Romanowski*, RiW 2012, 497)

*Mann, Thomas / Sennekamp, Christoph / Uechtritz, Michael (Hrsg.)*: Verwaltungsverfahrensgesetz, Baden-Baden 2014. (zit.: *Bearbeiter*, in Mann/Sennekamp/Uechtritz, VwVfG, 2014)

*Michalski, Lutz (Hrsg.)*: GmbHG, Band 1: §§ 1–34 GmbHG, 2. Auflage, München 2010; Band 2: §§ 35– 85 GmbHG, 2. Auflage, München 2010. (zit.: *Bearbeiter*, in Michalski, GmbHG, 2. Aufl. 2010)

*Mülbert, Peter O.*: Auf dem Weg zu einem europäischen Konzernrecht?, in Zeitschrift für das gesamte Handelsrecht und Wirtschaftsrecht 2015, S. 645–667. (zit.: *Mülbert*, ZHR 179 (2015), 645)

*Müller, Hans-Friedrich*: Die gesetzliche Rücklage bei der Unternehmergesellschaft, in Zeitschrift für Unternehmens- und Gesellschaftsrecht 2012, S. 81–112. (zit.: *H.-F. Müller*, ZGR 2012, 81)

*Müller-Glöge, Rudi / Preis, Ulrich / Schmidt, Ingrid (Hrsg.)* : Erfurter Kommentar zum Arbeitsrecht, 16. Auflage, München 2016. (zit.: *Bearbeiter*, in ErfK, 16. Aufl. 2016)

*Oetker, Hartmut (Hrsg.)*: HGB, 4. Auflage, München 2015. (zit.: *Bearbeiter*, in Oetker, HGB, 4. Aufl. 2015)

*Olbertz, Klaus / Sturm, Nora*: Unternehmerische Mitbestimmung, –Vermeidungsstrategien für die GmbH bzw. GmbH & Co. KG–, in GmbHRundschau 2014, S. 1254–1258. (zit.: *Olbertz/Sturm*, GmbHR 2014, 1254)

*Omlor, Sebastian.*: Die Societas Unius Personae (SUP) mit mehreren Gesellschaftern – ein Paradoxon?, in Zeitschrift für das Privatrecht der Europäischen Union 2015, S. 158–164. (zit.: *Omlor*, GPR 2015, 158)

*Omlor, Sebastian*: Die gemeinnützige Societas Unius Personae („gSUP"), in Neue Zeitschrift für Gesellschaftsrecht 2015, S. 665–670. (zit.: *Omlor*, NZG 2015, 665)

*Omlor, Sebastian*: Die Societas Unius Personae – eine supranationale Erweiterung der deutschen GmbH-Familie, in Neue Zeitschrift für Gesellschaftsrecht 2014, S. 1137–1142. (zit.: *Omlor*, NZG 2014, 1137)

*Potacs, Michael*: Effet utile als Auslegungsgrundsatz, in Europarecht 2009, S. 465–487. (zit.: *Potacs*, EuR 2009, 465)

*Prütting, Jens*: Markt- und Chancengerechtigkeit – Plädoyer für ein autonom europäisches Gesellschaftsrecht, in Juristen Zeitung 2014, S. 381–388. (zit.: *J. Prütting*, JZ 2014, 381)

*Reimer, Ekkehart / Waldhoff, Christian*: Societas Unius Personae und deutsches Steuerrecht, in Der Betrieb 2015, S. 2106–2113. (zit.: *Reimer/Waldhoff*, DB 2015, 2106)

*Renner, Moritz / Hesselbarth, Marie*: Grundzüge der Unternehmensfinanzierung, in Juristische Schulung 2014, S. 11–15. (zit.: *Renner/Hesselbarth*, JuS 2014, 11)

*Reppelmund, Hildegard*: Strafrecht: 4. EU Geldwäscherichtlinie – Kompromiss im Trilog-Verfahren, in Europäische Zeitschrift für Wirtschaftsrecht 2015, S. 164. (zit.: *Reppelmund*, EuZW 2015, 164)

*Rieble, Volker*: Schnelle Mitbestimmungssicherung gegen die SE, in Betriebs Berater 2014, S. 2997–2998. (zit.: *Rieble*, BB 2014, 2997)

*Ries, Peter*: Societas Unius Personae – cui bono? Eine Anmerkung eines deutschen Registerrichters, in Neue Zeitschrift für Gesellschaftsrecht 2014, S. 569–570. (zit.: *Ries*, NZG 2014, 569)

*Riesenhuber, Karl*: Europäische Methodenlehre, 3. Auflage, Berlin 2015. (zit.: *Riesenhuber*, Europäische Methodenlehre, 3. Aufl. 2015)

*Robbers, Gehard*: Alles online, oder was?, in notar 2015, S. 213. (zit.: *Robbers*, notar 2015, 213)

*Roßnagel, Alexander*: Das De-Mail-Gesetz, in Neue Juristische Wochenschrift 2011, S. 1473–1478. (zit.: *Roßnagel*, NJW 2011, 1473)

*Roth, Günter H. / Altmeppen, Holger (Hrsg.)*: Gesetz betreffend die Gesellschaften mit beschränkter Haftung (GmbHG), 8. Auflage, München 2015. (zit.: *Bearbeiter*, in Roth/Altmeppen GmbHG, 8. Aufl. 2015)

*Roth, Wulf-Henning*: Unionsrechtliche Kompetenzen im Gesellschaftsrecht: Die SUP-Richtlinie, in Recht im Wandel deutscher und europäischer Rechtspolitik, Festschrift 200 Jahre Carl Heymanns Verlag, Köln 2015, S. 229–244. (zit.: *Wulf-Henning Roth*, FS Carl Heymanns Verlag, 2015, 229)

*Rösing, Wolfgang*: Aus SPE wird SUP – Neues von der „Europa GmbH“, in notar 2014, S. 149. (zit.: *Rösing*, notar 2014, 149)

*Römermann, Volker (Hrsg.)*: Münchener Anwaltshandbuch GmbH-Recht, 3. Auflage, München 2014. (zit.: *Bearbeiter*, in Römermann Münchener Anwaltshandbuch GmbH-Recht, 3. Aufl. 2014)

*Saenger, Ingo / Aderhold, Lutz / Lenkaitis, Karlheinz / Speckmann, Gerhard (Hrsg.)*: Handels- und Gesellschaftsrecht, 2. Auflage, Baden-Baden 2011. (zit.: *Bearbeiter*, in Saenger/Aderhold/Lenkaitis/Speckmann, Handels- und Gesellschaftsrecht, 2. Aufl. 2011)

*Säcker, Franz Jürgen / Rixecker, Roland / Oetker, Hartmut / Limperg, Bettina (Hrsg.)*: Münchener Kommentar zum Bürgerlichen Gesetzbuch: Band 11: Art. 25–246 EGBGB, IPR II, Internat. Wirtschaftsrecht, 6. Auflage, München 2015. (zit.: *Bearbeiter*, in MüKoBGB, 6. Aufl. 2015)

*Schmidt, Jessica*: Der Vorschlag für eine Societas Unius Personae (SUP) – super oder suboptimal?, in GmbHRundschau 2014, R129-R130. (zit.: *Schmidt*, GmbHR 2014, R129)

*Schmidt, Karsten (Hrsg.)*: Münchener Kommentar zum Handelsgesetzbuch: Band 1: §§ 1–104a HGB, 3. Auflage, München 2010. (zit.: *Bearbeiter*, in MüKoHGB, 3. Aufl. 2010)

*Schoenemann, Andreas*: Bauen am Baustein für einen europäischen Konzern – Der Richtlinienvorschlag der Kommission zur SUP, in Europäisches Wirtschafts- und Steuerrecht 2014, S. 241–247. (zit.: *Schoenemann*, EWS 2014, 241)

*Scholz, Franz (Hrsg.)*: GmbHG: Band 1: §§ 1–34 GmbHG, 11. Auflage, Köln 2012; Band 2: §§ 35–52 GmbHG, 11. Auflage, Köln 2014; Band 3: §§ 53–85 GmbHG, 11. Auflage, Köln 2015. (zit.: *Bearbeiter*, in Scholz, GmbHG, 11. Aufl. [Jahr])

*Schubel, Christian*: Die Verfolgung von Gruppeninteressen in der grenzüberschreitenden Unternehmensgruppe, in Privatrecht, Wirtschaftsrecht, Verfassungsrecht, Festschrift für Peter-Christian Müller-Graff zum 70. Geburtstag am 29. September 2015, Baden-Baden 2015, S. 305–311. (zit.: *Schubel*, in FS Müller-Graff, 2015, 290)

*Schwarze, Jürgen (Hrsg.)*: EU-Kommentar, 3. Auflage, Baden-Baden 2012. (zit.: *Bearbeiter*, in Schwarze EU-Kommentar, 3. Aufl. 2012)

*Seibert, Ulrich*: SUP – Der Vorschlag der EU-Kommission zur Harmonisierung der Einpersonen- Gesellschaft, in GmbHRundschau 2014, R209-R210. (zit.: *Seibert*, GmbHR 2014, R209)

*Semler, Johannes / Stengel, Arndt (Hrsg.)*: Umwandlungsgesetz, 3. Auflage, München 2012. (zit.: *Bearbeiter*, in Semler/Stengel, UmwG, 3. Aufl. 2012)

*Spindler, Gerald / Stilz, Eberhard (Hrsg.)*: Aktiengesetz, Band 1, 3. Auflage, München 2015. (zit.: *Bearbeiter*, in Spindler/Stilz, Aktiengesetz, 3. Aufl. 2015)

*Streinz, Rudolf (Hrsg.)*: EUV/AEUV, 2. Auflage, München 2012. (zit.: *Bearbeiter*, in Streinz, EUV/AEUV, 2. Aufl. 2012)

*Strohn, Lutz*: Cash-Pooling – verbotene und unwirksame Zahlungen, in Der Betrieb 2014, S. 1535–1541. (zit.: *Strohn*, DB 2014, 1535)

*Süß, Rembert / Wachter, Thomas (Hrsg.)*: Handbuch des internationalen GmbH-Rechts, 2. Auflage, Bonn 2011. (zit.: *Bearbeiter*, in Süß/Wachter, HdB des Internationalen GmbH-Rechts, 2. Aufl. 2011)

*Teichmann, Christoph*: Corporate Groups within the Legal Framework of the European Union: The Group-Related Aspects of the SUP Proposal and the EU Freedom of Establishment, in European Company and Financial Law Review 2015, S. 202–229. (zit.: *Teichmann*, ECFR 2015, 202)

*Teichmann, Christoph*: Europäische Harmonisierung des GmbH-Rechts, in Neue Juristische Wochenschrift 2014, S. 3561–3565. (zit.: *Teichmann*, NJW 2014, 3561)

*Teichmann, Christoph*: Die Auslandsgesellschaft & Co., in Zeitschrift für Unternehmens- und Gesellschaftsrecht 2014, S. 220–251. (zit.: *Teichmann*, ZGR 2014, 220)

*Teichmann, Christoph*: Europäische GmbH am Scheideweg: Supranationale Rechtsform oder harmonisierte Einpersonengesellschaft?, in Zeitschrift für Rechtspolitik 2013, S. 169–172. (zit.: *Teichmann*, ZRP 2013, 169)

*Teichmann, Christoph* : Europa und der Mittelstand, Baden-Baden 2010. (zit.: *Bearbeiter*, in Teichmann, Europa und der Mittelstand, 2010)

*Teichmann, Christoph / Fröhlich, Andrea*: Societas Unius Personae (SUP) Facilitation Cross-Border Establishment, in 21 Maastricht Journal of European and Comparative Law 3 (2014), S. 536–544. (zit.: *Teichmann/Fröhlich*, 21 Maastricht Journal of European and Comperative Law 3 (2014), 536)

*Thannisch, Rainald*: Bedrohung für die Mitbestimmung!, in Arbeitsrecht im Betrieb 2015, S. 30–32. (zit.:*Thannisch*, AiB 2015, 30)

*Tison, Michel / Wulf, Hans de / Van der Elst, Christoph / Steenot, Reinhard (Hrsg.)*: Perspectives in Company Law and Financial Regulation, Cambridge 2009. (zit.: *Bearbeiter*, in Tison/Wulf/van der Elst/Steenot, Perspectives in Company Law and Financial Regulation, 2009)

*Ulmer, Peter / Habersack, Mathias / Löbbe, Marc (Hrsg.)*: GmbHG, Band 1, 2. Auflage, Tübingen 2013. (zit.: *Bearbeiter*, in Ulmer/Habersack/Löbbe, GmbHG, 2. Aufl. 2013)

*Vögele, Alexander / Borstell, Thomas / Engler, Gerhard (Hrsg.)*: Verrechnungspreise, 4. Auflage, München 2015. (zit.: *Bearbeiter*, in Vögele/Borstell/Engler Verrechnungspreise, 4. Aufl. 2015)

*Wedemann, Frauke*: Die Europa-GmbH ante portas, in Europäische Zeitschrift für Wirtschaftsrecht 2010, S. 534–538. (zit.: *Wedemann*, EuZW 2010, 534)

*Weller, Marc-Philippe / Bauer, Johanna*: Europäisches Konzernrecht: Vom Gläubigerschutz zur Konzernleitungsbefugnis via Societas Unius Personae, in Zeitschrift für Europäisches Privatrecht 2015, S. 631. (zit.: *Weller/Bauer*, ZEuP 2015, 6)

*Wicke, Hartmut*: Societas Unius Personae – SUP: Eine äußerst wackelige Angelegenheit, in Zeitschrift für Wirtschaftsrecht 2014, S. 1414–1417. (zit.: *Wicke*, ZIP 2014, 1414)

*Wicke, Hartmut*: GmbHG, 3. Auflage, München 2016. (zit.: *Wicke*, GmbHG, 3. Aufl. 2016)

**Schriften zum Gesellschafts-, Bilanz- und Unternehmensteuerrecht**

Herausgegeben von Barbara Grunewald und Joachim Hennrichs

Band 1 Moritz Pöschke: Eigenkapital mittelständischer Gesellschaften nach IAS/IFRS. 2009.

Band 2 Ulrike Lehmann: Gesellschaftsrechtliche Gestaltungen im Erbschaft- und Schenkungsteuerrecht. Eine Untersuchung der Erbschaft- und Schenkungsteuersubjektivität der Personengesellschaft sowie der mittelbaren Anteilsschenkung. 2009.

Band 3 Christian Graw: Das Konzept der Anteilseignerbesteuerung nach § 22 UmwStG 2006 – insbesondere im Vergleich zu § 21 UmwStG 1995. 2009.

Band 4 Christopher M. Picot: Die Rechte der Aktionäre beim Delisting börsennotierter Gesellschaften. 2009.

Band 5 Pascal Alexander Salomon: Regelungsaufträge in der Societas Privata Europea. Einführung in eine neue Rechtsform unter besonderer Berücksichtigung des Gesetzgebungsinstruments des Regelungsauftrages. 2010.

Band 6 Anna Sabrina Cryns: Gesellschafterfremdfinanzierung in Frankreich und Zinsschranke – ein Rechtsvergleich. 2011.

Band 7 Björn Karst: Das Marktmanipulationsverbot gem. § 20a WpHG. Unter besonderer Berücksichtigung der „Safe-Harbor"-Regelung. 2011.

Band 8 Ulrike Petig: Verdeckte Sacheinlagen im GmbH- und Aktienrecht. Die Veränderungen durch MoMiG und ARUG. 2012.

Band 9 Jochen Möller: Vorteilsanrechnung bei nützlichen Pflichtverletzungen im Kapitalgesellschafts- und Kartellrecht. 2012.

Band 10 Alexander Kersten: Zinsschranke und IFRS. Rechtssystematische Einordnung einer punktuellen Maßgeblichkeit der IFSR im Steuerrecht am Beispiel der Zinsschranke. 2012.

Band 11 Tobias Strohmeier: Special Purpose Acquisition Companies. SPACs im Spannungsfeld von deutschem Aktien- und Kapitalmarktrecht. 2012.

Band 12 Ruth Winter: Die steuerliche Behandlung von Scheinauslandsgesellschaften. Eine Untersuchung zur doppelansässigen Kapitalgesellschaft. 2013.

Band 13 Daniel Krey: IFRS und Ausschüttungsbemessung. 2013.

Band 14 Gabriel Jakob Litzenberger: Sanierungspflichten in der Krise von AG und GmbH. 2014.

Band 15 Franziska Neumann: Rechtliche Probleme von PIPE-Transaktionen. 2014.

Band 16 Jan Winzen: Vorzugsaktie und KGaA. Instrumente zur Kontrollerhaltung bei der Eigenkapitalfinanzierung. Unter besonderer Berücksichtigung der Vereinheitlichung von Aktiengattungen. 2014.

Band 17 Andreas Gerten: Angemessenheit und Steuern. Verdeckte Einkommensverwendung bei Kapitalgesellschaften im internationalen Vergleich. 2014.

Band 18 Isabel Kristin Fischer: Die Partnerschaftsgesellschaft mit beschränkter Berufshaftung. Rechtliche Einordnung und Haftungsverfassung unter Berücksichtigung der englischen LLP. 2015.

Band 19 Leif Klinkert: Probleme der neuen Ansatzrechte im Sinne des § 268 Abs. 8 HGB und der entsprechenden Ausschüttungssperren. Zugleich ein Vergleich zur kalifornischen Ausschüttungsregelung. 2016.

Band 20 Kai Sofia Loth: Die Haftung der Organe einer Aktiengesellschaft bei Entscheidungen unter Rechtsunsicherheit. De lege lata et ferenda. 2016.

Band 21 Nikolaus Moench: Die Societas Unius Personae (SUP). 2016.

www.peterlang.com